Mely Kiyak
10 für Deutschland

W0189609

Mely Kiyak

10 für Deutschland

Gespräche mit türkeistämmigen Abgeordneten

edition Körber-STIFTUNG

Bibliografische Information der Deutschen Nationalbibliothek

Die Deutsche Nationalbibliothek verzeichnet diese Publikation
in der Deutschen Nationalbibliografie;
detaillierte bibliografische Daten sind im Internet über
http://dnb.d-nb.de abrufbar.

© edition Körber-Stiftung, Hamburg 2007
Redaktion: Karin Haist, Bernd Martin
Umschlag: Groothuis, Lohfert, Consorten | glcons.de
unter Verwendung eines Fotos von getty image/dockbyte
Fotos Innenteil: Amin Akhtar, S. 60; Ritchie Müller, S. 238;
Europäisches Parlament, S. 184; alle anderen: Privatbesitz
Herstellung: Das Herstellungsbüro, Hamburg |
buch-herstellungsbuero.de
Druck und Bindung: CPI books, Leck
Printed in Germany
ISBN 978-3-89684-068-4
Alle Rechte vorbehalten

www.edition-koerber-stiftung.de

Inhalt

Keine Integration ohne politische Teilhabe

20. April 2007: Ich sitze als Gast im Konferenzsaal eines kleinen Hotels in Düsseldorf. Ungefähr 50 Politikerinnen und Politiker treffen sich im »Netzwerk türkeistämmiger MandatsträgerInnen«. Nach einigen allgemeinen Worten zum Ablauf der beiden Tage darf ich mich vorstellen.

Ich erzähle, dass ich Journalistin bin und ein Buch über sie, über türkeistämmige Abgeordnete, schreiben werde. Einige Erklärungen später bemerke ich verhaltenes Gähnen. Als kleine Auflockerung schiebe ich zwei Sätze auf Türkisch ein. »Für alle, die sich jetzt fragen, woher ich gebürtig bin: Meine Familie stammt aus Bingöl.« Sofort bemerke ich Begeisterung in den Reihen, manche klopfen auf den Tisch, einige lachen, andere tuscheln. Aus einer Ecke des Raumes kommt die Antwort, ebenfalls auf Türkisch: »Die Bingöl-Fraktion sitzt auf dieser Seite, Schwester!« Der Sprecher deutet auf sich und zwei weitere Herren. Später am Abend habe ich drei neue Freunde.

Im Laufe des Tages reisen einige bereits wieder ab und manche erst an. Ich sitze in der Lobby und beobachte, wie ein Paar das Hotel betritt: eine leger gekleidete Frau und ein Mann im Anzug. Es stellt sich heraus, dass der Ehemann seine Frau, eine niedersächsische Kommunalpolitikerin, nach Düsseldorf gefahren hat. Während sie auf ihr Zimmer geht, um das Gepäck zu verstauen, unterhalten wir uns. Ich erfahre, dass seine Frau von der SPD angeworben wurde und durch ein kompliziertes Rechensystem, das er nicht verstanden hat, plötzlich als Abgeordnete ins Stadtparlament nachrückte. Nun macht sie Politik. Seine Augen strahlen, während er mir die Geschichte erzählt. Die Einladung zum Mandatsträgertreffen sei »eine große Chance«, versichert er mir. Eine Chance wofür, frage ich. »Für uns alle, die wir unsere Heimat verlassen mussten. Für Sie und für mich. Macht Ihnen das nicht auch Hoffnung?« Ich nicke etwas unsicher. Er schaut mich an und merkt, dass ich nicht ganz verstanden habe, was er meint, also ergänzt er: »Wenn die sich zusammenschließen, wird sich endlich etwas bewegen.«

Abends, nach einem gemeinsamen Essen in einem asiatischen Lokal, sitzen kleine Grüppchen im Hotelrestaurant. Sie lachen und unterhalten sich in einem Gemisch aus Türkisch und Deutsch. Das klingt dann so: »Bizim için bu Thema değil. Sizin Fraktion ne diyor? Man könnte einfach abstimmen, per oy, demi?«

Am nächsten Morgen versuche ich im Frühstücksraum das System der Gruppenbildung zu analysieren. Die Politiker sitzen nicht nach Parteien und auch nicht nach Alter geordnet. Die Frühstücksgruppen sind auch nicht nach Bundesländern geordnet. Dann bemerke ich die Bingöl-Fraktion an einem Tisch versammelt, die mich zu sich herüberwinkt. Die Herren am Nebentisch unterhalten sich über die Vorteile eines Ferienhauses in der Region, aus der sie ursprünglich stammen, der Nordtürkei. Dort sitzt also die Schwarzmeerfraktion. Nun habe ich die Ordnung verstanden.

In Anzügen und gebügelten Hemden wird gefrühstückt, auf den Tellern sehe ich kein Müsli, keine Marmeladenbrötchen, zum größten Teil wird Tee getrunken, die Gemüse- und Käseplatte wird als Erstes leer. Die älteren Herren essen nach türkischer Methode, nach der die Brötchen nicht aufgeschnitten und belegt, sondern gebrochen werden. In der einen Hand das Brötchen und in der anderen eine Gabel zum Aufspießen der Käse- und Gemüsestreifen. Dazwischen immer ein Schluck Tee, er ist kochend heiß und deshalb nur schlürfend zu bewältigen.

* * *

Der 21. April 2007 ist ein besonderer Tag in der politischen Geschichte der türkischen Einwanderer nach Deutschland. An diesem Tag verabschieden die Teilnehmer des parteiübergreifenden Netzwerks eine Geschäftsordnung für ihre Zusammenarbeit. Zusammengefunden haben sich Migranten von der ersten bis zur dritten Generation, sie stammen alle aus der Türkei und stellen die größte ethnische Minderheit in Deutschland. Seit 2004 treffen sie sich halbjährlich auf Initiative der Bonner Stiftung Mitarbeit und der Hamburger Körber-Stiftung; jedes Treffen wird mindestens von einem Vertreter der beiden Stiftungen begleitet. Anfangs lautete das Motto: »Migranten als politische Akteure vernetzen«. Eingeladen werden sollten Abgeordnete aus verschiedenen Herkunftsländern. Sehr schnell stellte sich heraus, dass die überwiegende Anzahl der Parlamentarier nicht deutscher Herkunft aus der Türkei stammt. Es entstand die Idee, sich auf die türkeistämmigen Migranten zu konzentrieren. Der Anspruch war zunächst ein ganz einfacher: einladen, an einen Tisch setzen, erzählen, zuhören und sehen, was sich ergibt. Haben diese Politiker sich etwas zu sagen, gibt es einen Bedarf an inhaltlichem oder persönlichem Austausch, werden Gräben entlang der Parteizugehörigkeiten entstehen?

Erst folgten 20 Politiker der Einladung, später sind es 40, aktuell wird die Einladung zur Mitarbeit im Netzwerk an 80 Politikerinnen und Politiker geschickt. Sie sind Kommunalabgeordnete, Mitglieder von Landtagen, des Bundestages und des Europaparlaments. Es war nicht einfach, sie zu finden, da sie nirgends erfasst sind. Daher beschränkte sich die ursprüngliche Suche nach Politikern aus dem Ursprungsland Türkei auf Gemeinden ab 100 000 Einwohnern. Es spricht sich in der türkischen Gemeinschaft zwar schnell herum, wenn es einer »aus ihren Reihen« in ein Parlament geschafft hat.Wie viele jedoch tatsächlich in einem Stadtparlament sitzen, dessen Gemeinde weniger als 100 000 Einwohner zählt, ist nicht bekannt.

Die Gruppe ist so verschieden wie unsere Parteienlandschaft und unsere Gesellschaft. Ihre Mitglieder gehören unterschiedlichen Parlamenten und Parteien an, sind jung oder alt, Arbeiter oder Akademiker, Mann oder Frau. Nicht alle haben ein politisches Mandat. Bestünde man als Teilnahmekriterium auf das Mandat, würde sich die Zusammensetzung nach jeder Wahl ändern. Da es kaum türkeistämmige CDU-Politiker mit Mandat gibt, wären noch weniger aus den konservativen Parteien vertreten. So sitzt auch das eine oder andere CDU-Mitglied ohne Abgeordnetenstatus im Netzwerk. Auch ihre Stimme und Meinung werden wahrgenommen. Die Frage, ob sich diese Mandatsträger über die Parteigrenzen hinweg etwas zu sagen haben, ob es einen Konsens in ihren politischen Zielen gibt und ob genügend Motivation und Engagement vorhanden sind, kann man nach dem Besuch in Düsseldorf nur mit einem dreifachen »Ja« beantworten.

An diesem besagten Tag werden im Düsseldorfer Landtag die erste Geschäftsordnung, das erste Positionspapier und der erste Vorstand vom Netzwerk gewählt und verabschiedet. Die erste Hürde war der Name des Netzwerks. Es gab viele und lange Diskussionen. Sollte es sich türkischstämmig oder türkeistämmig nennen? Da der kleinste gemeinsame Nenner die geografische oder, präziser, die nationalstaatliche Abstammung ist, hat man sich für den Begriff türkeistämmig entschieden. Denn ethnisch betrachtet, so die Kritiker der im Deutschen gebräuchlichen Bezeichnung »türkischstämmig«, schließe Kurden, Armenier, Zaza, Araber, Tscherkessen und Angehörige anderer Turkvölker aus. Diese ethnischen Minderheiten stellen immerhin 20 bis 30 Prozent der Bevölkerung in der Türkei. Wie hoch ihr Anteil in Deutschland ist, ist nicht bekannt.

Ziel des parteiübergreifenden Netzwerks ist es, neben dem Erfahrungsaustausch gemeinsame Positionen und Vorschläge zur Verbesserung der Integration türkeistämmiger Migranten zu entwickeln und zu fördern. Gerade in der Integrationspolitik, die in alle anderen Politikbereiche hineinreicht, gibt es grundlegend unterschiedliche Parteipositionen. In einem solchen Netzwerk besteht nun die Gefahr, dass die Latte der Forderungen so tief wie nötig gelegt wird, um eine so große Zustimmung wie möglich zu erreichen. Denn nach dem Treffen muss der Politiker wieder zurück in seine Fraktion und dem Rechtfertigungsdruck seiner Kollegen standhalten, wenn er sich möglicherweise zu sehr von der Parteilinie entfernt hat.

Konsens herrscht bei der Bedeutung der Sprachbeherrschung und der Bildung – auch in der grundlegenden Haltung, Zuwanderung als Chance und Potenzial nicht nur zu erkennen, sondern die daraus resultierende kulturelle, sprachliche und religiöse Vielfalt zu nutzen. Papiere zu unterzeichnen, in denen weiterhin »Anerkennung«, »Chancengleichheit«, »Lehrstühle für islamische Theologie«, aber auch »Betreuungsmöglichkeiten für pflegebedürftige Migranten« gefordert werden, tut sicherlich nicht weh. So stehen diese Schlagworte auch im integrationspolitischen Positionspapier des Netzwerks und werden dort noch einmal differenziert. Doch zu diesen Themen hat sich auch schon die Mehrheit der demokratischen Parteien in Deutschland bekannt. Interessant zu beobachten wird es dagegen sein, wie schnell das Netzwerk in strittigeren Themen, wie zum Beispiel bei der Durchsetzung des kommunalen Wahlrechts für alle Ausländer, vorankommen wird. Bislang fordern das nur die Grünen. Alle anderen Parteien haben grundsätzliche Bedenken.

Gerade das Kommunalwahlrecht ist ein Thema, das zu den türkeistämmigen Politikern passt wie die berühmte Faust aufs Auge. Denn wie viele von ihnen konnten wohl von ihren eigenen Familienangehörigen oder türkischen Freunden gar nicht gewählt werden? Die Ungerechtigkeit, die das Wahlrecht hier fördert, kann nur wirklich spüren, wen sie einmal selbst betroffen hat. Ein Italiener oder ein Grieche kann auch ohne deutschen Pass den Bürgermeister seiner Stadt wählen. Ein Türke nicht. Obwohl alle drei in diesem Land arbeiten und Steuern zahlen, können nicht alle drei mitentscheiden, von welcher Partei die Stadt regiert werden soll. Nur derjenige, dessen Herkunftsland zur Europäischen Union gehört, darf zur Wahlurne.

Die Mitglieder des Netzwerks fordern einstimmig die Änderung des Kommunalwahlrechts und auch die Akzeptanz der Mehrstaatlichkeit. Sie fordern weiterhin eine humane Flüchtlingspolitik, die rechtliche und politische Gleichstellung des Islams und eine Lösung für pflegebedürftige Senioren, unter Beachtung der kulturellen Besonderheiten. Sie möchten eine bessere Integration erreichen und fordern ökonomische Teilhabe, Ausbildungsförderung, Arbeit und vor allem eine Politik der Integration durch Partizipation. Unter dem Positionspapier stehen schließlich die Unterschriften der türkeistämmigen Mandatsträger aller Parteien, der CDU, CSU, SPD und FDP, dem Bündnis 90/Die Grünen und der Linken/PDS.

* * *

1961 wurde die Türkei in den Kreis jener Staaten aufgenommen, aus denen Arbeitskräfte angeworben werden konnten. Die Menschen kamen, um zu arbeiten. Zu nichts anderem wurden sie eingeladen. Es wurde ihnen nicht angeboten, zu bleiben, das war von beiden Seiten nicht vorgesehen. Sie blieben trotzdem. Sie waren »Gast«-Arbeiter und hatten einen befristeten oder geduldeten Aufenthaltsstatus. Mit einer Aufenthaltsgenehmigung und einer Arbeitserlaubnis durften sie in Deutschland leben. Und sie wurden in Deutschland besteuert. Ihre türkischen Pässe berechtigten sie, sich an Wahlen in der Türkei zu beteiligen. Die Regierung eines Landes wählen, in das man vielleicht zurückkehren will? Warum nicht? Für ein paar Jahre geht das schon in Ordnung. Für ein Jahrzehnt auch. Aber für ein paar Jahrzehnte?

Die deutsche Staatsangehörigkeit basierte bis ins Jahr 2000 weitgehend auf dem »Reichs- und Staatsangehörigkeitsrecht« von 1913, in dem das *ius sanguinis,* also das Abstammungsprinzip, voll zum Ausdruck kam: Deutscher Staatsangehöriger war, wessen Eltern die deutsche Staatsbürgerschaft besaßen. Der Erwerb der Staatsangehörigkeit war in der Regel nur durch Heirat möglich. Außerdem gab es seit den 1990er Jahren Sonderregelungen für Migranten der zweiten und dritten Generation, die im Ausländerrecht kodifiziert wurden. Mit der Reform von 2000 wurde »Nicht-Deutschen«, die seit Langem in Deutschland lebten oder hier geboren wurden, die Annahme der deutschen Staatsangehörigkeit erleichtert, zum Beispiel Kindern mit einem unbefristeten Aufenthaltsstatus. Mit dem Aufenthaltsgesetz, das ein Teil des Zuwanderungsgesetzes von 2005 ist, wurde das Staatsangehörigkeitsrecht erneut reformiert. Aber noch immer ist nicht jeder, der auf deutschem Boden geboren wird, auch automatisch Deutscher. Die Abstammung bestimmt nach wie vor die Staatszugehörigkeit, anders als z. B. in Frankreich. Dort gilt das Bodenrecht, die Nation ist eine Republik, der man beitreten kann. Wer auf französischem Boden geboren wird, ist Franzose. Die wichtigen Wegmarken bezüglich der Staatsangehörigkeit in Deutschland sind also die Jahre 1913, 2000 und 2005. Nur, und nun wird es kompliziert: Nicht jede Novellierung hebt eine alte Regelung auf, und Migranten werden danach klassifiziert, welcher Gesetzesabschnitt auf sie zutrifft, nach Herkunftsland, Einwanderungszeitpunkt, Zuzugsgrund, Alter und auch nach der finanziellen Situation.

1973 kam es aufgrund der Ölkrise zu einem Anwerbestopp. Arbeitsverträge wurden nicht verlängert, die Hälfte der spanischen und ein Drittel der portugiesischen Arbeitskräfte kehrten in ihre Heimatländer zurück. Die Zahl der türkeistämmigen Beschäftigten blieb konstant, ihre Bevölkerungszahl stieg sogar. Denn sie heirateten, holten ihre Ehepartner nach und bekamen Kinder. Für Ausländer der zweiten und dritten Generation galt die erwähnte Ausnahme. Sie konnten die deutsche Staatsangehörigkeit beantragen. Wer aber in Deutschland geboren und aufgewachsen ist und eine Arbeit hat, bekam auch nach alter Gesetzeslage eine Aufenthaltsberechtigung, mancher sogar eine unbefristete. Weshalb also die Staatsbürgerschaft wechseln? Männliche Migranten, die dennoch einen Antrag stellten, taten es auch deshalb, um dem Militärdienst in der Türkei zu entgehen, andere, weil es das Reisen erleichtert. Bis zur Durchführung des Schengener Abkommens 1995 brauchten türkische Staatsbürger, die in Deutschland lebten, Visa für die Einreise in andere europäische Staaten sowie Durchgangsvisa, wenn sie zum Beispiel über Österreich nach Italien reisen wollten. Auch heute noch brauchen türkische Staatsangehörige, die in ein europäisches Land außerhalb der Schengener Außengrenzen reisen wollen, ein Visum, z. B. für die Schweiz oder Großbritannien. Der deutsche Pass hilft einem auch beim Ausfüllen von Formularen. Wer sein Kreuz bei »Staatsangehörigkeit deutsch« machen darf, muss nicht noch weiteren Papierkram einreichen. Die Gründe, einen deutschen Pass zu beantragen, sind also vielfältig. Nur zwei Gründe hört man selten bei der Frage »Warum beantragen Sie die deutsche Staatsangehörigkeit?«, nämlich die Antwort: »Weil ich Deutscher bin« oder: »Weil wir in einer Demokratie leben und die wiederum von politischer Partizipation lebt.«

Der Versuch, das Staatsangehörigkeitsrecht zu novellieren, hat eine lange Geschichte. 1998 wollte die rot-grüne Bundesregierung den doppelten Pass einführen, damit es nicht mehr zur Entscheidung zwischen zwei Staatsbürgerschaften kommen musste. Dadurch erhoffte man sich mehr Einbürgerungen und damit vielleicht auch mehr Wählerstimmen. Der hessische CDU-Politiker Roland Koch vermutete richtig, dass er mit der Unterschriftenaktion gegen den doppelten Pass bei der Landtagswahl 1999 seiner Partei zum Sieg verhelfen könnte. Die Bevölkerung reagierte nervös, weil ihr die CDU weismachte, mit dieser Regelung würde eine ungebremste Einwanderung befördert. Die Zuwanderungsregel wurde im Gesetzentwurf aber gar nicht angetastet. Kritiker der Unterschriftenaktion versuchten die Menschen zu beruhigen, aber wie heißt es so schön in einem türkischen Sprichwort: Den Stein, den ein Verrückter in den Brunnen wirft, können 40 Kluge nicht wieder heraufholen.

Roland Koch gewann die Wahl und wurde Ministerpräsident, und wenig später verlor die Berliner Koalition die Mehrheit im Bundesrat. 2005 hat die Große Koalition das Zuwanderungsgesetz erneut geändert und das Staatsangehörigkeitsrecht novelliert. Es ist nicht wirklich einfach, das neue Staatsangehörigkeitsrecht so zu verstehen, wie die Politiker es gern verstanden wissen wollen: nämlich als Geschenk. Denn davon, dass man Honig sagt, wird der Mund nicht süß, wie ein anderes türkisches Sprichwort besagt.

Innerhalb einer Familie, die in der dritten Generation in Deutschland lebt, gelten verschiedene Regelungen. Das Paar der ersten Generation, das in den 1970er Jahren nach Deutschland gekommen ist, darf sich einbürgern lassen, wenn es unter anderem keine Sozialhilfe bezieht oder nicht selbstverschuldet arbeitslos geworden ist und wenn es über ausreichende Sprachkenntnisse verfügt. Ferner muss es die bisherigen türkischen Pässe abgeben, weil Mehrstaatlichkeit in Deutschland nicht erwünscht ist. Nehmen wir an, der Vater ist 55 und findet keine Arbeit mehr (was auch schon mal bei Deutschen vorkommt), dann erhält er keinen deutschen Pass. Seine Tochter, die hier geboren und aufgewachsen ist, ist vielleicht 30 Jahre alt, hat Abitur und ein Studium absolviert, findet außer unbezahlten Praktika keine Arbeit und meldet ihren Hartz-IV-Anspruch an. Deshalb hat auch sie keinen Anspruch auf Einbürgerung. Die Tochter bekommt einen Sohn, der nach dem 1. Januar 2000 geboren wird. Er ist der Einzige in der Familie, der erstmals einen *Rechtsanspruch* auf die deutsche Staatsbürgerschaft hat. Er profitiert vom »Optionsmodell«, weil seine Mutter rechtmäßig seit acht Jahren in Deutschland lebt. Ein Rechtsanspruch bedeutet aber nicht, dass er automatisch Deutscher wird. Das wird man nur auf gesonderten Antrag, den er spätestens mit 21 Jahren stellen muss, denn nach dem 23. Lebensjahr erlischt der Rechtsanspruch wieder. Wenn also Politiker sagen, die Kinder, die nach dem 1. Januar 2000 geboren sind, seien automatisch Deutsche, stimmt das nicht. Die jungen Erwachsenen müssen sich genau wie alle anderen in der Familie auch Gedanken darüber machen, was es bedeutet, die Staatsangehörigkeit zu wechseln:

das Verhältnis von Staat, Nation und Bürger, Heimat und Aufenthaltsort, Identität und Wurzeln ausloten und sich anschließend entscheiden, den Antrag tatsächlich zu stellen. Kann man all das mit 21 Jahren schon ermessen? Dabei ist der Pass das wichtigste Dokument eines Bürgers. Schon Bertolt Brecht befand: »Der Pass ist der edelste Teil von einem Menschen. Er kommt auch nicht auf so einfache Weise zustand wie ein Mensch. Ein Mensch kann überall zustand kommen, auf die leichtsinnigste Art und ohne gescheiten Grund, aber ein Pass niemals. Dafür wird er auch anerkannt, wenn er gut ist, während ein Mensch noch so gut sein kann und doch nicht anerkannt wird.«

Staatsbürgerschaften zu wechseln ist nicht nur ein formaljuristischer Akt, es kann auch Loyalitätskonflikte auslösen. Reicht es, den deutschen Pass zu besitzen, um ein Deutscher zu sein, oder muss man sich auch deutsch fühlen und das auch noch beweisen? Der Staat forderte mit Aktionen wie der Idee der Erarbeitung allgemeingültiger Einbürgerungskriterien den Migranten den Beweis ab, es wert zu sein, Deutscher zu werden. Im vergangenen Jahr hatten die Innenminister von Baden-Württemberg und Hessen die Idee, mittels eines Fragebogens die innere Einstellung der Antragsteller zur Bundesrepublik zu prüfen. Der Test hieß auch Muslim-Test, weil die zuständigen Beamten den offiziellen Hinweis erhielten, den Gesprächsleitfaden ausschließlich denjenigen Antragstellern vorzulegen, die der islamischen Religionsgemeinschaft angehören. Gewissensfragen wurden gestellt, bei denen die Muslime Stellung zu Themen wie Homosexualität, Religion und Erziehung beziehen mussten. Beispielsweise auch auf die Frage, was der Vater in unserem Beispiel machen würde, wenn seine Tochter nach Hause kommt und sagt, dass ihr die Stelle, auf die sie sich beworben hatte, von einer Schwarzafrikanerin weggeschnappt worden ist.

Eine Welle der Empörung folgte, und seitdem ist die Idee der Gesprächsleitfäden einstweilen wieder vom Tisch.

Es wird immer Kriterien geben, die man erfüllen muss, um eingebürgert zu werden. Erfüllt man sie nicht, gibt es trotzdem Mittel und Wege, die Einbürgerung zu erhalten. Diese unterliegen jedoch dem Ermessen des Beamten der Ausländerbehörde. Die Frage nach dem Ermessen ist wie jene nach dem Gewissen, sie ist schwer zu definieren. Im Titel der Informationsbroschüre »Wie werde ich Deutscher«, die von der Beauftragten der Bundesregierung für Migration, Flüchtlinge und Integration herausgegeben wird, steht nach dem Wort Einbürgerung: Fair. Gerecht. Tolerant. Unterhält man sich mit Antragstellern, wird schnell deutlich, dass sich nicht alle Beamten einer Ausländerbehörde fair, gerecht und tolerant verhalten.

Mit der deutschen Staatsangehörigkeit erhält man ein zentrales Recht in dieser Demokratie: das Wahlrecht. Dass man dieses Recht unter allen Umständen wahrnehmen sollte, muss einem aber erst einmal jemand beibringen. So könnte ein Lehrer im Unterricht nicht nur konstatieren, dass »der Ali nicht wählen darf, weil seine Eltern aus der Türkei stammen«. Sondern er müsste die Schüler darüber informieren, dass »der Ali wählen könnte, wenn er die Staatsbürgerschaft wechselt«. Abgesehen davon könnte der Pädagoge dem Ali auch seine Hilfe anbieten und ihm erklären, welche Rechte ihm sonst noch daraus erwachsen.

Wie also soll der Ali wissen, dass er in einem Land lebt, in dem er theoretisch sogar Politiker werden und mitwirken könnte, auch um seine Lebensverhältnisse zu ändern, mit denen er möglicherweise nicht einverstanden ist? Seine Eltern bringen ihn auch nicht auf die Idee. Die haben vielleicht in ihrem ganzen Leben noch nie ein Kreuz auf einem Wahlschein gemacht. Weil

sie möglicherweise aus einem anatolischen Dorf stammen oder
vor ihrer Auswanderung noch zu jung zum Wählen waren. Die
Eltern haben über die Tatsache, dass sie aus dem aktiven politischen Geschehen weitgehend ausgeschlossen sind, nie nachgedacht. Die Politiker jedoch werden das immer bemerkt haben.
Sie haben aber nie eine groß angelegte Einbürgerungskampagne initiiert.

Demokratie lebt von politischer Teilhabe – Integration auch. Politische Teilhabe und gesellschaftliche Integration gehören zusammen. Man kann sie nicht voneinander trennen. Beides setzt
etwas Grundlegendes voraus, nämlich den Wunsch danach.
Wenn jemand nicht wählen möchte, kann er es lassen, wenn
jemand sich nicht integrieren möchte, kann er sich verweigern.
Meist kann man aber wählen. Man kann zwischen Parteien wählen, man kann zwischen Lebensentwürfen wählen, man kann
aus dem auswählen, was einem angeboten wird. Den Menschen
muss jedoch gesagt werden, dass es die Möglichkeiten gibt.
Gleiches gilt für die Integration von Migranten. Auch hier haben
sie die Wahl. Sie können sich in ein Wertesystem integrieren, in
eine Religionsgemeinschaft, in eine Partei, in marktwirtschaft-
liche Strukturen, in was auch immer angeboten wird. Das Angebot beeinflusst die Wahl.

Eine nicht zu unterschätzende Zahl der deutschen Wahlberechtigten verzichtet freiwillig auf ihr Recht der Mitbestim-
mung. Diese Nichtwähler haben die Freiheit, sich gegen ihr
Recht zu entscheiden. Die Mehrheit der Einwanderer mit tür-
kischem Pass allerdings hat diese Wahlfreiheit nicht. Denn
diese Menschen sind nicht ins politische System integriert. Sie
profitieren zwar von den Gesetzen, können aber nicht die Politiker wählen, die diese Gesetze in ihrem Sinne erlassen oder
ändern. Um die demokratischen Rechte, die die Mehrheit der

Gesellschaft automatisch besitzt, zu erhalten und auch in Anspruch nehmen zu können, müssen sie nicht nachvollziehbare Kriterien erfüllen. Will man wirklich etwas für die Integration der hier lebenden Migranten tun, dann wäre die Abschaffung dieser Hürde – die ausschließliche Bindung des Wahlrechts an die Staatsangehörigkeit – ein großer Schritt. Man verstünde dies als ein deutliches Signal: Ihr seid uns willkommen.

Es ist halt so eine Sache mit der Integration, man fordert sie ein, und manchmal, so scheint es, reicht schon das Ablegen eines Kopftuches als Indikator für ein gelungenes und gleichberechtigtes Miteinander. In den Niederlanden wird man erst eingebürgert und danach in den Integrationsbemühungen gefördert. In Deutschland erwartet man von einem 55-Jährigen der ersten Generation ausreichende Deutschkenntnisse, damit er ein Recht auf Einbürgerung hat. Einen Sprachkurs hat man ihm nie angeboten.

Integration ist in Deutschland mittlerweile Chefsache geworden. Bundeskanzlerin Angela Merkel hat gemeinsam mit der Staatsministerin für Integration, Maria Böhmer, den Nationalen Integrationsgipfel auf ihre Agenda gesetzt. Die Unzufriedenheit vieler Migranten berücksichtigend, wurde erstmals in der Geschichte der Bundesrepublik mit den Migranten gesprochen statt über sie. Hierfür durften sie direkt am politischen Entscheidungsprozess mitwirken. Die Freude und Aufregung aufseiten der Migranten waren unermesslich groß. Sie erwarteten, dass ihre Ideen direkt in die Integrationspolitik aufgenommen würden. Dafür wurden zehn Arbeitsgruppen organisiert, in denen Migrantenverbände Vorschläge erarbeiten konnten. Das »Netzwerk türkeistämmiger MandatsträgerInnen« hat in der Arbeitsgruppe 5, »Integration vor Ort«, sein Debüt gegeben. Die Ergebnisse der Arbeitsgruppen sollten schließlich die Basis für einen Nationalen Integrationsplan bilden. Die Regierung war aber so ungeduldig, dass sie bereits vor der Präsentation dieser Ergebnisse im Sommer 2007 noch einmal das Zuwanderungsgesetz geändert hat – den Protest einiger Migrantenverbände daraufhin und ihre Bitte an den Bundespräsidenten, dem Gesetz seine Unterschrift zu verweigern, nahm die Politik irritiert zur Kenntnis. Auf der Pressekonferenz zum Nationalen Integrationsplan wurden schließlich freudig die Ergebnisse präsentiert. Es ging dabei, wie schon so oft, auch wieder um das »Fordern und Fördern« der Zuwanderer. Worin genau das Fördern bestand, ging in der allgemeinen Euphorie der Politiker etwas unter. Noch enttäuschender war allerdings, dass man auf der Pressekonferenz nicht erfuhr, was die Vorschläge der Arbeitsgruppen waren, für deren Erarbeitung sie sich immerhin ein Jahr lang unentgeltlich getroffen und intensiv Strategien entworfen hatten. Stattdessen wurde die Neugestaltung der Zuwanderungsregelungen erklärt, die allerdings nicht auf Vorschlag der Migrantenverbände vorgenommen worden war. So legen die neuen Regeln den Migranten bezüglich des Bleiberechts für Geduldete und des Ehegattennachzugs neue Steine in den Weg. Was aber mit den hier lebenden Migranten geschehen wird oder soll, darüber wurde nicht eine einzige Idee präsentiert. Und Anerkennung über die erbrachten Leistungen der Migranten wurde in dieser Pressekonferenz ebenfalls nicht ausgesprochen. Anerkennung auch dafür, dass die nicht wahlberechtigten Migranten Steuern gezahlt haben, obwohl sie nicht bestimmen durften, wofür das Geld ausgegeben wurde. Und von einer großen Einbürgerungskampagne war bedauerlicherweise noch immer keine Rede.

Warum plant man nicht im nächsten Haushalt eine große Kampagne ein? Es könnten Fernsehspots in Auftrag gegeben und Plakatwände gestaltet werden, in denen dazu eingeladen wird, Staatsbürger dieses Landes zu werden. Um wählen und gewählt werden zu können. Die gesetzlichen Voraussetzungen dafür werden zwar immer komplizierter, aber dafür könnte man auf die Gebühr verzichten, die eine Einbürgerung kostet. Das sind immerhin 612 Euro für eine Familie mit zwei Kindern. Die Gebühren auf dem türkischen Konsulat nicht mitgerechnet. Die könnte die Türkei ihren Ex-Staatsbürgern erlassen. Die Einbürgerungskampagne ist nur ein Vorschlag, aber sie entspräche genau dem Slogan der Integrationsbeauftragten: Fair. Gerecht. Tolerant.

In den Diskussionen von 1978 bis 1998 wurde Integration immer auch als Assimilation und als Bringschuld vonseiten der Migranten verstanden. Mit dem Regierungswechsel 1998 kam die Einsicht, dass Deutschland längst ein Einwanderungsland ist und die Integration von der gesamten Gesellschaft geleistet werden muss. Heute bekennt sich auch die Politik zu dieser Aufgabe. Nur die CDU spricht in ihrem neuen Grundsatzpapier von Deutschland nicht als einem Einwanderungs-, sondern als einem Integrationsland. Immerhin. Es hat sich viel verändert, seit 1978, seit das erste Amt eines Ausländerbeauftragten geschaffen wurde. Aus dem Ausländerbeauftragten wurde der Integrationsbeauftragte, aus der Ausländerpolitik die Integrationspolitik. Aus »Gast«-Arbeitern wurden Migranten, und manchmal wird aus dem Türken Ali auch der deutsche Ali. Und ganz, ganz selten wird aus dem deutschen Ali sogar ein Politiker.

Man muss das Staatsangehörigkeitsrecht und die Integrationspolitik kennen, um die Frage zu beantworten, warum so wenige Türken in dieser Gesellschaft sichtbar sind. Auch wenn sie zu der ethnischen Minderheit gehören, die immer noch am stärksten und lautesten ihre Forderungen stellt, kann die Lautstärke nicht darüber hinwegtäuschen, dass sie sich, zumindest ab der zweiten Generation, nicht gleichmäßig auf alle Schichten unserer Gesellschaft verteilen. Nicht nur auf politischer Ebene, auch in anderen Bereichen. In allen Berufsgruppen – die Selbstständigen ausgenommen –, im öffentlichen Dienst, in Vereinen, in den Medien, in der Kultur, in Führungspositionen, wo auch immer man hinschaut, sie sind nirgends gemäß ihrem Bevölkerungsanteil angemessen vertreten. Integrationsunwilligkeit kann man nur bescheinigen, wenn man alle Türen geöffnet hat und feststellt, keiner geht hindurch. Wenn die Tur aber nur angelehnt ist, schlüpfen nur einige wenige durch den Spalt. Sie werden dann herumgezeigt und mit einem »Der hat es doch auch geschafft« anderen als Beispiel vorgehalten. Als Ansporn kann das dienen, aber gerechter wäre es, wenn man die Verhältnisse systematisch ändert. Man sollte nicht zu lange damit warten. Jeder Schritt, der zu einer tatsächlichen gleichberechtigten Teilhabe in allen Bereichen des gesellschaftlichen Lebens führt, minimiert die Gefahr eines emotionalen Abschieds von dieser Gesellschaft. Schon jetzt leben in Deutschland 15 Millionen Menschen mit einer Zuwanderungsbiografie, in 30 Jahren stellen sie die Hälfte der Bevölkerung. Gleichzeitig besteht die Aufgabe der Migranten darin, sich zu motivieren und zu engagieren, die bestehenden Möglichkeiten konsequent zu nutzen.

2,9 Millionen Türken leben in Deutschland. Nur etwa 20 Prozent der Türken sind eingebürgert. Ungefähr 80 Mandatsträger türkischer Herkunft haben die beiden Stiftungen gezählt. Möglicherweise ist die Zahl etwas höher. 80 von 2,9 Millionen: das sind 0,003 Prozent. Die Bundeszentrale für politische Bildung hat an der Universität Bamberg eine Studie mit dem Titel »Migranten und politische Bildung« in Auftrag gegeben. Im Frühjahr dieses Jahres wurden die Ergebnisse veröffentlicht. Darin heißt es: »Das Interesse an Politik steigt mit der Möglichkeit der politischen Partizipation.«

Es wird in der Tat seit Langem beklagt, dass das Interesse an Politik, gerade in den unteren sozialen Schichten, immer weiter abnimmt. Was viele türkische Jugendliche zusätzlich betrifft, ist die fehlende Kenntnis über die genauen politischen Gründe ihrer eigenen Migrationsgeschichte. Ein Thema übrigens, das in deutschen Schulen, wenn überhaupt, nur ungenügend gelehrt wird. Wer über seine eigene Geschichte bestmöglich informiert ist, kann sich von stereotypen Aussagen wie »Man will uns nicht hier haben« und der daraus resultierenden Resignation lösen.

Das Staatsangehörigkeitsrecht erklärt jedoch nur zu einem Teil die defizitäre politische und gesellschaftliche Integration von Migranten. Man kann an der Entwicklung des Gesetzes allerdings erkennen, wie der Staat zum Beispiel das Verhältnis zu seinen eingewanderten Bürgern im Lauf der Zeit veränderte. Bei allen Überlegungen, wie man Migranten gleichberechtigt an unserer Gesellschaft teilhaben lassen kann, bedarf es einer wichtigen Voraussetzung: Bildung. Zumindest um festzustellen, wo man seinen Platz in der Gesellschaft sieht und wohin man will, bedarf es einer kritischen Selbstbetrachtung. Ganz gleich, ob es darum geht, die eigenen Chancen auf dem Arbeitsmarkt zu erhöhen, die persönlichen Lebensverhältnisse zu verändern oder Frustrationen zu überwinden: All dies geht nicht ohne Sprachkenntnisse, ohne Wissen um die eigenen Bürgerrechte und ohne das Bewusstsein, dass ein funktionierendes soziales Netzwerk nicht nur aus der eigenen ethnischen Gruppe besteht. Auch um die Vor- oder Nachteile eines Staatsbürgerschaftsgesetzes abwägen zu können, braucht man Wissen. Man muss gebildet genug sein, um zu wissen, dass man auch als ausländischer Staatsangehöriger Veränderungen in der Gesellschaft anstoßen und sich, wenn auch in beschränktem Maße, politisch engagieren kann. Wer den deutschen Pass nicht besitzt, kann sich im Ausländerbeirat – in manchen Städten auch Integrationsbeirat genannt – organisieren und dem Stadtrat Empfehlungen aussprechen.

Migrationsforscher unterscheiden schon seit Langem zwischen verschiedenen Formen der Integration. Es gibt demnach eine soziale, kulturelle, identifikative und politische Integration. Identifikative Integration ist die Form, die die meisten Migranten assoziieren, wenn sie das Wort Integration hören. Es bedeutet ein subjektiv empfundenes Zugehörigkeitsgefühl zu einer Mehrheit, zu einem Ganzen. 20 Prozent der Türken sind politisch integriert. 0,003 Prozent haben ein politisches Mandat und wirken gestaltend oder sogar gesetzgebend mit. Jeder Einzelne dieser Mandatsträger ist deshalb etwas Besonderes. Denn nach fast einem halben Jahrhundert türkischer Einwanderung nach Deutschland ist das doch eine sehr geringe Zahl.

1987 zog die erste türkeistämmige Politikerin in ein Parlament. Sie heißt Sevim Celebi und gelangte als Parteilose über die Alternative Liste ins Berliner Abgeordnetenhaus, in dem sie für die Grünen saß. Zwei Jahre später wurde die erste türkeistämmige SPD-Politikerin, Leyla Onur, ins Europaparlament gewählt. Und 1994 zog Cem Özdemir für die Grünen in den Deutschen Bundestag. Mit seinem Mandat änderte sich in der türkischen Community ein grundlegendes Gefühl. Nun hatte sie einen Repräsentanten, sichtbar und hörbar für alle, vertreten in deutschen wie in türkischen Medien – auch wenn sie ihn nicht alle dorthin hatten wählen konnten. Und noch eines bedeutete der Einzug Cem Özdemirs ins höchste deutsche Parlament: dass es möglich ist, als Migrant in dieser Gesellschaft aufzusteigen.

Wir schreiben das Jahr 2007, und mittlerweile sitzen fünf türkeistämmige Politiker im Bundestag, genauso wie im Berliner

Abgeordnetenhaus. In den Länderparlamenten derjenigen Bundesländer, in denen die meisten Türken leben – Nordrhein-Westfalen, Baden-Württemberg und Bayern –, sitzt kein einziger türkischer Migrant. Auch nicht in Hessen, Rheinland-Pfalz und in den fünf neuen Bundesländern. Die Mehrheit der im »Netzwerk türkeistämmiger MandatsträgerInnen« vertretenen Politiker gehört der SPD an, gefolgt von den Grünen. Die Linke/PDS steht auf Rang drei. Aktuell haben je zwei CDU- und CSU-Mitglieder mit türkischen Wurzeln ein politisches Mandat, und nur einer im Netzwerk vertritt die FDP. Parteienforscher gehen davon aus, dass 80 Prozent der eingebürgerten Türken der SPD und den Grünen nahestehen, nur 12 Prozent der Union. Doch genaue Zahlen und Untersuchungen zur Parteipräferenz gibt es weder für die eingebürgerten noch für die nicht eingebürgerten Türken. Es gibt auch keine präzise Evaluation über Migranten mit einem politischen Parteimandat, noch nicht einmal über Migranten und deren Mitgliedschaft in einer Partei.

* * *

Zurück zum 21. April 2007 im Düsseldorfer Landtag. Gemeinsam mit den Mitgliedern des Netzwerks sitze ich in einem Sitzungssaal und beobachte die rege Diskussion über die Entstehung der ersten Geschäftsordnung. Es herrscht Uneinigkeit darüber, was man mit Politikern macht, die ihr politisches Mandat verlieren. Man einigt sich schnell: Sie dürfen weiter im Netzwerk arbeiten, müssen dafür aber einen Antrag stellen. Doch wer soll nach welchen Kriterien entscheiden, ob dem Antrag stattgegeben wird? Jemand schlägt vor, die Diskussion abzukürzen und alle zuzulassen, man brauche schließlich jeden Kopf, jede Idee, man sei doch nur eine Handvoll ... Spontan schallt es zurück: »Noch!«

Ich beobachte amüsiert das Treiben, als die Debatte ihren Lauf nimmt und an einem Komma im Entwurfspapier zu scheitern droht. Ein Germanist streitet sich mit einem, der nicht so gut Deutsch spricht wie er. Die falsche Interpunktion führe zu einer Sinnentstellung und damit zu einer Umkehrung des Zieles, argumentiert der Germanist, man müsse das korrigieren. Sein Nachbar winkt ab, er hat nichts verstanden. Die Erklärungen und Ausführungen auf Türkisch führen zu einem Leuchten im Gesicht des Nachbarn. Gemeinsam wird ein Antrag zur Ersetzung des Kommas durch ein Semikolon gestellt. Anschließend wird der Antrag einstimmig angenommen. Der Erklärende und der Erleuchtete prosten sich mit einem Glas Saft zu.

Es dauert insgesamt drei Stunden, bis die Geschäftsordnung Formulierung für Formulierung, Absatz für Absatz, Paragraf für Paragraf verabschiedet ist. Als das Positionspapier dran ist, nimmt die Zahl der Änderungsanträge ab. Der Grund: Bei den Zielen für ihre Arbeit gibt es eine leidenschaftliche Zustimmung über alle Parteien hinweg; in der Integrationspolitik sind sich alle einig. Aus der zuvor aufgeregten Diskussion wird ein sachliches Gespräch. Hier muss sich niemand rechtfertigen, niemand Stellung beziehen zu Themen wie Kopftuch, Islamismus, innere Einstellung zur Bundesrepublik, zum Wertesystem und zur Demokratie.

Am Nachmittag ist je ein Politiker der im Düsseldorfer Landtag vertretenen Parteien eingeladen. Die Mitglieder des Netzwerks haben Gelegenheit, Fragen zu stellen und Anmerkungen zur aktuellen Integrationspolitik zu äußern. Zwei Themen werden angesprochen. Erstens die Forderung nach dem Kommunalwahlrecht auch für Nicht-EU-Ausländer. Zweitens die Kritik daran, dass sich Parteimitglieder mit Migrationshintergrund nicht genügend unterstützt fühlen, wenn bei einer Kandidatur ein Listenplatz vergeben wird. Die Düsseldorfer Vertreter des

Landtags gehen bei diesen Fragen sofort in die Offensive, allen voran die Vertreter von CDU und FDP. Dafür könne man nichts, heißt es, im Gegenteil, man freue sich über jeden türkeistämmigen Politiker, nein, generell über jeden, der bereit sei, politische Verantwortung zu übernehmen und mitzuarbeiten. Die zugewanderten Mitglieder trauten sich meist die Aufgabe nicht zu, da helfe alle Überredungskunst nichts. Sofort rufen alle wie aus einem Mund: »Was ist mit Bülent Arslan, der seit Jahren in der CDU um einen erfolgversprechenden Listenplatz kämpft?« Es werden noch einige andere Namen von Politikern in die Runde geworfen, die von ihren Fraktionen keinen sicheren Listenplatz und somit auch nicht die Chance auf ein politisches Mandat erhalten. Diese einstimmige Solidarität über die Parteigrenzen hinweg lässt auch die Landtagspolitiker verstummen. Sie greifen alle zeitgleich nach ihrem Wasserglas. Gegenargumente gibt es keine mehr. Erst als ein über 60-jähriger SPD-Stadtrat aus Delmenhorst das Wort erhält, beruhigt sich die Stimmung im Raum. Ibrahim Tuner kam als einfacher Arbeiter, sein Deutsch hat einen starken Akzent, die Zischlaute klingen bei ihm sehr kehlig, fast ein wenig arabisch. Ibrahim Tuner redet niemals im Sitzen. Der Respekt seinen Kollegen gegenüber, die alle jünger sind als er, gebietet ihm das Sprechen im Stehen. Schlagartig wird es still im Saal. Ratsherr Tuner hat sich den Tag über zurückgehalten, nun richtet er sich umständlich auf, in seiner Hand ein Blatt Papier, das vollgeschrieben ist. Bevor er zu sprechen beginnt, schaut er dem CDU-Landtagsabgeordneten tief in die Augen. Er erzählt, dass er seit 40 Jahren in Deutschland lebe. Er kenne alle Debatten, die seitdem geführt wurden. Die Argumente ermüden ihn. Er sagt, er habe kein Problem damit, dass die CDU nicht genügend Kandidaten für die Aufstellung ihrer Listen finden könne. Er sei SPD-Mitglied und: »Ihre Probleme in Ihrer Partei sind nicht meine Probleme. Mein Problem ist es, dass Sie nicht merken, dass Sie ein Problem haben.«

Ich schaue in die Runde und sehe in unterschiedliche Gesichter. Ich höre unterschiedlich ausgeprägte Akzente, sie kommen mir alle bekannt vor. Die Art, eine Aussage mit der Geste zu unterstreichen und die Hand dabei wie ein Flugzeug abheben zu lassen, habe ich schon tausende Male bei Deutsch-Türken gesehen. Mich interessieren die Erfahrungen jedes Einzelnen von ihnen. Woher kommen sie, was unterscheidet sie von all den anderen türkischen Migranten in diesem Land, die sich nicht politisch engagieren? Welche Erfahrungen haben sie auf ihrem politischen Weg gemacht?

Für die folgenden Gespräche mache ich mich auf den Weg, nachdem ich mich für zehn Personen entschieden habe. Fünf Frauen und fünf Männer aus unterschiedlichen Parteien. Vom Stadtrat bis zum Europaabgeordneten. Von der ersten Generation bis zur dritten Einwanderergeneration. Nur die Hälfte der Gesprächsteilnehmer ist auch regelmäßig im Netzwerk aktiv, zufällig sind es sämtliche Herren im Buch. Eine Frage begleitete mich bei allen Gesprächen: »Warum machen Sie Politik?« Ich bin erleichtert, dass sich keine einzige Antwort wiederholt hat.

Mindestens eine wichtige Einsicht habe ich beim Schreiben an diesem Buch gewonnen. Zum ersten Mal ist mir bewusst geworden, dass es in Deutschland die Vertreter islamischer Verbände oder Migrantenorganisationen sowie einige prominente Einzelpersonen sind, die für sich in Anspruch nehmen, für die Mehrheit der türkischen Migranten sprechen zu können. Gemeinsam vertreten sie jedoch lediglich eine Minderheit in diesem Land, auch wenn ihre Arbeit berechtigt und unersetzlich ist. Bislang hatte ich keine Idee davon, wer noch für die türkeistämmige

Community sprechen könnte. Das hat sich geändert. Das »Netzwerk türkeistämmiger MandatsträgerInnen« könnte sich an den öffentlichen Diskussionen genauso stark wie die genannten Verbände und Organisationen beteiligen. Das hätte den Vorteil, dass sie die Interessen eines größeren Teils der türkischen Einwanderer wahrnehmen könnten. Denn im Gegensatz zu den anderen sind sie demokratisch gewählt und vertreten nicht nur die religiösen oder kulturellen Interessen eines Verbandes, sondern sämtliche Belange der Community. Sie haben das einzig legitime Mittel zur politischen Interessenvertretung: das Mandat der Wähler!

Ich habe »10 für Deutschland« kennenlernen dürfen, mit manchen habe ich bis spät in die Nacht zusammengesessen, mit einigen habe ich viel gegessen, wieder andere haben mich zu sportlichen Höchstleistungen getrieben, indem sie mit mir kilometerweit über Stock und Stein gewandert sind. Mit den meisten stand ich monatelang in Kontakt, während ich das Buch schrieb. Es sind teilweise sehr persönliche Gespräche geworden, oft hat der intensive Gesprächsverlauf dazu geführt. In erster Linie hat mich der Mensch hinter seiner politischen Tätigkeit interessiert. Wir haben über sämtliche Facetten der Integrationspolitik gesprochen – von der Bildung bis zur Wohnungsbaupolitik –, über ihr Verhältnis zum Staat, zur Religion, über Erziehung, Moral und über Werte, auch über das Verhältnis zu den eigenen Eltern, zur Community und zu den Medien. Hätte ich die Politiker für eine Tageszeitung interviewt, so hätte ich manchmal hartnäckiger nachgefragt und Aussagen infrage gestellt. Ich habe versucht, mich zurückzuhalten. Es ist mir nicht immer gelungen. Manchmal erleichterte eine ironische oder heitere Bemerkung die Situation. Es gab – bis auf eine Ausnahme – noch etwas, was bei einem Zeitungsinterview oder in einer

Talkshow fehlt: Zeit. Zeit, in Ruhe einen Gedanken auszuführen, Zeit zu erzählen und Zeit zum Nachdenken.

In diesem Buch geht es nicht um Parteipolitik, die kann man in der Zeitung nachlesen. Es geht um persönliche Motive, auch wenn diese manchmal von den politischen Forderungen der Einzelnen nicht zu trennen sind. Obwohl wir uns über viele Aspekte von Integration unterhalten haben, ist es keineswegs so, dass alle Integrationspolitik machen. Manche lehnen eine Beschäftigung mit dem Thema für ihre politische Arbeit sogar ab. Dennoch beziehen alle Stellung, und dort wo jemand keine Antwort wusste, gab er es unumwunden zu. Besonders imponiert hat mir, dass die Fragen nach Hürden in der Karriere ehrlich beantwortet wurden. Ich hatte nicht damit gerechnet, dass man mir negative Erfahrungen, die fast alle gemacht haben, manchmal sogar sehr detailliert schildern würde. Gewusst habe ich es eigentlich schon immer, dass Politiker auch nur Menschen sind. Doch richtig begriffen habe ich es erst in all den Gesprächen.

Mein Respekt und meine Bewunderung gelten allen meinen Gesprächspartnern. Auch, wenn ich nicht alle Meinungen teile. Einige Ansichten lehne ich sogar gänzlich ab. Manch ein Lebensweg ähnelt meinem eigenen. Diese Einsicht hat etwas Beruhigendes. Ganz gleich wie schwierig die Lebensumstände sind, alles ist möglich, auch und gerade in Deutschland. Noch eine Gemeinsamkeit ist mir aufgefallen. Ich nenne sie das orientalische Pendant zur europäischen Contenance. Das betrifft die emotionalen Momente, die es während der Gespräche durchaus auch gab. Es ist in Deutschland nicht üblich, dass man als Politiker Gefühle zeigt, da es als Unprofessionalität gedeutet wird. Einige der deutsch-türkischen Gesprächspartner beschreiben jedoch ihre Emotionen, so wie man es aus der Türkei kennt: ausschmückend, lebendig, detailliert, ehrlich, erzählfreudig eben. Und wenn die deutschen Vokabeln fehlten, wurde auf Türkisch weitergesprochen. Noch ausgeschmückter, noch detaillierter, noch erzählfreudiger. Das funktionierte auch deshalb so gut, weil wir über einen gemeinsamen kulturellen Code verfügen. Das klang dann so: »Sie wissen schon, wie ich es meine« – »Ja, ja, ich weiß.«

Bei allen Kontroversen, die es hin und wieder auch gab, habe ich gelernt, dass politische Arbeit eine große Flexibilität im Denken und Handeln erfordert. In diesem Beruf wird man angreifbar, er erfordert Ideale, Mut und das Talent, schnell zu vergessen und zu vergeben. Ich möchte diese Arbeit nicht machen, gleichwohl ich mehr Engagement für das Gemeinwohl fordere. Jeder Einzelne dieses Buches hat sich entschieden, in dieser Gesellschaft aktiv zu werden. Ob jeder von ihnen nachhaltig in der Politik etwas verändern wird, weiß ich nicht. Ich weiß aber, dass es sich lohnt, jedem von ihnen zuzuhören.

»10 für Deutschland« heißt dieses Buch. Nicht »10 Migranten« oder »10 türkeistämmige Abgeordnete«, aber auch nicht »10 Deutschtürken« oder gar »10 muslimische Politiker«. Es sind einfach 10 Bürger dieser Gesellschaft, die eine Zuwanderungsbiografie haben und die in diesem Land etwas bewegen wollen. Sie tun das nicht für sich, auch nicht für ihre eigene ethnische Gruppe. Sie tun das für uns alle.

Ich danke jedem Einzelnen sehr herzlich für seine Offenheit.

Mely Kiyak
Berlin, im August 2007

»Jemand, der hier lebt, muss auch irgendwann
die Möglichkeit haben, Deutscher zu werden
und damit auch die Rechte und Pflichten eines
Staatsbürgers zu erlangen.« LALE AKGÜN

»Ich wünsche mir, dass die Eingewanderten
ganz im amerikanischen Sinne sagen,
dieses ist mein Land, meine Gesellschaft, ich
habe eine Bindestrich-Identität, ich bin
Deutsch-Türke, also Inländer.« CEM ÖZDEMIR

Lale Akgün

Bundestagsabgeordnete, SPD

über den Machtanspruch muslimischer Männer
und warum das neue Staatsangehörigkeitsrecht
Fairness schafft

Ich beobachte in Deutschland seit Längerem folgende Tendenz: Wenn es um den Themenkomplex Migration und Integration geht, egal ob in der Zeitung oder in einer Talkshow, bemerke ich überproportional viele Journalisten, die als Experten herangezogen werden. Wenn es allerdings um Ernährung geht, sitzt immer ein Ernährungswissenschaftler in der Runde oder wird in den Printmedien zitiert, bei Umweltthemen werden Meteorologen und Klimaforscher interviewt und bei der Frage nach Kinderkrippenplätzen sitzen neben der Kindergärtnerin auch ein Pädagoge und eine Mutter. Schöne umfassende Lösungsvorschläge kommen da manchmal zusammen, weil alle Beteiligten sich in der Materie auskennen und nicht bloß Meinungen austauschen.

Geht es allerdings um kriminelle Migrantenjugendliche und schlecht deutsch sprechende türkische Eltern oder kopftuchtragende Frauen, sehe ich stets nur Journalisten und Politiker, die in einem anderen Leben einmal Rechtswissenschaften studiert haben, und im besten Fall Integrationsbeauftragte einer Kommune oder eines Landes sind. Und, ach ja, manchmal sitzt noch ein Polizeipräsident mit am Tisch. Wenn der aus zeitlichen Gründen nicht kann, tut es auch ein junger Sozialarbeiter, der ein befristetes Arbeitsverhältnis in einem Kulturzentrum hat.

Wo aber sind die Migrationsforscher, Psychologen, Soziologen und Kulturwissenschaftler, möglichst mit Migrationshintergrund, bilingual und bikulturell aufgewachsen? Es gibt sie, zumindest die monokulturell sozialisierten, so ist es nicht, und gerade die Migrationsforscher haben 2006 in der Wochenzeitschrift DIE ZEIT ein Manifest unterschrieben, in dem sie beklagten, dass sie nicht gefragt würden. Sie beklagten auch, dass die Literatur zu Themen wie z. B. der Zwangsheirat muslimischer Frauen pseudowissenschaftlich (verfasst) ist. In der Petition, die 60 Migrationsforscher unterschrieben haben, heißt es unter anderem: »Dass Politik mithilfe der Medien zur Verbreitung solch unseriöser Literatur beiträgt, um eigene integrationspolitische Fehler im Umgang mit dem Thema Zuwanderung zu verschleiern – diese Entwicklung beobachten wir mit Besorgnis. Wir, die Verfasser und Unterzeichner dieses offenen Briefes, sind Forscher und Forscherinnen, die zu unterschiedlichsten Facetten des Themas Migration gearbeitet haben – zu Generationenbeziehungen, Zugehörigkeit, Islamvorstellungen, Lebensentwürfen, Ethnizität und Ethnisierung, Rassismus und Identitätsentwicklung. In den letzten Jahren hat sich in Deutschland eine quantitativ und qualitativ-empirische Migrationsforschung entwickelt, die international anschluss- und konkurrenzfähig ist.«

Wäre ich ein Migrationsforscher, wüsste ich nach der Zeitungslektüre nicht, wie ich den Tag überstehen sollte, wenn es wieder einmal lapidar heißt, der Islam sei schuld an den Integrationsschwierigkeiten der in Deutschland lebenden Türken. Das Thema Integration müsste genau wie andere gesellschaftsrelevante Themen interdisziplinär behandelt werden und nicht durch die für Publizisten so begehrte persönliche Erfahrungsbrille, die ihre Aussagen ungeniert mit »Neulich habe ich Folgendes beobachtet ...« beginnen.

Mit Lale Akgün habe ich die perfekte Gesprächspartnerin für Fragen rund um Integration gefunden. Sie ist promovierte Psychologin und hat 15 Jahre in den sozialen Kölner Brennpunkten gearbeitet. Dabei ist es gerade die langjährige Arbeitspraxis, die es schwer macht, mit ihr pauschal über *die* Migranten, Muslime oder Türken zu sprechen. Sie kann auf verschiedenen Ebenen argumentieren und wechselt dabei die Perspektiven zwischen der Soziologin oder Psychologin und der Politikerin. Aber gerade deshalb sind ihre Antworten so ergiebig.

Beim Stichwort Ehrenmord bemerkt sie gleich vorweg, das sei ein Thema, das sich nicht dazu eigne, nur angeschnitten zu werden, »darüber müsste man eigentlich vier Tage lang reden«. Dann fängt sie an zu sprechen und hat dabei eine hochinteressante Gesprächshaltung. Sie sitzt in ihrem Berliner Bundestagsbüro im Paul-Löbe-Haus auf ihrem schwarzen Sofa, hat die Beine übereinander geschlagen und schafft es stundenlang, sich hüftabwärts nicht zu bewegen. Aber von der Taille aufwärts verbiegt sie sich, beugt sich vor und zur Seite und gestikuliert lebhaft. Man könnte sagen, sie steht mit beiden Beinen fest im Leben, aber in Kopf und Herz scheint es ordentlich zu rumoren. Und je mehr wir in die Themen einsteigen, umso zufriedener wirkt sie, denn oberflächliche Betrachtungen findet sie »primitiv«, und dabei rollt sie das »r« ganz genüsslich.

Eigentlich müsste es in der Politik mehr Psychologinnen wie Lale Akgün geben. Oder mehr Wissenschaftler oder Politiker, die bereit sind, ihre Erkenntnisse nicht nur in Talkshows oder aus Tageszeitungen zu sammeln, sondern sich aus einem größeren Fundus an Informationsmöglichkeiten zu bedienen. Eine Möglichkeit ist dabei stets, die Menschen anzuhören, die mit den entsprechenden Problemen zu kämpfen haben. Eine andere Möglichkeit ist, sich einer wissenschaftlichen Studie zu bedienen; sich zweier Studien zu bedienen ist noch besser. Es reicht bei Weitem nicht, nur Statistiken zu lesen, um daraus eine politische Lösung ableiten zu wollen, so lange man nicht in der Lage ist, die Frage nach dem Warum zu beantworten. Warum geschehen Ehrenmorde, in welcher Größenordnung, was steckt dahinter? Gerade die letzte Frage ist entscheidend, damit nicht ein Gesetz installiert wird, in dem es letztendlich nur darum geht, ob man Täter ausweisen darf oder nicht. Seitdem ich Lale Akgün getroffen habe, plädiere ich offen für eine Psychologenquote im Deutschen Bundestag. Nicht, dass das die Debatten einfacher machen würde, im Gegenteil, aber sie wären deutlich differenzierter.

* * *

Frau Akgün, auf dem Weg in Ihr Büro habe ich mir die Frage gestellt, ob ich gut integriert bin.

Und sind Sie es?

Ich spreche gut Deutsch und verdiene mein eigenes Geld.

Haben Sie auch Argumente gefunden, die gegen eine gute Integration sprechen?

Ja. Ich spreche bloß gut Deutsch und verdiene mein eigenes Geld.

Also, sind Sie nun gut integriert oder nicht?

Ich weiß es nicht. Interessant wird es, wenn Sie mich zum Verhältnis zu meinen Eltern fragen würden. Ich habe mich schwer damit getan, gegen die traditionellen Ansichten meiner Eltern zu rebellieren, weil ich ihre Ängste verstanden habe. Jetzt könnte man sagen, meine Eltern waren nicht gut integriert, weil der Maßstab Geldverdienen und gutes Deutsch sprechen eben doch nicht reicht.

Ich sage Ihnen, wann jemand integriert ist. Denn was die Medien dazu sagen, ist oftmals zu vereinfachend. Meiner Ansicht nach ist man ausreichend integriert, wenn man arbeiten geht, Steuern zahlt und seine Kinder in die Schule schickt.

Das reicht?

Ja!

Und wenn es sich bei diesem steuerzahlenden Paar um eine Ehe handelt, die nicht gleichberechtigt funktioniert?

Wenn zwei Menschen etwas miteinander vereinbaren und es einem der beiden nicht schadet, ist das deren Privatsache. Wenn das Paar vereinbart, dass die Frau zu Hause bleibt, ihre Kinder erzieht und den Partner ein Leben lang verwöhnt, ist das ebenso deren Sache. Und wenn Sie sich entscheiden, dass Sie Ihren Eltern nicht widersprechen möchten, weil das für Ihre Seele gut ist, dann ist das auch Ihre Privatsache.

Wann hört denn die Privatsache auf?

Wenn Sie einem anderen Menschen schaden. Ich erzähle Ihnen mal etwas zum Thema Eltern: Zu meiner Studienzeit in den 1970er Jahren in Deutschland war es unüblich, seine Eltern zu besuchen. Ich habe meine Kommilitonen gefragt: Warum fahrt ihr denn nicht nach Hause? Und sie meinten, weil Eltern »scheiße« seien. Ich bin dennoch gefahren. Warum? Weil ich mich keiner Ideologie unterwerfe. Die Quintessenz dieser Anekdote ist die Selbstbestimmung! Sie steht jedem zu. Alles andere ist Privatsache und zu respektieren.

Sie kommen aus einem sozialistischen Elternhaus. Ist es dort auch ein wenig ideologisch zugegangen?

Es ging immer um Gerechtigkeit. Mein Vater verstand sich als Sozialist, und zu Hause lagen eine Menge Bücher über sozialistische Theorien herum, die meine Schwester und ich lesen mussten. Es ging immer um die Frage »Was ist soziale Gerechtigkeit?«

Wie wurde das zu Hause konkret vermittelt?

Es wurde uns bewusst gemacht, dass wir zweimal am Tag eine warme Mahlzeit bekamen, genug zum Anziehen hatten, einen Schreibtisch besaßen, an dem man arbeiten konnte, und dass wir zur Schule gehen konnten. Als wir dort im Unterricht das Thema Kommunismus durchnahmen, erzählte uns die Lehrerin etwas über Eigentum. Das war in den 1960er Jahren in Deutschland, wo ich ab der dritten Schulklasse war. Und ich meldete mich und sagte »Eigentum ist Diebstahl«. Die Lehrerin fragte, woher ich das hätte, und ich antwortete ganz frech, das wisse man doch, dass Eigentum auf Kosten anderer gehe. Übrigens: Heute habe ich ein etwas differenzierteres Verhältnis zum Eigentum.

Schöne Geschichte, haben Sie noch eine parat?

Ich erzähle noch eine, die sich in Istanbul abgespielt hat. Früher war es üblich, dass man vom Dorf eine entfernte junge Verwandte in die Großstadt mitnahm. Die erledigte dort Dienstbotentätigkeiten ohne Einkommen. Mit 18 oder 19 Jahren wurde sie dann verheiratet. Als wir bei einer solchen Familie zu Gast waren, beobachtete mein Vater das Dienstmädchen, wurde immer wütender und sagte, dass er es unmöglich fände, das arme Mädchen nur für einen vollen Magen arbeiten zu lassen. Es kam zum Streit, denn der Hausherr fand das völlig in Ordnung, immerhin läge das Kind der eigenen Familie nicht auf der Tasche. Mein Vater fand das unehrlich. Wenn es ihm wirklich um die Familie gehe, schnauzte mein Vater, solle er doch die Familie unterstützen. Am Ende haben wir das Haus verlassen, vorneweg meine empörten Eltern und wir Kinder hinterher.

Waren diese Erlebnisse ausschlaggebend für Ihren Eintritt in die Politik?

Nicht für meinen Eintritt in die Politik, aber in die Partei. Nach dem Zusammenbruch der sozialliberalen Koalition, als Helmut Schmidt gestürzt worden war, gab es Neuwahlen. Helmut Kohl wurde zum Kanzler gewählt. Das war 1982. Ich fand ihn unmöglich und habe mich so geärgert, dass ich am nächsten Tag Parteimitglied geworden bin. Etwas anderes als die SPD wäre für mich sowieso nie infrage gekommen. Ich wollte meiner Überzeugung eine politische Heimat geben.

Ärger ist bei Ihnen eine immerfort zu beobachtende Eigenschaft. Nun ist die Welt ungerecht, und Sie müssten sich demzufolge permanent ärgern …

… Das tue ich auch. Ich ärgere mich und kann angesichts der Ungerechtigkeiten meinen Mund nicht halten. Es regt mich auf, dass Friseurinnen für 3,50 Euro arbeiten müssen, dass Illegale ausgebeutet

werden, Roma in ganz Europa leiden oder Ungerechtigkeiten auf dem Westbalkan mit den Kosovaren geschehen. Ich rege mich auch über Türken auf ...

Das wäre meine nächste Frage gewesen. Geht bei sogenannten »türkischen Themen« die Sirene schneller an als bei anderen Themen?

Mein politischer Schwerpunkt ist neben der Europa- auch die Integrationspolitik.

Also: Ja.

Ich kenne eine Sozialpädagogin mit Migrationshintergrund, die, genauso wie ich, in den Kölner Brennpunkten gearbeitet hat. Die sagte irgendwann, ich mache Schluss mit dem Thema, ich kann nicht mehr.

Hat sie es durchgehalten?

Natürlich nicht. Sie hat eine Runde gedreht und ist wieder in den Brennpunkten gelandet.

Sie sind Psychologin, erklären Sie den Grund.

Weil diese Arbeit ein Teil von ihr war.

In Interviews rütteln Sie gerne mal die Klischees über die Migranten zurecht. Rütteln Sie damit auch Ihre eigene Welt zurecht?

Nein, meine Welt ist davon nicht betroffen. Aber ich kann, wenn es ungerecht zugeht, doch nicht sagen, ich habe mit dem Mief nichts zu *tun. Das regt mich bei manchen Türken nämlich auch auf, dass einige so tun, als hätten sie mit denen da unten nichts zu tun.*

Der deutsch-türkische Schriftsteller Feridun Zaimoğlu bezeichnete einmal am Rand einer Veranstaltung diese Türken verächtlich als »Angekommene«.

Manche sind schon »angekommen« auf die Welt gekommen. Und diese Angekommenen bezeichnen die sozial Schwachen als »Gesocks« und »rufschädigend«. Ich habe Respekt vor einem Unternehmer, der beispielsweise 30 Dönerbuden eröffnet hat oder eine florierende Spedition betreibt. Aber wenn gesagt wird, die anderen seien faul und hätten es deshalb nicht geschafft, dann stimmt das nicht. Denn Misserfolg ist nicht nur vom eigenen Engagement abhängig.

Erklären Sie mir, warum so viele Jugendliche mit Migrationshintergrund auf der Hauptschule landen und den Schulabschluss nicht schaffen.

Kommen Sie mal mit nach Köln, da zeige ich Ihnen Stadtteile, in denen ich gearbeitet habe. Meine Kollegen sagen immer, die Migranten landen auf der Hauptschule, weil sie zu Hause nur türkisch reden. Das stimmt nicht, die Eltern reden selbst sehr schlecht türkisch, grammatikalisch unkorrekt, und das wird dann noch angereichert mit deutschen Worten wie »Urlaub machen« oder »krankschreiben«. Das klingt dann so: »ben kendimi Krank schreiben yaptirdim«. Die Soziologen nennen das den restringierten Code.

Sozusagen der Dialekt der Unterschicht. Das Gegenteil wäre der elaborierte Code. Also statt »Was schauen Sie mich so sonderbar an?« zu sagen, fragt man »Was guckst du?«. Das kann aber nicht der einzige Grund sein, oder?

Nein, damit fängt es aber an. Es geht damit weiter, dass den Eltern die Zeit fehlt, sich mit ihren Kindern zu beschäftigen. Anregung kostet Zeit und vor allem Geld. Gehen Sie mal mit drei Kindern in den Zoo oder ins Kino. Wissen Sie, was das kostet?

Müsste ich jetzt überschlagen. Fünfmal U-Bahn hin und zurück, Kinoeintritt …

… vergessen Sie die Cola und das Popcorn nicht. Da sind Sie jedenfalls eine Stange Geld los, und dann kommen die Kinder in den Kindergarten, sind schon zurückgeblieben, und in der Schule schaffen sie es auch nicht mehr, das Versäumte aufzuholen. Sie leben in Berlin?

Ja.

Ich behaupte, dass eine Grundschule im Berliner Bezirk Wedding anders ausgestattet ist als in Berlin-Dahlem.

Welche Rolle spielt das?

In besseren Stadtteilen gibt es den Elternverein, der für zusätzliche Betreuung bei Ausflügen sorgt, und die Väter stellen Computer zur Verfügung, die sie zu Hause nicht mehr brauchen. Die Eltern konkurrieren miteinander, wer sich mehr engagiert. Ich habe erlebt, wie Mütter, deren Kinder im vierten Schuljahr krank waren, in die Schule kamen, um zu hören, was im Unterricht gemacht worden ist, und die Hausaufgaben mitgenommen haben. In den schwächeren Stadtteilen haben sie diese Möglichkeiten nicht, nicht weil das Personal schlechter ist, sondern weil die Kinder unruhiger sind, weniger von zu Hause mitbringen, gebrochene Deutschkenntnisse haben; da müssen sie bei Adam und Eva anfangen. Zu Hause gibt es keine Bilderbücher, den ganzen Tag läuft der Fernseher und dann landen sie auf der Hauptschule.

Das soziale Milieu, das Sie beschreiben, kenne ich allzu gut. Meine Mutter besaß nur ein Kochbuch auf Türkisch, das sie geschenkt bekommen hat, als sie ein 21-teiliges Kochtopfset von der Firma WMF gekauft hatte. Ich habe dennoch Abitur gemacht und alle meine Cousinen und Cousins auch. Bei uns zu Hause galt der Grundsatz, egal wie du es anstellst, komme ja nicht auf die Idee, nicht zu studieren, sonst lebst du genau wie wir. Ich habe einen etwas strengeren Ansatz, der lautet: Ganz gleich wie gut oder schlecht die Bedingungen sind, ohne Aufstiegshunger geht es nicht.

Haben Sie schon mal einen Intelligenztest gemacht?

Warum fragen Sie? Ist meine Ansicht so unintelligent?

Nein, überhaupt nicht. Weil Sie etwas vergessen, und das ist die Intelligenz. Vielleicht sind Sie hochintelligent.

Das glaube ich eher nicht. Meine Leistungen waren mittelmäßig. Abgesehen davon würde das bedeuten, dass der Besuch einer Hauptschule intelligenzbedingt ist und widerspricht dem, was Sie zuvor erklärt haben.

Alle Eltern möchten, dass aus ihren Kindern etwas wird. Druck alleine hat aber noch keine erfolgreichen Kinder hervorgebracht. Ich habe meine Doktorarbeit darüber geschrieben. Was wäre denn gewesen, wenn Sie das Abitur nicht geschafft hätten?

Das kam nicht in Frage. Der Druck war in der Tat so hoch, dass ich mir eher den Strick genommen hätte, als ohne Abitur nach Hause zu kommen. Außerdem waren mir zeitweise die sozialen Umstände meines Elternhauses eher peinlich und ich wollte meine Eltern nicht um den Genuss bringen, sich mit meinem Schulbesuch zu schmücken.

Da haben wir es doch, das ist wichtig: Kinder wollen loyal zu ihren Eltern sein und von ihnen anerkannt werden – das gilt für alle Kinder quer durch alle Kulturen. Außerdem gibt es noch einen zweiten wichtigen Faktor: Selbstdisziplin. In einer Umgebung, die nicht sehr diszipliniert ist – Selbstdisziplin ist nämlich eine typische Eigenschaft der Mittel- und der Oberschicht –, bedarf es einer hohen Intelligenz, erst die Hausaufgaben zu machen und anschließend fernzusehen oder sich die Nägel zu lackieren. Also, das Argument, dass die Eltern mehr Druck machen müssten, können Sie vergessen, das haben Sie sich alles selbst zu verdanken!

Das hört sich zwar alles sehr schmeichelhaft für mich an, dennoch müsste eine politische Lösung für die Unterschichtkinder gefunden werden. Ich hoffe, Sie sagen jetzt nicht, dass sich das mit der Einführung der Gesamtschule erledigen würde.

Die Gesamtschule alleine ist nicht die Lösung, das Bildungssystem muss umgestellt werden. Sie müssen an irgendeinem Ventil drehen, und viele Möglichkeiten gibt es da nicht. Wir brauchen eine Kompensation für die Verhältnisse draußen. Ich habe Kollegen, die zu Recht sagen, wir sollten unterschiedliche Fähigkeiten ganz anders zur Geltung bringen. Kinder brauchen auch Erfolgserlebnisse, denn ehrlich gesagt ist unser Schulsystem ein Mittelschichtsystem. Wir haben Lehrer, die aus der Mittelschicht kommen, die sprechen die Sprache der Mittelschicht, vermitteln die Werte der Mittelschicht, und dadurch schaffen sie eine Versagensinstitution. Wir müssen das System auf die Klientel umstellen und nicht umgekehrt.

Ganz besonders deutlich wurde Ihre These im Fall der Berliner Rütli-Schule, in dem es hieß, wir haben alles richtig gemacht, nur mit den Schülern stimmt was nicht, wir haben zu viele Migrantenkinder.

Die meisten Kinder schaffen es nicht alleine. Es gibt eine schöne Karikatur aus den 1970er Jahren. Zu sehen sind eine Schnecke, eine Schlange, ein Fuchs und ein Löwe. Vorne steht der Lehrer und sagt, alle bekommen die gleiche Chance, wer zuerst auf dem Baum ist, hat gewonnen. Und das nun übersetzt auf Kinder: Da haben wir ein dickes Kind, eines mit Kopftuch und langem Mantel, eines sitzt im Rollstuhl. Sie müssen die Anforderungen ändern, sonst ist das keine Gerechtigkeit.

Wie stehen Sie zur Vorschule?

Das habe ich schon vor 20 Jahren gesagt, dass wir viel früher mit Bildung anfangen müssen. Es ist doch kein Zufall, dass Korea und Japan heute führende Technologie- und Bildungsnationen sind. Die haben ihre Kinder ganz bewusst auf Leistung gedrillt. Dass wir uns nicht falsch verstehen, ich will keine japanischen Verhältnisse, aber ich will, dass die Kinder früher anfangen zu lernen.

Die große Frage ist doch aber, will die Gesellschaft, dass alle erfolgreich sind?

Nein, die Frage ist, wollen die Eliten dieses Landes das System ändern? Wollen sie ein Land, in dem nicht mehr Einzelne zufällig hochkommen, sondern systematisch die Gesellschaft gefördert wird, was auch heißt, dass ihre Vormachtstellung gefährdet ist?

Sie meinen, da wird etwas verhindert, damit man sich nicht die eigene Konkurrenz züchtet.

Richtig, es geht jetzt um die Töchter der Putzfrauen. Die würden dann zu Konkurrentinnen um die Arbeitsplätze, die von den Eliten besetzt sind.

Die Konkurrenz findet aber auch auf der Ebene der Putzfrau statt.

Ja, wir haben eine Million offener Stellen für hochqualifizierte Tätigkeiten, und auf der anderen Seite Hartz-IV-Empfänger, die diese Stellen nicht besetzen können. Der Kampf findet um die niedrig qualifizierten Tätigkeiten statt. Die türkische Putzfrau war jahrelang kein Problem, nicht mit Kopftuch und auch nicht mit schlechtem Deutsch, niemand soll mir dieses Märchen erzählen. Es finden Überschneidungen statt, wie beispielsweise Islamismus und Terrorgefahr, mit diesen Schlagworten wird es erst richtig interessant, weil die permanent in den gesellschaftlichen Diskurs geworfen werden. Wissen Sie, wie viele Briefe ich zum Thema Islam bekomme?

Ich nehme an viele, weil Sie zu den türkeistämmigen Politikern gehören, die sich am häufigsten in die öffentliche Debatte einmischen.

Ich werde ständig zu diesen Themen befragt. Neulich schrieb mir ein Bürger einen zwölfseitigen Brief, in dem er mir zu beweisen versuchte, dass der Islam nicht demokratiefähig sei. In irgendeiner Sure stehe »Reiße deinem Feind das Auge aus«, und deshalb »Sie verdammtes Arschloch, hören Sie auf, das Gegenteil zu behaupten«.

Wie argumentieren Sie dagegen?

Gar nicht, ich beantworte keine Briefe, in denen ich mit »Sie Arschloch« angesprochen werde. Ich sagte zu meiner Sekretärin »bitte abheften!«.

Es folgten erneut zwölf Seiten, ich schaute auf den Absender und stellte fest, dass er nicht aus meinem Wahlkreis ist, und leitete ihn an den zuständigen Abgeordneten weiter. Daraufhin schrieb dieser Briefeschreiber an Peter Struck, ich würde seine Briefe nicht beantworten. Das Büro von Peter Struck rief mich an und fragte, warum ich ihm nicht schriebe. Ich habe gefragt: »Beantwortet ihr alle Briefe, auch die unverschämten? Nein? Also, ich auch nicht.« Ich habe dann meine Mitarbeiterin gebeten, Folgendes zu schreiben: »Frau Akgün sieht sich aufgrund ihrer politischen Arbeit nicht in der Lage, einen theologischen Diskurs mit Ihnen zu führen.«

Dennoch müssten Sie doch eine Meinung zu der Annahme, der Islam sei nicht demokratiefähig, vertreten.

Ich sage Leuten, die allen Ernstes glauben, Muslime und Demokratie seien nicht kompatibel, Folgendes: Wir haben einen Rechtsstaat, im Übrigen einen, der seit knapp 60 Jahren ganz gut funktioniert. Religion hat sich diesem Rechtsstaat unterzuordnen und die pluralistische Demokratie als Lebensform zu akzeptieren. Auch andere Religionen müssen das tun: Wenn die katholische Kirche beispielsweise von der Unlösbarkeit der Ehe ausgeht, sieht das unser moderner Staat anders, indem er Scheidungen unter bestimmten Bedingungen ermöglicht. Die Kirche muss das nicht gut finden – sie muss sich aber der staatlichen Entscheidung unterordnen. Und das gilt auch für Regeln, die irgendjemand im Namen des Islams aufstellt.

Sie sind offizielle Sprecherin der SPD für Islamfragen.

Nicht nur in dieser Funktion, auch persönlich geht es mir darum, dass der Islam in Deutschland genauso selbstverständlich behandelt wird wie die anderen Religionen auch. Der Staat hat Neutralität zu wahren und muss Religionsfreiheit gewähren, also auch den Atheisten gegenüber. Äquidistanz heißt der Fachbegriff, das bedeutet gleicher Abstand beziehungsweise gleiche Nähe.

Die neueste Aufregung dreht sich um den Fall einer Frankfurter Richterin, die den Antrag einer gebürtigen Marokkanerin auf frühzeitige Scheidung abgelehnt hat. Die Ehefrau wurde von ihrem Ehemann geschlagen, die Richterin lehnte mit dem Verweis ab, dass körperliche Züchtigung in diesem Kulturkreis üblich sei und die Antragstellerin daher damit rechnen musste, als sie den Mann heiratete. Die Richterin fand dazu auch eine passende Sure im Koran. Es begann eine Debatte darüber, inwieweit sich der Islamismus in Deutschland eingeschlichen hat.

Ich bitte Sie, da fällt eine Richterin ein solches Urteil, und Alice Schwarzer sieht das als Beweis, dass uns die Islamisten überrennen. Ist die Richterin Islamistin?

Jede Gang auf dem Schulhof, die sich prügelt, ist neuerdings eine Keimzelle des Terrorismus. Die allerneuesten Bad Guys sind die Libanesen in Berlin, das habe ich in der seriösen Frankfurter Allgemeinen Zeitung gelesen. Das ist auch schon wieder etwas, bei dem ich mir an den Kopf fasse und mich fürchterlich aufrege.

Ich würde jedes Mal hundert Euro verwetten, wie Ihre Antwort auf spektakuläre Ereignisse lautet.

Nämlich?

Sie argumentieren selten bis nie mit der ethnischen Herkunft. Ihre Antworten finden sich häufig im Grundgesetz wieder.

Sie würden die hundert Euro jedes Mal gewinnen. Wann ist Ihnen mein System aufgefallen?

Letztes Jahr, beim Berliner Ehrenmordprozess. Im Jahr zuvor wurde die türkischstämmige Hatun Sürücü von ihrem jüngsten Bruder erschossen. Die Medien diskutierten darüber, ob man die ganze Familie verurteilen müsste, weil Ehrenmord traditionell ein Familienbeschluss sei. Nach meiner Theorie müssen Sie sich sehr aufgeregt und beim Blick ins Gesetzbuch festgestellt haben, dass Sippenhaft verboten ist.

Genauso ist es. Hinter Gitter muss derjenige, der geschossen hat, und der, der Beihilfe geleistet hat. Und wenn man diese Beihilfe nicht beweisen kann, kann man sie eben nicht beweisen. In unserem Rechtsstaat gilt der Grundsatz: Jemand ist unschuldig, bis ihm seine Schuld nachgewiesen wird. Die Regeln unseres Rechtsstaates sind verbindlich, auch weil man sich etwas dabei gedacht hat: Mir sträuben sich beispielsweise die Nackenhaare, wenn Politiker meinen, die RAF-Terroristin Brigitte Mohnhaupt müsse sich für ihre Tat entschuldigen. Sie hat ihre Strafe abgesessen. Und ihr steht in unserem Rechtsstaat zu, aus der Haft entlassen zu werden, wenn die Zeit der Strafe vorbei ist – auch wenn das dem ein oder anderen persönlich Bauchschmerzen verursacht. Was sonst wäre das für ein Verständnis von unserem Rechtsstaat? Wir können auch unsere Muslime nicht anders behandeln und ihnen irgendetwas unterstellen, nach dem Motto »Der guckt schon so komisch«.

Was halten Sie davon, wenn man nach einem sogenannten Ehrenmord sagt, damit habe sich nur die Spitze des Eisberges enttarnt?

Noch einmal, ich glaube an die Demokratie. Sie ist – allen Unkenrufen zum Trotz – wehrhaft und schützt die Allgemeinheit auch vor durchgeknallten Fanatikern – ganz gleich, ob diese aus der rechtsextremen oder islamistischen Ecke kommen.

Sie sind doch auch Feministin. Es muss Sie doch interessieren, ob in Deutschland die Gefahr besteht, dass es salonfähig wird, seine Schwester zu töten.

Ja, es interessiert mich: Wenn ich weiß, dass es Bevölkerungsteile gibt, die andere Vorstellungen von einem selbstbestimmten Leben haben, muss ich Aufklärung betreiben. Wenn ich denke, der Türke »an sich« ist dem Ehrenmord nicht abgeneigt, komme ich schon in den Bereich des Vorurteils. Der Einzelfall muss betrachtet werden.

Mit dieser Ansicht sind Sie als Politikerin verloren, Sie machen doch nicht Politik für den Einzelfall. Sie machen Politik für eine Gruppe von, meinetwegen, Individuen und suchen sich eine Schnittmenge. Nun glaube ich auch nicht, dass der Türke »an sich« den Ehrenmord als praktikable Lösung betrachtet. Doch der Türke »an sich«, behaupte ich, lebt nicht gut mit der Vorstellung, dass ein weibliches Familienmitglied selbstbestimmt seine Sexualität lebt. Das führt in der Regel natürlich nicht zum Ehrenmord. Aber wenn es passiert, geschieht es ganz selbstverständlich mit diesem Argument.

Je geschlossener eine Gesellschaft lebt, umso mehr wird Sexualität tabuisiert. Aber beim Ehrenmord geht es nicht nur um Sexualität. Verlassen wir mal die Selbstdefinition der Täter. Hatun Sürücüs Bruder hat einen Satz gesagt, der mir nicht mehr aus dem Kopf ging. Er sagte: »Ich habe Hatun umgebracht, weil sie leben wollte wie eine Deutsche.« Das war natürlich völliger Quatsch.

Was also ist Ihre Theorie?

Ich habe mir mal die Untersuchungen in der Türkei angeschaut. Man nimmt doch an, dass die meisten Ehrenmorde in Ostanatolien statt-

finden. *Das ist aber falsch, die meisten dieser Verbrechen finden in den Vororten der Großstädte statt, bei den Binnenmigranten in Izmir, Ankara, Istanbul.*

Aber es sind immer noch die Menschen aus Süd- und Ostanatolien, die mit ihren sittlichen Vorstellungen im Gepäck in die Vororte der Großstädte gezogen sind.

Ja, aber warum passiert das in den Vororten und nicht da, wo sie herkommen? Die entscheidende Frage ist, was passiert mit den Frauen in der neuen Umgebung? Sie verselbstständigen sich, verdienen ihr eigenes Geld, sind im Rahmen ihrer Möglichkeiten erfolgreich, und die Männer müssen damit zurechtkommen. Zurück zum Bruder. Hatun hatte eine eigene Wohnung, einen Job, ihr eigenes Geld. Und der Bruder? Der lebte noch zu Hause, war ein armes Würstchen und erfolglos.

Weshalb aber dann das Wort Ehre?

Wie wollen Sie das sonst nennen? Sie können ja nicht sagen, ich habe meinen Machtanspruch verloren, also habe ich getötet. Wenn man in der Lage ist, das so zu sehen, würde es nicht passieren. Die Mütter geben ihren Söhnen das Gefühl, du bist etwas Besseres als deine Schwester, und dann überholt die dich links. Auch in Deutschland sind die Mädchen besser in der Schule, machen häufiger Abitur, sind weniger auffällig in den Jugendämtern und seltener im Gefängnis als die Jungen. Als Junge denkst du, ich bin ein Mercedes, dann siehst du deine Schwester und stellst fest, ich bin nur ein Fahrrad. Der Mord ist dann der letzte verzweifelte Versuch, die eigene Macht wieder herzustellen.

Noch heute wird in den orientalischen Ländern an der Jungfräulichkeit der Frauen festgehalten, auch in den Familien, in denen Jungen und Mädchen gleichermaßen erfolgreich sind.

Ich war jüngst in einer Istanbuler Universität zu einer Podiumsdiskussion des Goethe-Institutes eingeladen. Ich sagte dort, auch die Werte in der zusammenwachsenden Gesellschaft wachsen zusammen. Es meldete sich ein junger Soziologe, der anmerkte, dass nicht alle Werte übernommen werden könnten, weil sie eben nicht immer übereinstimmten. Ich habe den jungen Mann direkt angesprochen und ihn rhetorisch gefragt: »Warum sprechen Sie nicht aus, was Ihnen durch den Kopf geht? Sie denken doch in Wahrheit an die Jungfräulichkeit der Frauen, daran, dass die Unberührtheit angeblich ein hohes Gut für Frauen sein soll, oder?« Da merkte ich schon, wie die ersten Frauen grinsten und den Männern die Kinnlade herunterrutschte. »Warum müssen Sie den Deckmantel der Kulturen auf das legen, was Sie eigentlich meinen? So leid es mir tut, aber Sie müssen sich damit abfinden, dass eine Frau studieren und ihren Beruf ausüben darf und ihr Leben gestalten kann, wie sie es will.« Die Frau soll Generaldirektorin werden, aber über ihre Sexualität bestimmt die Familie? Das ist doch lächerlich! Wir haben eben über Selbstbestimmung gesprochen.

Es scheint aber doch ein weiter Weg zu sein, bis sich Frauen trauen, öffentlich gegen das Dogma der Jungfräulichkeit zu kämpfen. Es sind ja nicht nur die Männer, die den Frauen ihre Freiheit unterbinden, auch die Frauen selber haben das verinnerlicht und tragen das System dadurch weiter.

Wer hätte hier in Deutschland vor 30 Jahren gedacht, dass Homosexuelle heiraten dürfen? Vieles von dem, was die heutige moderne deutsche Gesellschaft erreicht hat, hat sie sich in nur 30 Jahren erarbeitet. Und immer noch haben wir unsere Tabus und Schwierigkeiten. Dazu erzähle ich Ihnen noch eine schöne Geschichte: Neulich kam ein Kollege von den Grünen zu mir, der mir erzählte, was am Freitag im Plenum besprochen wurde. Er müsse noch ganz schön hart an sich arbeiten, erzählte er mir. »Wieso?«, fragte ich. Er antwortete, allem Anschein nach sei er noch zu konservativ: Gerade habe Volker Beck im Plenum erzählt, dass es in Afrika nicht genügend Gleitmittel für Analverkehr gebe. Offensichtlich war dieses Thema im Deutschen Bundestag selbst für meinen Kollegen von den Grünen zu viel. Wer hätte vor 30 Jahren gedacht, dass sich ein Abgeordneter im Bundestag zum Thema Analverkehr äußert? Nein, Denken ist zum Glück immer im Wandel, und warum sollten viele Leute nicht in ein paar Jahren über die Jungfräulichkeit von Frauen ganz anders denken, als sie es vielleicht heute noch tun?

Inwieweit darf sich Politik in gesellschaftliche Prozesse einmischen? Es gab eine Zeit, da hatte ich das Gefühl, wenn man so manchen Unionspolitiker nicht festhält, läuft der gleich los, um eine muslimische Frau aus den Klauen ihres rabiaten schnurrbärtigen Ehemannes zu befreien.

Wenn Journalisten mich anrufen, um ein Interview mit mir zu führen, frage ich immer, wollen Sie in mein Büro kommen oder zu mir nach Hause? Noch nie hat einer gesagt, ich komme ins Büro … ich weiß auch nicht, was die sich vorstellen, wer bei mir zu Hause sitzt.

Zurück zu Ihrer Frage, die Politik hat die Aufgabe, die Gesellschaft zu fördern, aber Sie können eine Frau auch nicht dazu zwingen, sich zu emanzipieren. Bildung ist ein wichtiger Schlüssel für die Integrationspolitik und Chancengleichheit.

Sind Sie stellvertretende fraktionspolitische Sprecherin für Integrationsfragen, weil Sie selber Migrantin sind und davon ausgehen, dass Sie sich in diesem kulturellen Milieu gut auskennen?

Ich habe in diesem Bereich über 20 Jahre gearbeitet – und zwar in der Wissenschaft, psychologischen Praxis und Verwaltung. Daher kenne ich die Schwierigkeiten und Unwägbarkeiten, mit denen sich Migranten auseinandersetzen müssen, nur zu gut. Aber Migrantenpolitik mache ich eben nicht nur für die Migranten selbst, sondern für alle. Denn Integrationspolitik ist Sozial- und Bildungspolitik, und das kommt allen Menschen zugute.

2002 haben Sie in Köln ein Direktmandat bekommen, Ihr Wahlspruch lautete: »Ein Deutschland für alle.« Was waren die Gründe für Ihre Aufstellung?

Anfangs gab es Diskussionen, ob man mit meinem Namen Stimmen verlieren könnte, aber dann wurde beschlossen, wir nehmen eine Frau mit Zuwanderungsbiografie. Dann wieder hieß es, das ist nicht der richtige Wahlkreis, weil nicht genügend Migranten in der Kölner Alt- und Neustadt Süd leben. Das ist traditionell ein Wahlkreis, den mal die CDU, mal die SPD gewinnt. Zu ihm gehören auch Rodenkirchen und Lindenthal, etwas feinere Bezirke.

Es gab also nicht wirklich etwas zu verlieren. Hat es Sie gekränkt, dass man befürchtete, mit Ihrem Namen Stimmen zu verlieren?

Nein, das habe ich nicht als Kränkung erlebt. Jede Partei hat das Recht nachzudenken, welcher Name zieht. Diese Diskussionen laufen auch bei anderen Parteien, mit anderen Eigenschaften. Ganz früher hieß es, hier kann man überhaupt keine Frau aufstellen, oder keine Geschiedene, das sind alles normale Erwägungen. Wenn es Chancengleichheit in diesem Land gäbe, wenn alle Migranten gut ausgebildet wären, würde man sich die Gedanken über ausländische Namen auf Wahllisten nicht mehr machen.

Wie sehr fällt Ihnen auf, dass Sie als türkischstämmige Politikerin etwas Besonderes sind?

Gute Frage, darüber habe ich nie nachgedacht.

Vor Ihrem Büro hängt ein Plakat mit allen Mitgliedern der SPD-Bundestagsfraktion. Sie sind von 222 Abgeordneten die Einzige mit einem türkischen Hintergrund.

Ehrlich, darüber denke ich nicht nach.

Aber Sie reden doch immerzu von Gleichheit!

Seit dem 1. Januar 2000 ist das neue Staatsangehörigkeitsrecht in Kraft. In Zukunft wird das alte »Blut- und Boden«-Abstammungsprinzip in unserem Staatsbürgerschaftsrecht, wonach nur Deutscher sein kann, wer deutsche Verwandte hat, immer unbedeutender – und das ist gut so. Jemand, der hier lebt, muss auch irgendwann die Möglichkeit haben, Deutscher zu werden und damit auch die Rechte und Pflichten eines Staatsbürgers zu erlangen. Damit schafft man endlich mehr Gleichheit und Fairness.

Nur bedingt. Jedes Kind, das nach dem 1. Januar 2000 geboren ist und dessen Eltern mit türkischer Staatsangehörigkeit rechtmäßig seit acht Jahren in Deutschland leben, ist automatisch Doppelstaatler. Bis zum Alter von 23 Jahren muss es sich entscheiden, welche Staatsangehörigkeit es annimmt.

Richtig, er oder sie ist formal Deutscher.

Nein, wenn es sich bis zum 23. Lebensjahr nicht entscheidet, erlischt die deutsche Staatsangehörigkeit. Es muss, wie bisher auch, Formulare ausfüllen, Gebühren zahlen und vor allem die Entscheidung fällen, welche Staatsangehörigkeit es will. Das Geschenk besteht nur darin, dass der Antragsteller keine Eignungskriterien in Form von Tests nachweisen muss.

Oh je, ich erinnere mich an die schrecklichen Tests, die vorgeschlagen wurden. Meine Lieblingsfrage war: »Sie klingeln bei Ihrem Nachbarn, um sich Mehl zu borgen. Der bastelt gerade eine Bombe, was machen Sie?« – Was würden Sie antworten?

Ich ziehe mich diskret zurück, um ihn nicht weiter zu stören. Welche Antwort geben Sie?

Ehrlich gesagt: Die Testfrage ist mir zu blöd, um mir darauf eine Antwort zu überlegen. Wissen Sie, es hat Jahre gedauert, bis das neue Staatsangehörigkeitsrecht zustande gekommen ist. Wir wollten 1998 die doppelte Staatsangehörigkeit, dann hat die SPD ihr Mutterland in Hessen verloren, danach das Saarland und so weiter.

Zwischendurch hat Roland Koch in Hessen Unterschriften gegen den doppelten Pass gesammelt.

Ich wehre mich dagegen, wenn gesagt wird, die SPD hat das Vorhaben aufgegeben, weil Unterschriften gesammelt wurden. Wir hatten keine Mehrheiten mehr, und so kreißte der Berg und gebar einen Kieselstein. Ich verstehe, wenn Sie das Gesetz nicht als Geschenk betrachten, manche tun es aber. Persönlich bin ich auch nicht mit allem einverstanden.

Die Entscheidung für die deutsche Staatsangehörigkeit unterliegt in einigen Fällen dem Familienbeschluss. Ich denke an all die Diskussionen, die sich um Identität ranken, wo der deutsche

Pass mehr ist als ein formaljuristischer Akt. Das stört mich an dem Gesetz.

Alles ist ein Kompromiss, wir mussten uns mit der CDU einigen. Darüber hinaus sind doch all diese Themen jetzt nicht abschließend und perfekt erledigt. Die politische Auseinandersetzung geht doch weiter, und auch ich kämpfe weiter für meine Überzeugungen.

Evrim Baba

Mitglied des Berliner Abgeordnetenhauses,
Linksfraktion / Die Linke. PDS

über ihre Flucht aus der Türkei und warum sie für
die Rechte der Frauen in Deutschland kämpft

Anders als im Berliner Paul-Löbe-Haus, in dem Bundestagspolitiker ihre Büros haben und sich zu Ausschüssen und Gremien treffen können, kann man ins Berliner Abgeordnetenhaus einfach reinmarschieren. Trotz Pförtner und zweier Polizisten, die sich vor dem beeindruckenden Portal langweilen, ist keine Akkreditierung nötig, es gibt keine Personalausweiskontrolle, nichts. Das ist ungewöhnlich und gilt nicht für alle Landtage. Mit der Nummer des Bürozimmers im Kopf irre ich durch das Haus und laufe über schmale, stickige Etagen. Hier also wird Hauptstadtpolitik gemacht. Die Gänge sind so ungemütlich, dass ich mir kaum vorstellen kann, dass hier so etwas wie Flurtratsch möglich ist, abgesehen davon hallt es dermaßen, sodass ein Lästern über Kollegen zwischen Tür und Angel unmöglich zu sein scheint.

Evrim Baba kommt mir in einem roten flatternden Oberteil auf dem Flur entgegen, und eigentlich gibt es nichts unprofessionelleres, als über eine Politikerin zu sagen, dass sie schön ist. Besonders heikel ist es, wenn es sich bei dieser Politikerin um die frauenpolitische Sprecherin der Fraktion handelt. Schaut man sich politische Debatten im Berliner Regionalsender TV Berlin an, fällt einem sofort eine Frau auf, die mit langem schwarzem Haar und großen, wirklich großen braunen Augen und schön geschwungenen Brauen den Altersdurchschnitt der Abgeordneten erheblich senkt, den Ästhetikfaktor sichtbar steigert und die gerne mit dem Sitznachbarn schwatzt. Ich verfolge nicht alle Berliner Debatten im Fernsehen, aber wann immer ich eine sehe, nehme ich mir vor, darauf zu achten, ob sich Frau Baba lächelnd und tuschelnd zu ihrem Nachbarn beugt. Meistens habe ich Glück.

Wir sitzen am runden Tisch in ihrem Dachgeschossbüro, das sie sich mit ihrer Fraktionskollegin und einer weiteren Mitarbeiterin teilt. Es ist Abend und tagsüber heiß gewesen, Evrim Baba sieht erschöpft aus. Dennoch sitzt sie kerzengerade, ohne den Rücken anzulehnen, und hält beim Sprechen mit der linken Hand das rechte Handgelenk fest. Trotzdem bewegt sich die Hand beim Sprechen. Es wirkt, als habe sie jemand darauf aufmerksam gemacht, sie würde zu sehr gestikulieren. Frauen mit langen Haaren neigen zu einer Geste, die möglicherweise zu den sekundären Geschlechtsmerkmalen gehört. Sie fassen mit Daumen und Zeigefinger eine Haarsträhne, die über die Schulter nach vorn gerutscht ist, und werfen, legen oder drapieren sie zurück – und zwar auf eine Art, die suggerieren soll, dass sie selber nicht merken, was sie gerade tun. Evrim Baba macht so etwas nicht, überhaupt wirkt sie sehr kontrolliert.

Was Frau Baba ebenfalls nicht macht, ist aus dem Nähkästchen plaudern, Anekdoten schildern oder einfach mal vom braven Frage-Antwort-Modus zum Schwatz umschalten. Auf politische Fragen antwortet sie im Plural, Antworten auf persönliche Fragen enthalten nur ein Mindestmaß an Informationen, den Rest muss man sich zusammenreimen. Vielleicht ist es Misstrauen, vielleicht ist es ihr Verständnis von Professionalität. Vielleicht sind es auch die Themen, über die wir sprechen.

Bis in die 1970er Jahre kamen »Gast«-Arbeiter aus der Türkei nach Deutschland, um hier zu arbeiten und mit dem Ersparten wieder zurückzukehren. Erst 1973 wurde von der Bundesrepublik aufgrund der Ölkrise ein offizieller Anwerbestopp für ausländische Arbeitskräfte verhängt. Infolge des Militärputsches von 1980 unter der Führung von General Kenan Evren kam erneut eine große Welle von Bürgern aus der Türkei nach Deutschland. Dieses Mal handelte es sich um politische Flüchtlinge, etwa 60 000 ließen sich in der Bundesrepublik nieder, zwei Drittel davon waren Kurden. Wesentlicher Grund für den Putsch waren die aufstrebenden Freiheitsbestrebungen der kurdischen, linken und kommunistischen oppositionellen Kräfte. Familie Baba mit vier Söhnen und einer Tochter gehört zu diesen Flüchtlingsfamilien, die kurz vor dem politischen Umsturz das Land verlassen und in Berlin sofort politisches Asyl erhalten haben.

* * *

Frau Baba, Sie stammen aus keiner »Gastarbeiter«-Familie, sondern sind mit acht Jahren aus der Türkei geflohen. Wie kam es dazu?

Mein Vater ist Lehrer und war eine Art Schulsenator im südostanatolischen Muş. Er hat sich öffentlich dazu bekannt, Kurde zu sein, und sich aktiv für deren Rechte eingesetzt. Zu Fragen der Menschenrechte und Meinungsfreiheit hat er regelmäßig Artikel in Zeitschriften veröffentlicht. Schon während des Militärputsches 1971 wurde er festge-

nommen und zu 15 Jahren Haft verurteilt, doch die neue Regierung hob das Urteil auf und entließ ihn. Nach dem erneuten Putsch haben ihm Freunde geraten, das Land zu verlassen.

Wie war das gesellschaftliche Umfeld, in dem Sie aufgewachsen sind?

Meine Eltern gehören zur 68er-Generation. Unter ihren Freunden und Bekannten gab es viele Akademiker und Intellektuelle. In unserer Familie existiert auch nicht das klassische Rollenverständnis, wie es in dieser Gegend üblich war. Ich wurde genauso erzogen wie meine vier Brüder und als Mädchen nicht benachteiligt. Meine Eltern legten großen Wert auf Bildung und besonders auf den Erwerb der Muttersprache. Zu Hause sprachen wir Kurdisch, Türkisch habe ich erst viel später gelernt. Auch die Vermittlung der kurdischen Kultur war unseren Eltern wichtig.

Wie sehr haben Sie als Kind den Unterschied zwischen Kurdisch- und Türkischsein bewusst wahrgenommen?

Wir sind, nachdem mein Vater nach Berlin gegangen ist, mit unserer Mutter in einer Nacht-und-Nebel-Aktion geflohen. Davor haben wir eine Menge schlimmer Erfahrungen gemacht. Täglich habe ich als Kind mit der Angst gelebt, ob wir wohl noch mal überfallen würden. Unser Haus wurde zweimal mit selbst gebasteltem Dynamit beworfen, meine Mutter war damals hochschwanger. Auf meinen Vater war auf der Straße geschossen, sein Büro verwüstet worden. Wir wussten auch, dass er während seiner Haft gefoltert worden war, das alles sind traumatische Erlebnisse, und ich habe immer gewusst, dass das mit dem Kurdischsein zu tun hatte.

Haben Sie die Fluchtvorbereitungen bemerkt oder hat Ihre Mutter eines Nachts alle Kinder geschnappt und es ging los?

Mein Vater ist neun Monate vor uns geflohen. Ab diesem Zeitpunkt waren wir untergetaucht. Wir besaßen keine Reisepässe, nur mit der Unterstützung von Freunden haben wir auf illegalem Weg Ausreisepapiere bekommen. Meine Mutter hatte mir erklärt, dass wir bald nach Deutschland gingen, dass ich dort auf einem Spielplatz spielen könne und keine Angst mehr zu haben brauche. Mit dieser Idee konnte ich die Ausreise gut akzeptieren. Ich erinnere mich, dass wir Kinder erst zu weinen angefangen haben, als wir in Deutschland merkten, das ist ein fremdes Land, dessen Sprache wir nicht sprechen.

Sind Sie anfangs in einem Asylantenheim untergekommen?

Sie meinen vermutlich Flüchtlings- bzw. Asylbewerberheim. Nein, wir wohnten von Anfang an in einer Wohnung in Schöneberg, die mein Vater angemietet hatte.

Wie lange hat es gedauert, bis Sie Deutsch gelernt haben?

In der Türkei hatte ich die dritte Klasse besucht. In Deutschland musste ich allerdings ein Jahr warten, weil es keinen Platz für mich gab, danach wurde ich in die dritte Klasse aufgenommen. Ich kann mich nicht erinnern, wie ich Deutsch gelernt habe, ich konnte es einfach. Meine Lehrer waren darüber so verblüfft, dass sie meine Eltern in die Schule zitiert und eine Erklärung dafür haben wollten. Die hatten aber auch keine. Ich musste dann einen Intelligenztest machen, der aber auch keinen Aufschluss darüber gab, warum ich so schnell Deutsch gelernt habe.

Nach dem Abitur haben Sie eine Ausbildung zur Dolmetscherin absolviert. Weil Sie so sprachbegabt sind?

Sprachen haben mich immer interessiert, deshalb habe ich Englisch und Französisch studiert, insgesamt spreche ich fünf Sprachen. Mir fiel das Studium nicht schwer, anschließend bin ich staatlich geprüfte Dolmetscherin geworden und habe jahrelang im Rahmen von Asylanerkennungsverfahren des Bundesamtes für die Anerkennung ausländischer Flüchtlinge in Eisenhüttenstadt, Cottbus und Magdeburg gedolmetscht.

Seit 2005 sind Sie wieder immatrikuliert.

Ich studiere Sozialwissenschaften an der Humboldt-Universität zu Berlin. Wenn es klappt, bin ich nächstes Jahr fertig.

Dann hätten Sie bloß drei Jahre gebraucht. Wie geht das als Berufspolitikerin?

Wir sind Halbtagsabgeordnete. In den großen Fraktionen wie der SPD oder der CDU ist es sogar noch einfacher, nebenher zum Beispiel als Anwalt zu arbeiten oder in einer Bank angestellt zu sein. In kleineren Fraktionen ist es deshalb schwieriger, weil wir notwendigerweise mehrere Ausschüsse besetzen müssen. Ich versuche allerdings, in vielen mich interessierenden Ausschüssen und Gremien Mitglied zu sein, um keine »Hinterbänklerin« zu sein, sondern immer schön vorne mitmischen zu können. Das alles geht nur deshalb, weil meine Uni bloß zehn Minuten von hier entfernt ist. Ich kenne sogar Staatssekretäre, die nebenbei noch promoviert haben.

Gibt es biografische Gründe, warum Sie politisch tätig wurden?

Ich war schon vor meinem Eintritt in die PDS 1998 politisch aktiv, wenn auch nicht in einer Partei. Auf vielen Veranstaltungen zur Menschenrechtssituation in der Türkei, die ich entweder organisiert oder moderiert habe, konnte ich Kontakt zu PDS-Politikerinnen und -politikern knüpfen. Schon als Studentin habe ich mich in linken Kreisen bewegt, für mich wäre nie eine andere Partei als die PDS infrage gekommen. Sie setzt sich aktiv mit der Kurdenfrage auseinander.

Hat Ihr Vater nie versucht, Ihnen die Politik auszureden? Beispielsweise aufgrund seiner Erfahrungen?

Überhaupt nicht, im Gegenteil, meine Eltern haben das beide gefördert. Ich habe mal ein Medizinstudium angefangen, aber wieder abgebrochen. Meine Mutter war etwas enttäuscht, dass ich nicht Ärztin werde. Aber als ich angefangen habe, aktiv Politik zu betreiben, haben sie sich beide sehr gefreut und mich unterstützt. Ansonsten halten sie sich aus meinem beruflichen Leben heraus.

Warum sind Sie gerade 1998 in die PDS eingetreten und nicht ein Jahr zuvor oder danach?

In diesem Jahr fragte mich ein Bezirkspolitiker auf einer Veranstaltung, ob ich nicht für den Berliner Bezirk Neukölln, in dem ich wohnte, kandidieren wolle.

Sie hatten mit Platz 2 einen sicheren Listenplatz. Gab es keinerlei Ressentiments von Parteikollegen, die die berühmte Ochsentour durchgemacht hatten und möglicherweise auch einen Anspruch auf einen vorderen Platz erhoben?

Zwar bin ich eine Quereinsteigerin, aber ich war kein Niemand. Ich war damals schon bekannt dafür, dass ich mich für Flüchtlinge engagiere.

In den Gesprächen, die ich bislang mit türkeistämmigen Abgeordneten geführt habe, hat die Mehrheit der Abgeordneten von Schwierigkeiten bei der Kandidatur erzählt. Kennen Sie das nicht?

Das hat es in meiner Partei zu keinem Zeitpunkt gegeben. Wenn man wie ich kurdischer Herkunft ist, hat man einen Bonus, bei Kolleginnen und Kollegen, Wählerinnen und Wählern und Politikerinnen und Politikern. Ich habe bei meiner ersten Kandidatur 1999 die Stimmen für die PDS Neukölln verdreifacht. Ich habe die Stimmen der Migrantinnen und Migranten gewonnen, sodass wir ins Bezirksparlament einziehen konnten. Was will eine Partei mehr?

Nach dem Bruch der Großen Koalition in Berlin 2001 haben Sie auf der Landesliste kandidiert. Auch das ist ungewöhnlich, nach einer abgebrochenen Legislaturperiode von knapp zwei Jahren schaffen Sie den Sprung zur Berufspolitikerin. Diese Frage habe ich auch der Bundestagsabgeordneten Ekin Deligöz gestellt. Als Kommunalpolitikerin geht es um die Straßenkreuzung, die verändert, oder um drei Mülleimer, die irgendwo zusätzlich aufgestellt werden sollen. Im Bundestag geht es auf einmal um große Strukturveränderungen, die vor allem mehr Menschen betreffen als nur die Menschen in einer Stadt oder einem Bezirk. Wer steht einem zur Seite, wenn es um Verfahrensfragen geht?

Das lernt man doch in der Schule, wie Föderalismus funktioniert, das gehört zum Allgemeinwissen.

In meiner Gymnasialzeit habe ich nicht gelernt, wie man Gremien bildet, wie ein Verwaltungsausschuss zusammengesetzt ist, wie man Anträge einreicht und wer genau die Gesetzesvorschläge formuliert. In jedem anderen Arbeitsverhältnis gibt es eine Person, die die neue Mitarbeiterin einarbeitet.

Das lernt man ganz schnell.

Das kann ich kaum glauben. Gilt es möglicherweise als unprofessionell, zuzugeben, dass man unter Umständen anfangs keinen Durchblick hatte?

Nein, überhaupt nicht. Vielleicht sind die Antworten nicht so detailliert, weil ich mich nicht mehr genau erinnern kann. Tatsächlich lernt man die Spielregeln sehr schnell. Bevor ich Politikerin wurde, habe ich mich in kurdischen Organisationen engagiert. Daher kannte ich den Sitzungsmarathon und die Arbeit in Gremien und Projekten. Ich hatte mich dennoch vorher informiert. Es gab junge PDS-Politiker, die mir zur Seite standen, die ich auch fragen konnte und begleiten durfte, um zu sehen, wie sie arbeiten. Das stimmt schon, dass man einiges vorher nicht weiß, zum Beispiel, welche Ausschüsse wichtig sind. Aber natürlich gab es damals auch schon parlamentarisch erfahrenere Genossinnen und Genossen wie z.B. Karin Hopfmann und Gesine Lötzsch, die mir weiterhalfen.

Sie sitzen im Ausschuss Wirtschaft, Technologie und Frauen. Eine sehr ungewöhnliche Kombination.

Das entspricht einer unserer politischen Forderungen, dass wir Frauen nicht an das Sozialressort anbinden, sondern an die Wirtschaft. Die ökonomische Unabhängigkeit legt den Grundstein für Emanzipation. Politik für Frauen ist mir deshalb wichtig, weil der Kampf für Frauen immer auch der Einsatz für die Verbesserung der sozialen Lage aller ist, und zwar unabhängig vom Geschlecht oder von der Herkunft. Allerdings halte ich nichts von der Haltung, Frauen seien für Frauen-

69

politik oder Schwule für Gleichstellungspolitik am besten geeignet. Gleiches gilt für Integrationspolitik. Gleichstellungspolitik wird erst dann wirklich als Querschnittsaufgabe wahrgenommen, wenn mit dieser Logik gebrochen wird.

Fragt man Sie trotzdem um Rat, wenn es um Themen wie Zwangsheirat geht?

Das fällt als Frauenpolitikerin ohnehin in mein Ressort. Nur Themen wie Zwangsheirat oder Ehrenmorde zu bearbeiten, schränkt uns Migrantinnen und Migranten in der Politik jedoch viel zu sehr ein. Das macht deutlich, dass man uns andere Themen nicht zutraut. Leider ist es nach wie vor so, dass wir beweisen müssen, auch andere Sachgebiete erfolgreich zu meistern.

Ihre Fraktion hat 23 Mitglieder, zwei davon sind kurdischstämmige Politiker, andere Ethnien sind nicht vertreten. Mussten Sie sich mit der Entscheidung, keine Migrationspolitik machen zu wollen, durchsetzen?

Ich hatte das von Anfang an klargestellt, deshalb gab es hinterher keine weiteren Diskussionen. Ich hatte beruflich immer mit Flüchtlingen zu tun, nun wollte ich unbedingt einmal etwas anderes machen und habe mich 2001 zur Frauenpolitischen Sprecherin wählen lassen. Das bedeutet aber nicht, dass ich nicht helfe, wenn ich gefragt werde.

»Berlin muss eine Stadt der Frauen werden«, warben Sie. Haben Sie Ihr Ziel erreicht?

Es gibt Bereiche, in denen wir tatsächlich einiges erreicht haben. Vor der Regierungsbeteiligung der PDS waren lediglich 9 Prozent der öffentlichen Stellen mit Frauen besetzt. Seitdem wir mit der SPD die

Regierung stellen, ist die Zahl der weiblichen Beschäftigten im öffent-
lichen Dienst, in den Aufsichtsgremien und Vorständen auf 42 Prozent
gestiegen.

* * *

Evrim Baba kommt bei diesem Thema in Fahrt, und bevor sie
anfängt zu erzählen, steht sie noch einmal auf, um das Fenster
zu öffnen. Dabei macht sie eine Pause in ihrem Satz. Als sie
an den Tisch zurückkehrt, fährt sie exakt an der Stelle fort, an
der sie sich unterbrochen hat. Es ist interessant, dass sie bei
ihrem Kernthema, der Geschlechtergerechtigkeit, erst einmal
eine Portion frische Luft braucht. Auf die allgemeine Frage,
wo Frauen ihrer Meinung nach heute in Deutschland stehen,
meint sie, dass die Frauenrechtsbewegung der 1970er Jahre
das Bewusstsein für die Rechte der Frau zwar geändert, die Gesetzgebung dies aber nicht in allen Fällen berücksichtigt hätte.
Und in den Bereichen, in denen die Gesetzgebung eine Diskriminierung verbietet, wird der Grundsatz nicht berücksichtigt.
Ein Beispiel: Für das Hartz-IV-Gesetz gelten verheiratete Paare
wie auch zusammenlebende Paare als Bedarfsgemeinschaft.
Verdient der Mann zu viel, wird der Frau die Hilfsleistung gekürzt oder sie kann gar keinen Anspruch geltend machen. Evrim Baba ist der Meinung, dieses Modell zeige, dass man bei
der Erarbeitung des Gesetzes das klassische Ehepaar der 1950er
Jahre vor Augen gehabt habe, bei dem der Mann der Hauptver-
diener war.

Tatsächlich gilt das Gesetz aber nicht nur für Frauen. Würde
die Frau zu viel verdienen, ginge es dem Mann nicht anders.
Ich ahne Evrim Babas Gegenargument, deshalb habe ich nichts
erwidert. Wahrscheinlich würde sie sagen, dieses Gesetz träfe
überproportional viele Frauen und sie wolle nicht, dass Frauen

Teil einer Bedarfsgemeinschaft wären. Sie findet auch, dass diese Gesetzgebung Frauen an ihre Männer kette.

Anderes Beispiel: Weil das Gleichstellungsgesetz in der Praxis nicht funktioniert – das machen die Beschäftigungsverhältnisse und die unterschiedlichen Vergütungen deutlich –, ist die PDS-Abgeordnete für eine paritätische Besetzung aller Arbeitsstellen sowie für einen geschlechtergerechten Haushalt. Das bedeutet, alle eingesetzten Steuergelder müssten so verteilt werden, dass Männer und Frauen gleichmäßig davon profitieren. Im europäischen Vergleich, so Evrim Baba, würde hier die Bundesrepublik den vorletzten Platz einnehmen.

Was den Berufseinstieg von Müttern betrifft, fordert sie, dass Frauen die Wahlmöglichkeit bekommen. Wenn sie ihre Kinder in Betreuungsangebote abgeben möchten, soll es dafür genügend Einrichtungen geben. Wenn sie ihre Kinder zu Hause erziehen und erst Jahre später wieder in den Beruf eintreten möchten, soll der Wiedereinstieg durch entsprechende Maßnahmen gefördert werden. Evrim Baba schließt für sich selber allerdings aus, dass sie, falls sie Kinder bekommt, lange aus dem Berufsleben ausscheidet. »Ich bin nicht sehr häuslich«, fügt sie noch hinzu.

In der Frage der Aufenthaltsberechtigung für Frauen, die zu einer Heirat mit einem Mann aus der Türkei genötigt, überredet oder gezwungen werden, dürfe die Aufenthaltsberechtigung der »Exportbräute«, wie man in diesem Fall sagen müsste, nach einem halben Jahr nicht erlöschen, damit sie, wenn sie sich zur Scheidung entschlössen, wieder zurück nach Deutschland kehren könnten. Übrigens ein Fall, der in der Zwangsheiratsdebatte so nie auftaucht. Meistens geht es darum, wie man mit »Importbräuten« umgeht. Für diese Fälle fordert sie, dass die Aufenthaltsberechtigung der Frau unabhängig von ihrem Ehestatus behandelt wird, damit sie sich jederzeit scheiden lassen könne, ohne befürchten zu müssen, abgeschoben zu werden.

Zusammenfassend fordert die Frauenpolitische Sprecherin, die auch zum Fraktionsvorstand der Berliner Linken gehört, dass Frauen mehr staatlich gewährleistete Freiheit, finanzielle Unabhängigkeit und Wahlmöglichkeit für alle erdenklichen Lebensformen erhalten. Ihr politischer Alltag besteht auch darin, dass sie viele Berliner Projekte besucht und betreut, die Hilfs- und Fördermaßnahmen für Frauen, Mädchen und besonders für Migrantinnen anbieten. In ihrer täglichen Arbeit begegnet sie vielen hilfsbedürftigen Bürgerinnen der sozialen Unterschicht. Projekte, die zum Beispiel muslimische Frauen schützen und stärken sollen, wenn sie ihr Elternhaus verlassen; die helfen sollen, wenn sie ihren Hauptschulabschluss nachmachen, wenn sie eine Perspektive auf ein unabhängig gestaltetes Leben haben wollen.

Im gesamten Gespräch fällt immer wieder das Stichwort »patriarchalisches System«. In einer Rede, die Evrim Baba im Frühling 2007 gehalten hat, erläuterte sie den Zusammenhang zwischen Kapitalismus und Patriarchat: »Nach wie vor ist die Vorherrschaft der Männer und die Unterdrückung von Frauen nicht gebrochen. Wie sollte sie auch, ist doch das Patriarchat kein Nebenprodukt des Kapitalismus, sondern ein zentraler Bestandteil, der mit diversen anderen Unterdrückungsmechanismen, z.B. Rassismus, verflochten ist. Aufgrund des Geschlechts, der Klassenzugehörigkeit etc. nehmen Menschen ungleiche Positionen in der Gesellschaft ein, d.h., auch Frauen nehmen im Gefüge von Dominanz und Diskriminierung unterschiedliche Positionen ein und agieren daher von unterschiedlichen Positionen aus.«

Einige Mädchen aus Migrantenfamilien werden innerhalb

ihrer Familien nicht nennenswert unterstützt, wenn es um den Schulbesuch geht. Pädagogen in Hauptschulen erkennen nicht immer die Notwendigkeit, gerade solchen Mädchen den Nutzen von Bildung als Unabhängigkeitsfaktor zu vermitteln. Mädchen, die sich trotz ihres konservativ und traditionell geprägten Elternhauses für ein selbstbestimmtes Leben in allen Facetten, in ökonomischer, aber auch sexueller Hinsicht, entscheiden, sind gezwungen, diesen Weg alleine zu gehen. Hilfe gibt es immer nur dann, wenn Konflikte entstehen und Töchter von zu Hause fliehen. Aber was ist mit jenen, die zu Hause bleiben wollen und eine schützende oder helfende Hand brauchen? Es müssten systemische Lösungen gefunden werden, interkulturell geschulte Pädagogen etwa. Dafür könnte man sich politisch einsetzen, dass die Anforderungen an Hauptschullehrer grundsätzlich geändert werden, um den gesellschaftlichen Wandel für muslimische Mädchen damit zu ebnen. Evrim Baba wendet ein: »Für mich wird es problematisch, wenn die Frau ihre Lebensentscheidungen nicht realisieren kann, weil sie nicht darf. Da schreite ich ein und unterstütze sie. Was Sie meinen, betrifft das Rollenverständnis, das ist ein gesellschaftlicher Diskurs, den ich als Politikerin nur bedingt beeinflussen kann. Dort, wo es Benachteiligung, Gewalt und Unterdrückung gibt, kann ich gesetzlich wirken. Ansonsten bleibt Ihnen als Journalistin und mir als Politikerin nur, unsere Vorbildfunktion zu nutzen und zu sagen – schaut her, man kann auch anders leben und auf anderen Ebenen wirken. Vielleicht führt das dazu, dass sich etwas bei diesen Frauen und Familien regt.«

Auf die Frage, ob Evrim Baba ein politisches Vorbild hat, überlegt sie eine Weile. »Rosa Luxemburg vielleicht, oder Clara Zetkin.« Obwohl sich Evrim Baba als feministische und sozialistische Politikerin versteht, macht sie auch deutlich, dass sie sich derzeit keinen Sozialismus als politisches Modell für Deutschland vorstellen kann. Sie kämpft für Menschenrechte, demokratische Grundwerte und für die kulturelle Entfaltung aller ethnischen Minderheiten. Das von Politikern häufig gebrauchte Wort »Konsens« taucht in unserem Gespräch nicht auf. Auch deshalb hat sie von allen Politikern, die ich für dieses Buch kennengelernt habe, bei mir den kämpferischsten Eindruck hinterlassen. Vielleicht ist das der Grund für ihre geringe Neigung zu Kompromissen.

Evrim Baba tritt nicht so häufig wie Bundespolitiker in der überregionalen Presse in Erscheinung. Häufiger liest man über sie in regionalen und linksorientierten Zeitungen. Im öffentlich-rechtlichen Regionalsender rbb ist vor einiger Zeit ein kurzes Porträt über sie gesendet worden. Selten erfährt die deutsche Öffentlichkeit, wie türkeistämmige Abgeordnete in den türkischen Medien wahrgenommen werden. Doch in einem Fall berichteten auch deutsche Medien darüber, dass Evrim Baba ins »Kreuzfeuer der türkischen Presse« geraten war. »Baba sorgt für Schlagzeilen«, lautete eine andere Überschrift.

Anlass für die Aufregung war die offizielle Einladung Evrim Babas in die Türkei, ausgesprochen vom türkischen Außenminister Abdullah Gül im März dieses Jahres. Dazu muss man wissen, dass Evrim Babas Vater zeitweilig Mitglied des 1990 gegründeten kurdischen Exilparlaments in Den Haag gewesen war. Diesem wurde vorgeworfen, dass sich auf diesem Weg Mitglieder der verbotenen kurdischen Organisation PKK im Ausland neu organisieren, ihre Arbeit dadurch politisch legitimieren und so ihren Kampf fortsetzen würden. Zudem ist Evrim Babas Vater in der kurdischen Bevölkerung bekannt, seine zweijährige Haft und das anschließende Exil ebenfalls.

Die deutsch-kurdische Politikerin Baba wird in der Türkei von

Teilen der Presse auch nach fast 30 Jahren unter diesen Aspekten wahrgenommen und beurteilt, hauptsächlich jedoch als Tochter des Dissidenten. Eine Woche lang beschäftigten sich die auflagenstärksten Zeitungen des Landes mit ihrem Geburtsort Varto in Ostanatolien. Die Kurden nennen diesen Ort auch »Gimgim«, abgeleitet vom türkischen »Gümgüm«, das lautmalerisch für das Geräusch von schlagenden Trommeln steht. Manche Quellen besagen, dass Pilger im 7. Jahrhundert in Varto begannen, den 3000 Meter hohen Bingöl-Berg trommelnd zu besteigen. Wenn man im Türkischen sagen möchte, jemand wurde attackiert, sagt man: »Sie schlugen gümgüm auf ihn ein.«

* * *

Sie haben den türkischen Außenminister 2003 in Berlin kennengelernt, als er mit einigen türkeistämmigen Abgeordneten einen Abend verbrachte. Sie müssen einen guten Eindruck hinterlassen haben, immerhin hat er Sie dieses Jahr in die Türkei eingeladen.

Im März bekam ich eine Einladung von Abdullah Gül zu einem Gespräch in der Türkei, gemeinsam mit anderen türkeistämmigen Abgeordneten aus verschiedenen Parteien. Er wollte sich mit uns über den EU-Beitritt der Türkei unterhalten.

Noch bevor Sie einreisten, hieß es, man hätte Sie gar nicht eingeladen.

In großen Lettern stand in der Zeitung: »Kurdin Baba nicht eingeladen.« Dabei hatte mir ein Mitarbeiter des Ministeriums die Einladung persönlich auf den Anrufbeantworter gesprochen. Außerdem bekam ich noch eine schriftliche Einladung per Brief und E-Mail hinterher.

*Die Zeitung Sabah aber rief mich an und wollte von mir ein Statement,
wie ich es fände, eigentlich nicht eingeladen worden zu sein. Am Apparat war der Auslandskorrespondent der europäischen Auflage, und
ich habe ihm gesagt: »Ich bin eingeladen, wenn Sie mögen, spiele ich
den Anrufbeantworter ab.« Ich weiß nicht, wie das Missverständnis
zustande gekommen ist.*

Damit hätte der Fall erledigt sein können.

*Die Zeitung hat aber einen Tag später die Umfrage gestartet »Soll
Evrim Baba eingeladen werden?« Die Mehrheit beantwortete diese
Frage mit »Nein, weil sie eine Vaterlandsverräterin ist.«*

Wie kommt der Vorwurf zustande?

*Weil ich kurdischer Herkunft bin und mein Vater kurdischer Politiker
ist. Wenn man zu seiner kurdischen Herkunft steht, wird man automatisch mit der PKK in Verbindung gebracht, oder es wird einem
gleich die Mitgliedschaft unterstellt. Mittlerweile hatte sich das Außenministerium eingeschaltet, und man versicherte mir, dass ich eingeladen sei, gerade weil ich Kurdin bin und auch meine Positionen
wichtig seien.*

Es folgte die Frage nach dem Geburtsort.

*Drei Tage bevor ich einreisen wollte, behaupteten die Zeitungen: »Baba
gibt im deutschen Personalausweis als Geburtsort Kurdistan an.« Der
Tenor in einer anderen Umfrage lautete, wie blöd müssen die Deutschen sein, dass sie Kurdistan in den Pass schreiben.*

So tragisch der Fall auch ist, muss ich Ihnen gestehen, ich finde es sehr komisch, dass manche türkischen Leser deutschen

Behörden nicht zutrauen, die Nationalstaaten dieser Welt zu kennen.

Das ist alles sehr lächerlich gewesen, aber ich musste trotzdem reagieren und habe eine Presseerklärung abgegeben, in der ich mitteilte, dass die Kampagne nur dazu diene, mich als Separatistin zu diffamieren. Wenn es eine Straftat wäre, Kurdin zu sein, dann möge man das bitte sagen. Einziges Ziel dieser Meldungen sei es, dass ich nicht einreiste. Ich machte deutlich, dass ich erstens einreisen würde und zweitens fordere, dass das Kurdenproblem politisch gelöst werden müsse.

Die Zeitung Milliyet hat dann ein Faksimile Ihres Ausweises gedruckt, in dem natürlich Varto als Geburtsort steht. Schließlich sind Sie eingereist. Haben Sie die Kurdenfrage beim Außenminister angesprochen?

Natürlich, und er hat Reformen zugesagt. Kurdinnen und Kurden in der Türkei werden nach wie vor schikaniert. Zum Beispiel ist kurdischer Sprachunterricht in Privatschulen zwar erlaubt, aber dann kommt die Behörde und stellt fest, dass die Schultür zu schmal ist oder dergleichen Unfug mehr. Auch Mitglieder kurdischer Parteien und Organisationen werden schikaniert. Statt dass der Staat sich fragt, warum unterstützen die Menschen diese Gruppen, greift er sie an. Wenn die Kopenhagener Kriterien, die potenzielle Beitrittsländer der EU erfüllen müssen, eingehalten sind, gibt es keinen Grund, die Türkei nicht in die Europäische Union aufzunehmen. Diese Position habe ich auch vor dem Außenminister vertreten.

Wie emotional werden Sie, wenn es um Themen wie Türkei oder die hier lebenden Migranten geht?

Ich versuche immer, rational zu bleiben.

Das versuche ich auch und stelle fest, dass es mir bei Themen, die die Integration oder die Türkeipolitik betreffen, nicht immer gelingt. Manche Diskussion nehme ich sogar sehr persönlich und ertappe mich dabei, einige Tage lang empört zu sein.

(lacht) Das kenne ich auch. Wenn alle Migrantinnen und Migranten gleichgemacht werden oder einer etwas angestellt hat und deshalb alle unter Generalverdacht stehen, greift mich das auch persönlich an. Als ich gefragt wurde, ob ich Angst haben muss, zwangsverheiratet zu werden, bin ich auch schon mal ausgerastet.

Wurden Sie das auch schon von Politikern gefragt?

Ja, und denen antworte ich scherzhaft: »Ich brauche keine Angst zu haben, weil ich das schon kenne. Ich war schon dreimal zwangsverheiratet.« Mich ärgert die einseitige Berichterstattung der Medien über die Situation der türkischen Frauen in Deutschland. Deshalb habe ich auch eine Kampagne in unserem Informationsblatt »Frauenblick: GRENZENLOS« gestartet, das über unsere Veranstaltungen des Arbeitskreises »Feministische Politik der Linkspartei« berichtet. Wir haben Porträts von erfolgreichen Migrantinnen, die zum Beispiel als Schauspielerinnen oder Filmemacherinnen arbeiten, abgedruckt. Die Aktion kam gut an.

Wie gut sind Sie als Politikerin für Migrantinnen erreichbar?

Manche Menschen kommen extra hierher ins Abgeordnetenhaus. Es geht häufig um die gleichen Dinge: Diskriminierung bei der Wohnungssuche, Asylverfahren, Einbürgerungsformulare. Wenn sie schon einmal da sind, helfe ich auch, da kann ich nicht Nein sagen, die Menschen brauchen Hilfe. Die Grenze ziehe ich allerdings dort, wo ich mich privat bewege. Wenn mich jemand vor dem Supermarkt mit vollen

Tüten am Arm festhält, um mir sein Problem zu schildern, beende ich das Gespräch sofort, indem ich meine Visitenkarte rausgebe und bitte, zu meinen Sprechstunden zu kommen oder mich anzurufen. Ausnahmen mache ich da nur in Notfällen. Mein bisschen Privatleben versuche ich zu schützen.

Sie sind unverheiratet und haben einen politisch linksorientierten Vater. Wie viel Selbstbestimmung war in Ihrem Privatleben gestattet, ohne dass Ihre Familie Anstoß daran nahm?

Meine Eltern haben sich in meine Privatsphäre nie eingemischt. Auch nicht, als ich mich entschieden hatte, unverheiratet mit einem Mann zusammenzuleben und zu -wohnen. Das liegt an der revolutionären Vergangenheit meiner Eltern. Als meine Mutter in ihrem kurdischen Dorf eine Hose anzog, hat man sie als Nutte beschimpft. Trotzdem blieb sie standhaft. Ich habe Verwandte, die in zweiter und sogar dritter Generation hier leben und als Arbeitsmigranten nach Deutschland kamen. Sie denken bei Weitem nicht so progressiv. Meine Cousinen haben mich oft um meinen Vater beneidet, ich konnte das lange Zeit nicht nachvollziehen, weil er für mich ganz normal war. Heute weiß ich, dass er ungewöhnlich liberal ist, wenn er sagt »Lebe dein Leben« – und man bedenkt, wo und in welcher Zeit er sozialisiert wurde.

Würden Sie eine klassische kurdische Hochzeit feiern, mit mindestens 200 Gästen, Döner und halben Hähnchen auf Papptellern, mit einer Riesentorte und der Sitte, sich Geld ans Brautkleid heften zu lassen?

Niemals! Diese Art zu feiern ist mir viel zu kommerziell. Ich würde lieber im kleinen Kreis feiern. Diese traditionellen Feiern sind doch schrecklich kommerzialisiert und vor allem ritualisiert.

Ehrlich gesagt würde ich das für mich auch nicht haben wollen. Aber ich lasse mich für mein Leben gern auf diese Feste einladen. Am meisten habe ich mich auf solchen Hochzeiten amüsiert. Wären unsere Eltern in der Türkei geblieben, hätte man für uns schon längst eine solche Party geschmissen.

Seien wir froh, dass wir darum herumgekommen sind!

Ergun Can

Gemeinderatsmitglied in Stuttgart, SPD

über Mentalitätsunterschiede zwischen Deutschen
und Türken und warum Alternativgesellschaften für ihn
so wichtig sind

Ergun Can ist ein Politiker, für den es zum guten Ton gehört,
die Journalistin vom Flughafen abzuholen. Das kann allerdings
auch eine Kommunalpolitikereigenschaft sein. Ist man erst einmal Berufspolitiker, verlernt man schnell, wie mühsam es ist,
eine Anschlussfahrt zu organisieren. Aus diesem Grund macht
er sich die Mühe, die Gesprächspartnerin abzuholen und später
wieder zum Check-in-Schalter zurückzubegleiten.

Wir gehen essen, das allerdings ist etwas, das alle Politiker
gerne und freiwillig machen. Was Ergun Can jedoch von den
anderen unterscheidet, ist die Tatsache, dass er wartet, bis keine
Frage mehr gestellt wird, damit er anfangen kann, einen Bissen
zu nehmen. Das führt dazu, dass er seinen Fisch mit Salat lange
nicht anrührt. Nicht einmal einen Schluck Wasser trinkt er. Mit
gefalteten Händen sitzt er über dem Gericht und erzählt von
seiner Istanbuler Kindheit, die er wohlbehütet und glücklich in
Erinnerung hat. Wie viele andere türkische Kinder auch, ist er,
der Erstgeborene, mit seinen Großeltern aufgewachsen. Etwas

durchaus Übliches, da die Eltern arbeiteten und man davon ausgeht, dass das junge Ehepaar auch einmal ein wenig Zeit für sich
braucht. Denn ein ausgelassenes Liebesleben vor der Ehe gibt
es in muslimischen Gesellschaften selten, und außerdem gönnt
man den Großeltern das zumeist ersehnte Glück mit dem ersten
Enkelkind. Und dass der Erstgeborene verwöhnt wird, gehört
wiederum zum guten Ton bei Großeltern. Fragt man türkische
Erstgeborene nach dem Verwöhnprogramm, steht an erster Stelle die bedingungslose Liebe, gefolgt vom Verständnis und dem
unvergesslichen Geschmack der Leibspeisen. Erst dann wird
auch noch die Wertevermittlung erwähnt, es folgen Begriffe wie
Respekt vor den Älteren, der Glaube an Gott und ein Leben in
Wahrhaftigkeit. Das ist etwas, was alle Erstgeborenen, die bei
ihren Großeltern aufgewachsen sind, so oder so ähnlich erzählen. So auch Ergun Can.

Im Januar 1964, im Alter von fünf Jahren, kam Ergun Can nach
einer zweieinhalbtägigen Zugfahrt in Deutschland an. Aus Protest, weil von der geliebten Großmutter getrennt, sprach der
Junge auf der Zugfahrt kein Wort mit seinen Eltern. Denen
blieb aber nichts anderes übrig, als zu emigrieren. Der Vater,
Sohn einer Kaufmannsfamilie, konnte die Großfamilie von seinem Laden nicht ernähren, und so kamen die Anwerbungen
aus Deutschland gerade recht und er konnte als Bauarbeiter im
schwäbischen Schramberg anfangen zu arbeiten. Ein Punkt ist
Ergun Can an dieser Erinnerung sehr wichtig, und seine Stimme
überschlägt sich ein wenig, als er vom Persönlichen ins Allgemeine kommt: »Mein Vater wurde von den Haaren bis zu den
Zehennägeln peinlichst genau untersucht, denn nur gesunde
Menschen durften in Deutschland arbeiten. Vor einigen Jahren
aber gab es hier an den Stammtischen die Diskussion, dass die
ehemaligen Arbeitsmigranten dem Sozial- und Gesundheitssys-

tem auf der Tasche liegen würden, und das hat mich arg geärgert. Denn die Krankheiten haben sich diese Menschen hier erworben und nicht aus der Türkei mitgebracht. Es geht darum, Gerechtigkeit walten zu lassen, verstehen Sie?«

Die Untersuchungen, die Ergun Can erwähnt, wurden von der deutschen »Verbindungsstelle« in Istanbul durchgeführt, die den Großteil der Arbeitskräfte sprichwörtlich auf Herz und Nieren untersuchte. Neben Blutproben, Röntgenuntersuchungen und Turnübungen mussten die Bewerber auch Genitaluntersuchungen über sich ergehen lassen, damit gewährleistet werden konnte, dass die Arbeitsmigranten dem deutschen Gesundheitswesen langfristig nicht zur Last fallen würden. Das alles ist schon 40 Jahre her, doch die erste Einwanderergeneration empfand diesen Gesundheitscheck in Unterhose so demütigend, dass es nur wenige Männer und Frauen gibt, die bereitwillig darüber berichten. Aber Ergun Can gehört zu denjenigen, die sich an die Schilderungen des Vaters über die Vorsorgemaßnahme erinnern können, und nach seiner Erzählung entsteht ein kurzer Moment der Scham, auf beiden Seiten.

Man muss Ergun Can schon sehr genau beobachten, um Nuancen der Veränderung an ihm wahrzunehmen. Er wird nicht lauter, wenn er das Wort »Ärger« in den Mund nimmt, höchstens ein wenig schneller. Seine Stimmlage ist angenehm weich, als würde er ein Taschentuch vor sein Gesicht halten. Wenn ihm etwas wichtig ist, streckt er den Kopf ein wenig vor und rührt ganz langsam mit der flachen Hand über die Tischfläche, aber nur über seinem eigenen Bereich, ganz nah am Körper. Dann schaut er kurz seiner Hand hinterher und nimmt sie schnell wieder zurück. Es ist schwer, sich vorzustellen, wie er sich in der Fraktion durchsetzt, mit dieser sanften Stimme und Contenance. Wahrscheinlich gehört er zu denjenigen, die immer als Letzter etwas sagen, danach ist jedoch Ruhe im Karton.

»Ich bin ein klassischer Fall für die SPD«, sagt er von sich selbst, »ich habe das gelebt, was die SPD an Voraussetzungen für Menschen wie mich geschaffen hat, und ich bin dankbar für die Möglichkeiten, die ich hatte.« Damit meint er, dass er, wie viele andere Migrantenkinder auch, nach dem Kindergarten in die Grundschule kam und anschließend auf die Hauptschule. Über den zweiten Bildungsweg hat er sein Abitur gemacht, ist Ingenieur geworden und arbeitet heute für einen Automobilzulieferer in Ostfildern bei Stuttgart. Aus einem Arbeiterkind ist ein Akademiker geworden.

Als Ergun Can 24 Jahre alt wurde, zog nicht er aus, sondern seine Eltern. »Deutschland war nie eine lebenslange Option für meinen Vater. Aus menschlichen Gründen, die Atmosphäre war ihm zu kalt, und so fragte er mich und meine jüngere Schwester, ob wir mitkommen wollen. Er war einigermaßen erstaunt, als wir verneinten. ›Und den kleinen Bruder behalten wir auch bei uns!‹« Die Eltern sind in die Türkei zurückgekehrt, und die Geschwister blieben in Deutschland. Das klingt so lapidar, weil er es so lapidar erzählt. Große Gefühlsausbrüche sind bei Ergun Can selten, und so kann man sich den Abschiedsschmerz der Eltern vorstellen und beim Sohn nur vermuten.

Nach dem Studium bekam er so viele Arbeitsangebote, wie seine Schwester Bewerbungen für ihn geschrieben hatte, insgesamt vier. Sie arbeitete als Industriekauffrau und schickte am Tag seiner Diplomprüfung in Maschinenbau die Anschreiben per Telex ab. Als kleine Überraschung für den Bruder, sozusagen. Bosch, Mercedes Benz, Siemens und BMW. »Jungingenieur sucht Festanstellung.« Er hat sich für Siemens entschieden. Das war 1986, und viereinhalb Jahre später bot ihm die Firma an, in der Türkei den Außenhandelsvertrieb aufzubauen. In der Zwischenzeit hatte Ergun Can geheiratet und ist so gemeinsam mit der Ehefrau und der fünf Monate alten Tochter für zwei Jahre nach Istanbul gezogen.

Wenn von dieser Zeit im Herkunftsland, wie er die Türkei nennt, die Rede ist, fällt doch tatsächlich das Wort »Mentalitätsunterschied«. Die Menschen in der Türkei lassen sich allzu gerne von Titeln und Hierarchien blenden, und so etwas geht dem Ingenieur zu weit. Im Skiurlaub in Uludağ ist ihm Folgendes passiert: »Wir fuhren im Auto, als es plötzlich heftig anfing zu schneien. Hunderte von Menschen reihten sich rechts und links der Straßen entlang. Das waren einfache Arbeitslose, die in dieser Gegend auf solche Gelegenheiten warteten, um für ein paar Lira die Schneeketten auf die Autos der Touristen zu ziehen. Ich wollte die Ketten aber selber aufziehen, um es zu lernen. Ein junger Mann regte sich furchtbar auf, was ich denn für ein Schnösel sei, dass ich ihm die paar Münzen nicht gönne. Es ging aber nicht ums Geld, ich wollte es einfach selber machen.«

Das, was in der Türkei als Service gilt und großgeschrieben wird, empfindet Ergun Can als Unterordnung von Untergebenen. Jegliche Form von Bereitschaft zur Hilfe ergibt für ihn immer dann keinen Sinn, wenn er die gebotene Hilfe nicht benötigt, weil er die Aufgabe selbst erledigen kann. Dass es allerdings auf jeder Behörde, in jedem Schuhgeschäft oder auf dem Basar erst einmal ein Glas Tee gibt, findet er herzlich.

Dabei hat das eine mit dem anderen zu tun. Es geht um Hierarchien: Der Kunde, der Arbeitgeber, der Gast, sie stehen in der Hierarchie immer höher als der Kellner, der Bote oder der Beamte. Und das Glas Tee ist nur der Einstieg und das Signal dafür, dass auch alles andere selbstverständlich möglich gemacht wird, manchmal gegen und manchmal ohne Bezahlung. Ergun Can jedenfalls ist jemand, der seinen Koffer immer alleine tragen wird. Für deutsche Verhältnisse ist das sympathisch, in türkischen Kreisen gilt man damit als kauzig. Die meisten Türken in Deutschland können mit diesem kulturellen Unterschied gut umgehen. Wenn sie hier in einem Selbstbedienungsrestaurant ihr Geschirr zurückstellen müssen, tun sie das gerne, weil sie meinen, es bedeute, dass die Klassenunterschiede damit aufgehoben seien. In der Türkei erzählen sie dann, dass es in Deutschland Lokale gebe, wo der Universitätsprofessor ohne mit der Wimper zu zucken das Tablett mit dem benutzten Geschirr in die Ablage stellt; wenn es sein muss, nimmt er auch noch das Tablett seines Studenten mit. In der Türkei aber genießen die gleichen Türken den Service und neigen manchmal dazu, den Spielraum des Üblichen etwas auszureizen, indem sie das Personal besonders genüsslich umherscheuchen. Ergun Can kennt das alles auch und bleibt dabei: Jeder sollte sich bemühen, seine Angelegenheiten selber zu regeln.

Selbstorganisation oder vielmehr das Wort »mitmachen« ist für Ergun Can ein Schlüsselmotiv seines politischen Werdegangs. Aber angefangen hat alles damit, dass ihn Männer wie Egon Bahr, Willy Brandt und Herbert Wehner beeindruckt haben. »Ausstrahlung«, sagt er, hätten sie gehabt, Brandts Kniefall im Warschau war für ihn mehr als ein Symbol, es war der Ausdruck tiefer Menschlichkeit. Als Helmut Schmidt 1982 nach dem Bruch der sozial-liberalen Koalition ging, kam Ergun Can der Gedanke »So, und nun trete ich in die SPD ein«, und er wurde der erste türkischstämmige Genosse in Schramberg im Schwarzwald. »Ich wollte nicht mehr, dass über mich Politik gemacht wird, ich wollte mitgestalten.«

Die Grünen schieden für ihn von Anfang an aus, weil ihn deren ablehnende Haltung der Gesellschaft gegenüber abschreckte. Er wollte nicht gegen die Gesellschaft rebellieren, er wollte ein Teil von ihr sein. Das sozialdemokratische Prinzip, unabhängig von der Herkunft den eigenen Weg gehen zu können und

für die eigenen Rechte zu kämpfen, gefiel ihm. Als Vertrauens-
mann in der Gewerkschaft befand er sich in guter Gesellschaft
mit anderen sozialdemokratischen Politikern, die ihre Karriere
genauso begonnen haben.

Ergun Can ist ein Mann der kleinen, aber stetigen Schritte. Er
beobachtet, ist Zuschauer in seiner eigenen Partei, verfolgt die
politischen Zustände und ist damit beschäftigt, in Stuttgart An-
schluss zu finden. Erst dreizehn Jahre nach seinem Parteieintritt schließt er sich mit fünf Freunden zusammen, die auch
aus der Türkei stammen, und tritt der HDF *(Sosyaldemokrat Halk
Dernekler Federasyonu)* bei. Diese »Föderation der Volksvereine
türkischer Sozialdemokraten e.V.« hat sich 1977 gegründet. Ziel
der Organisation ist es, mit Sozialdemokraten in der Türkei zu-
sammenzuarbeiten sowie die Aufmerksamkeit der jeweiligen
türkischen Regierungen auf die Probleme der türkischen Arbeit-
nehmer in Europa zu lenken.

»Schon nach eineinhalb Jahren in der HDF habe ich erkannt,
dass ich mit dieser Vereinsarbeit einen falschen Weg eingeschla-
gen habe. Zwar haben wir es in Stuttgart geschafft, die Mig-
rantencommunity dazu zu bewegen, sich nicht nur für Politik
zu interessieren, sondern auch zu Veranstaltungen zu kommen,
die wir organisiert haben. Dennoch habe ich gemerkt: Wir sind
in Deutschland. Wir müssen Politik in und für Deutschland machen und zwar für alle, nicht nur für die hier lebenden Türken.
Ich wollte fortan ein aktives Parteimitglied sein.«

Seit 2004 sitzt Ergun Can im Stuttgarter Gemeinderat und
ist Mitglied im »Ausschuss für Wirtschaft und Wohnen« und
im »Internationalen Ausschuss«. Seine integrationspolitischen
Tätigkeiten fasst er in einem Arbeitskreis »Neue Inländer« zusammen, dessen Verantwortlicher er ist. Zudem ist Ergun Can
Mitglied im »Netzwerk türkeistämmiger MandatsträgerInnen«

und seit April dieses Jahres zu dessen Sprecher gewählt worden. Er vertrat das Netzwerk in dem von Bundeskanzlerin Angela Merkel initiierten »Nationalen Integrationsplan«, in dem er an der Arbeitsgruppe »Integration vor Ort« teilnahm. Seinen Lebensunterhalt verdient er seit seinem Studium als Ingenieur. Als Kommunalpolitiker wird er, wie in Deutschland üblich, nicht bezahlt.

* * *

Herr Can, was ist der Unterschied zwischen einem aktiven und einem passiven Parteimitglied?

Als passives Mitglied gehen Sie zu Ihrer Ortsversammlung, setzen sich hin, hören zu und gehen wieder nach Hause. Aktiv werden Sie in dem Moment, in dem Sie sagen, ich kandidiere zum Beispiel für die Funktion des Ortsvereinsvorsitzenden. Und das habe ich gemacht. Meine Genossen haben gesehen, dass ich seit Jahren in jede Versammlung komme, und haben mich zum Ortsvereinsvorsitzenden der SPD Degerloch gewählt.

Und wie geht es weiter? Da kann man, wenn man möchte, Jahrzehnte verbringen. Man kann aber auch sagen: »Ich will in den Stadtrat gewählt werden«?

Genau, ich wollte in den Stadtrat, der in Stuttgart Gemeinderat heißt.

Da wollen sicher viele rein. Geht das so einfach, dass man sagt, bei der nächsten Wahl möchte ich auf die Liste?

Im Prinzip kann man natürlich einfach sagen, ich will einen Listen-platz, aber ob man einen bekommt und vor allem welchen, das ent-scheiden die Parteigremien.

Sie sitzen heute im Gemeinderat in Stuttgart, offensichtlich hatten Sie einen guten Listenplatz bekommen. Doch mit Fleiß allein, als regelmäßiger Versammlungsbesucher, ist sicher nicht viel zu holen – oder hatte kein anderer Lust?

Im Gegenteil, ich war nicht der Einzige. Aber ich wurde direkt gefragt, ob ich kandidieren möchte.

Das ist erst einmal schmeichelhaft, noch schmeichelhafter ist es, wenn man einen sicheren Platz bekommt.

Das war genau der Punkt. Mir ist aufgefallen, dass immer kurz vor den Kommunalwahlen Vertreter von Migrantenorganisationen auf die SPD zugekommen sind und um eine Listenkandidatur gebeten haben.

Haben diese Vertreter von den besagten Organisationen auch einen Listenplatz bekommen?

Ja, klar.

Warum ist das so klar? Wenn ich kandidieren möchte und dann kommt ein anderer und kriegt einen besseren Platz als ich, wür-de ich erst einmal Krach schlagen.

Bei uns in der SPD ist es Tradition, dass auch Kandidaten von Schwes-terparteien wie der italienischen Sozialisten aufgestellt werden, und das sind nicht immer die besten Plätze. Ich habe aber klipp und klar gesagt, wenn ihr wollt, dass ich kandidiere, dann will ich nicht der Quotenausländer irgendwo hinten in der letzten Reihe sein. Ich will gewählt werden, und dass ich das ernst meine, habt ihr in all den Jahren gesehen. Ich war dann auf Platz fünf und bin in den Gemeinderat gewählt worden.

Meine Ernsthaftigkeit habe ich nicht nur mit dem Besuch von Versammlungen bewiesen. Ich war lange Zeit passives Parteimitglied, jedoch ein politisch interessierter Mensch. Abgesehen von meiner Tätigkeit im HDF, in der wir es sogar geschafft haben, Bülent Ecevit, der zweimal türkischer Ministerpräsident war, nach Stuttgart zu holen, habe ich schon im Jahr 2002 den »Inländerstammtisch« mitbegründet.

Ist der »Inländerstammtisch« Teil des sogenannten »Stuttgarter Modells«, das 2005 den Integrationspreis des Bundesinnenministeriums und der Bertelsmann Stiftung erhalten hat?

Nein, er ist ein Teil der Integrationsstrategie der SPD. Ich kannte die klassischen Stammtische, wo man bei einem Glas Wein über die politische Lage sprach, und ich kannte die Ausländertreffs, wo man ebenfalls bei einem Glas Tee oder auch einem Bier über die gleichen Themen redete. Und da kam mir die Idee, einen Stammtisch zu gründen, zu dem sich Deutsche und Migranten treffen, um miteinander vor allem über migrationspolitische Themen zu reden, und das ganz ungezwungen. Das läuft seitdem sehr erfolgreich, und die Zusammensetzung ist ebenfalls gut. Wie soll man etwas übereinander erfahren, wenn man nie zusammensitzt? Auch ich erfahre dabei viel über die Bedürfnisse der Bürger, aber auch viel über Missverständnisse.

Nennen Sie mal ein Beispiel.

Wenn man in Deutschland umzieht, klingelt man doch eigentlich bei seinem Nachbarn und sagt: »Guten Tag, mein Name ist Ergun Can, ich wohne oben links.«

Herr Can, macht man das in Stuttgart noch? In Berlin gibt es so etwas schon lange nicht mehr.

Doch, in Stuttgart macht man das so. Wenn aber eine Familie in der Türkei in ein Wohnhaus zieht, kommen abends die Nachbarn und bringen etwas zu essen mit. Einerseits, um sich vorzustellen und die Familie willkommen zu heißen, andererseits wissen die Nachbarn auch, Mensch, die sind frisch eingezogen, da funktioniert die Küche noch nicht, deshalb kochen wir für die neuen Hausbewohner. Die türkische Familie in Deutschland sitzt also abends da und wartet auf die deutschen Nachbarn, dass die was zu essen bringen. Und der deutsche Nachbar unten rechts wartet auf die türkische und denkt, wie unverschämt, dass die nicht kommen, um sich vorzustellen.

Was Sie da erzählen, bestärkt mich in meiner Idee, dass es irgendwo eine Stelle geben muss, wo genau solche Alltäglichkeiten zu erfahren sind. Denn wenn man nicht gerade zufällig an einem »Inländerstammtisch« sitzt, wird man das nie erfahren. Genauso wie man nie erfahren wird, dass man als potenzieller deutscher Schwiegersohn seinen potenziellen türkischen Schwiegervater beim ersten Treffen niemals mit »Guten Tag, Osman« begrüßen sollte, sondern wenigstens mit »Guten Tag, Osman Bey«. Osman Bey bedeutet Herr Osman, denn im Türkischen spricht man ältere Menschen niemals ohne Namenszusatz an, das gilt als takt- und respektlos. Auch sollte man bei Muslimen nicht darauf warten, dass man aufgefordert wird, die Schuhe beim Betreten der Wohnung auszuziehen. Auch wenn die Gastgeber das möchten, werden sie es nie sagen, und wenn der Gast gegangen ist, werden sie sich noch lange darüber beschweren. Doch auch beim nächsten Besuch würden sie diesen Wunsch nicht äußern.

Ich sehe allerdings bei all diesen Projekten immer das Problem, dass Migranten den Einladungen nicht folgen. Macht es einen Unterschied, ob ein gebürtiger Türke einlädt?

Das macht einen Unterschied. Wenn ich als Landsmann und Stadtrat auf meine Community zugehe und sie einlade, kommen sie und interessieren sich. Sie freuen sich auch und fühlen sich geehrt, dass der Stadtrat sie persönlich einlädt. Aber als Landsmann weiß ich auch, was die Community gerade interessiert, was sie in der türkischsprachigen Zeitung gelesen hat, was gerade Thema ist. Und ich weiß auch, was sie gerade bewegt. Wenn es zum Beispiel um neue Einbürgerungskriterien geht, kann ich sie darüber am Stammtisch informieren, und es gibt die Möglichkeit, Fragen zu stellen.

Aber Sie haben auch recht damit, dass sich die Migranten mit der Teilnahme an gesellschaftlichen Veranstaltungen schwertun.

Wie sind Ihre Erfahrungen als Migrant in deutschen Vereinen?

Mit elf Jahren bin ich selbstständig in den Fußball- und Leichtathletikverein eingetreten, weil ich schon damals das Bedürfnis hatte, mich in die Gesellschaft zu integrieren. Im Laufe der Jahre kamen noch Mitgliedschaften im Deutschen Roten Kreuz, bei den Naturfreunden, in der AWO und im Förderverein der Alten Scheuer, die als Veranstaltungsort für Tagungen und Ausstellungen genutzt werden kann, hinzu. Ich habe selber Vereine gegründet, den Förderverein der Albschule und die Deutsch-Türkische Gesellschaft Stuttgart. Sie sehen, dass ich selbst für einen Politiker sehr aktiv im Vereinsleben bin. Das ist auch mein Rat an die Migranten: Geht in die Vereine und macht mit!

Haben Sie eine Erklärung dafür, dass es in Vereinen so wenige Migranten gibt? Selbst die Mitgliedschaft in einer Moscheegemeinde gehört zu den Ausnahmeerscheinungen.

Auch das ist einer der vielen Gründe, warum die Integration nicht gut funktioniert. Sich als Migrant in der Freiwilligen Feuerwehr oder beim Deutschen Roten Kreuz, im Schützen- oder Sportverein zu behaupten, ist schwer. Da bewege ich mich doch lieber in meiner türkischen Gesellschaft und rede über meine türkischen Probleme, und das am liebsten auf Türkisch. Denn vergessen Sie die Sprachbarriere nicht. Wenn Sie ohnehin schlecht Deutsch sprechen und in einem Verein sitzen und einen Konflikt haben, dann werden Sie dem immer aus dem Weg gehen wollen. Dann ist es einfacher, wenn Sie gar nicht erst hingehen. Mit dieser Sprachbarriere ist es schwierig, sich in der Mehrheitsgesellschaft zu bewegen und den anderen dazu zu bringen, sich mit der eigenen Sache auseinanderzusetzen.

Ist es nicht auch so, dass einer der Gründe, warum sich Deutsche ehrenamtlich engagieren, der Aspekt des »unter Leute Gehens« ist? Häufig hört man, dass gerade ältere Menschen sagen, bevor mir die Decke auf den Kopf fällt, gehe ich in einen Verein. Und junge Leute gehen in Vereine, damit sie mit Gleichgesinnten oder Gleichaltrigen zusammen sind.

Nun ist ein Migrant vieles, aber bestimmt nicht einsam. In der Familie ist viel los, am Wochenende besucht man sich und feiert Hochzeit, und im Urlaub in der Türkei ist es ganz genauso. Maßgeblicher Grund für einen Urlaub außerhalb der Türkei ist neben der Neugier auf das fremde Land auch, »Wir wollen mal unsere Ruhe haben«.

In der Türkei kennt man die Vereinsmitgliedschaft so, wie sie in Deutschland funktioniert, nicht. Da ist man Krankenschwester und geht in den Krankenschwesternclub, oder Unternehmer und demzufolge in den Unternehmerclub. Die Clubkultur funktioniert aber so, dass man sich einkaufen muss, die Mitgliedschaft ist Ehre und Reputation, und nicht jeder kann sie sich leisten. Der Nachteil besteht außerdem darin, dass man unter sich ist und stets mit den gleichen Leuten verkehrt. Das sind relativ geschlossene Gesellschaften.

Unsere Migranten sind es außerdem nicht gewöhnt, sich vor anderen zu öffnen, auch nicht bei Schwierigkeiten, die der Alltag mit sich bringt. Als Deutscher geht man in eine Gruppe Gleichgesinnter, um vielleicht auch einmal über Probleme zu reden, aber in der türkischen Gemeinschaft geht man mit seinen Problemen nicht nach draußen. Die sind privat und werden privat gelöst.

Wie könnte ein Lösungsansatz für mehr gesellschaftliche Beteiligung aussehen?

Die Migranten – das gilt nicht nur für die Türken, sondern auch für die Griechen oder Italiener – müssen sich bewegen. Es ist verständlich, dass man sich umso mehr an Althergebrachtes klammert, je weiter man von seiner Herkunftsheimat entfernt ist. Aber das wird sie auf Dauer nicht voranbringen, die Migranten müssen umlernen. Zum Beispiel, dass sie ihre Kinder nicht in der Schule abgeben können und erzogen zurückgebracht bekommen. In der Türkei herrscht an den Schulen ein sehr rigides Erziehungskonzept, die Kinder kommen tatsächlich anders heraus, als sie hineingingen, und die Lehrer tragen die erzieherische Verantwortung für ihre Schüler.

Aber auch die Mehrheitsgesellschaft muss sich an die Migranten anpassen. Es geht nicht, dass die türkischen Mütter gemeinsam mit den deutschen Müttern die Klassenfeste organisieren und dafür kochen und am Wochenende treffen sie sich auf dem Markt und die deutschen grüßen die türkischen Mütter nicht. Das hat mir eine türkische Frau erzählt und war sehr irritiert.

Das ist eine deutsche Mentalität, man kennt das von Betriebsfeiern. Abends liegt man sich glückselig und duzend in den Armen, und am nächsten Morgen nickt man sich zur Begrüßung knapp zu. Der Türke braucht diese einmalige Nähe nicht auf einer weiteren Betriebsfeier bestätigt, der Deutsche allerdings findet, er habe sich zu sehr gehen lassen, und jetzt gehe es wieder zurück in die »Normalität«, die Betriebstemperatur wird wieder zurückgeschaltet. Bloß, wie will man das ändern?

Man muss sich bewegen, und zwar aufeinander zu, und das nicht nur einseitig! Das passt doch nicht, dass der Deutsche in die Türkei in den Urlaub fährt und schwärmend über die Gastfreundschaft zurückkehrt, aber zu Hause die Türken anders behandelt.

Und auf der Migrantenseite wird immer Hilfe vom Staat erwartet, dabei muss man gewisse Dinge selber in die Hand nehmen, dann entwickelt sich auch etwas. Ich habe mir immer Alternativgesellschaften gesucht und auch gefunden. Schon als Schuljunge saß ich bei unseren Vermietern unten in der Gaststätte und bekam auf diesem Wege mit, wie mein deutscher Schulfreund lebte. Später wurde ich alemannischer Maskenschnitzer, weil mein Lehrer mir diesen schwäbisch-alemannischen Fasnachtsbrauch erklärte. Ich gründete mit zweien meiner Schulfreunde den Verein »Falkenhexen«, und wieder lernte ich einen Teil der Kultur kennen, in der ich lebe.

Das sind Beispiele, die nicht aus der Not geboren wurden sind. Haben Sie sich jemals Hilfe außerhalb der Familie geholt?

Ja, selbstverständlich. Durch einen Schicksalsschlag in der Familie habe ich die Kinder meines Schwagers aus der Türkei zur Pflege aufgenommen. Meine Frau und ich haben von Anfang an gesagt, auch wenn wir die Kinder nur auf Zeit haben, machen wir es richtig oder gar nicht. Ich habe dafür mit den zuständigen Behörden gesprochen, damit die Kinder einen ordentlichen Aufenthaltsstatus bekamen. Der Kleine ging in den Kindergarten und das Mädchen in die Grundschule. Weil beide kein Deutsch sprechen konnten, ging das Mädchen danach auf die Hauptschule. Meine Frau und ich mussten arbeiten und konnten auf die Kinder nicht aufpassen, und meine Schwiegermutter spricht schlecht Deutsch. Dort wären sie zwar hervorragend betreut worden, aber das hätte keine Nachhaltigkeit gehabt. Nun wusste ich aber von einer Schulleiterin, Mitglied im SPD-Ortsverein, die in den Ruhestand ging.

Ich bat Waltraut, ob sie die Kinder betreuen könnte und schlug vor, dass sie nach der Schule zu ihr gehen und dort ihre Hausaufgaben machen. Da Waltraud nicht Türkisch spricht, war das erste halbe Jahr sehr schwierig für alle, aber nun geht das Mädchen im zweiten Jahr aufs Gymnasium und hat gute Noten, und der Kleine geht auf die Grundschule und spricht auch Deutsch. Ich bin selber aktiv geworden und habe auf bestehende Ressourcen zurückgegriffen. Das meine ich mit Alternativgesellschaften. Ich habe nie darauf gewartet, bis die Mehrheit auf mich zugeht, sondern immer umgekehrt. Deshalb interessieren mich auch nicht so sehr diese Hochglanz-Integrationskonzepte auf Bundesebene. Die Musik spielt, wie ich immer so gerne sage, in der Kommune, auf der persönlichen Ebene.

Darf Ihre 17-jährige Tochter eigentlich auch auf Alternativgesellschaften zurückgreifen, oder sind Sie in der Erziehung eher traditionell eingestellt?

Selbstverständlich darf sie sich frei wie ihre deutschstämmigen Altersgenossinnen bewegen. Sie darf abends ausgehen und feiern, wenn Sie das meinen. Im Übrigen glaube ich, ein so gutes Verhältnis zu ihr zu haben, dass sie mit ihren Problemen zu mir kommt.

Würden Sie das Wort »Ehre« in den Mund nehmen? Wenn Ihre Tochter zum Beispiel spät abends sturzbetrunken nach Hause kommen würde?

(lacht) Nein, so ein Wort würde ich niemals sagen. Damit würde ich den Konflikten ja aus dem Weg gehen. Die Jüngeren müssen Konflikte mit ihren Eltern austragen, ich halte auch nichts von diesen traditionellen Tabus. Die Kinder machen und probieren ja doch alles, aber dann eben heimlich. Und wenn sie betrunken nach Hause kommen würde, hätte das eben Auswirkungen auf meine Großzügigkeit, was das Ausgehen betrifft.

Wie reagieren Sie, wenn jemand sagt: »Sie sind nicht typisch türkisch«?

Ob meine Haltung klassisch ist für meine Community, möchte ich nicht beurteilen. Ich bin für meine Familie und mein Umfeld verantwortlich und nicht mein Umfeld für mich. Meine Bemühungen waren immer, die positiven Seiten beider Gesellschaften zu vereinen, und deshalb bin ich nicht das eine oder das andere. Ich lebe seit 43 Jahren in diesem Land, bin mit dieser Kultur aufgewachsen. Ich gehe aber auch in die Moschee.

Und in der Kirche, wenn ich zu einer Taufe oder zu einem Begräbnis gehe, bete ich auch, weil es ein Gotteshaus ist. Ich begegne allen, nicht nur denen auf der muslimischen Seite, mit Respekt und möchte ihnen als Mensch begegnen, und dann kann man über alles sprechen und auf dieser Basis gemeinsame Werte schaffen. Meine Haltung ist die, dass alles ein Wettbewerb der Argumente ist, egal woher jemand kommt, wer er ist, wie er lebt und womit er sein Geld verdient. Dies ist meine Identität, und sie ist deutsch und türkisch zugleich, das hat mir Stärke gegeben, das ist meine menschliche Feinmotorik und sie ist ein hohes Gut.

Ekin Deligöz

Bundestagsabgeordnete, Bündnis 90 / Die Grünen

über ihren Appell gegen das Kopftuch und
warum die türkische Presse an ihrem Personenschutz
nicht ganz unschuldig ist

Ich war schon politisch, als ich mit acht Jahren nach Deutschland kam. Politik ist nur zu einem Bruchteil Parteipolitik. Politik ist auch ein Gefühl, die Suche nach Gerechtigkeit und der Wunsch nach Verantwortung.

Es gibt Menschen, denen ein Zustand nicht passt. Sie gehen dann in ein Café, setzen sich hin und motzen darüber. Es gibt aber auch Leute, denen der gleiche Zustand genauso wenig passt, die aber sagen, ich habe gar keine Zeit, im Café zu sitzen, ich muss was verändern.

Ekin Deligöz sagt diese Sätze in einem kleinen Café in ihrem Wahlkreis Neu-Ulm. Am Nebentisch sitzen zwei bewaffnete Beamte des Bundeskriminalamtes, die scheinbar gemütlich ein Tässchen Kaffee trinken. Seit Herbst letzten Jahres stehen ihr zwei Personenschützer zur Seite, die sie zu allen offiziellen Anlässen begleiten, wenn es sein muss, gehen sie auch auf den Spielplatz, wenn Frau Deligöz dort mit ihrem Sohn spielt.

Bei einem Spaziergang über einsame Wanderwege könnte man sich fast freuen, alleine mit ihr zu sein, die gute Luft einzuatmen und den spektakulären Blick über die ehemalige Kiesgrube zu genießen. Wenn da nicht immer die knirschenden Geräusche auf dem Kies hinter uns zu hören wären. Für die Bundestagspolitikerin ist das zur Normalität geworden, und sie scheint nicht zu merken, dass sie selbst beim Betreten eines Raumes erst einmal ihren Blick umherschweifen lässt.

Bundestagspolitikerin zu sein bedeutet in der Bundesliga zu spielen, meint Ekin Deligöz. Dazu gehört, dass man überregionalen Medien Interviews und Stellungnahmen gibt und damit von einer größeren Anzahl von Bürgern wahrgenommen wird. Und das wiederum hat neben Aufmerksamkeit und Wahrnehmung auch eine Kehrseite.

Politiker zu sein bedeutet auch, dass man wahnsinnig viel zu verlieren hat. Man verliert das Gesicht, die Selbstsicherheit, man verliert den Mut. Sie bekommen Angst, Sie werden durchleuchtet, Ihre Privatsphäre wird öffentlich. Sie werden zur Öffentlichkeit. Das alles nimmt man nur auf sich, wenn man eine innere Stimme hat, die sagt, ich will in diesem Land etwas bewegen.

Es war das Jahr 2006, als sie mit nur einem einzigen Satz etwas bewegt hat. Dessen Nachklang beschäftigt sie noch heute.

* * *

Frau Deligöz, 2006 haben Sie an die muslimischen Frauen in diesem Land appelliert: »Legt das Kopftuch ab!« Haben Sie das tatsächlich so gemeint, oder ist in der Berichterstattung darüber etwas Wichtiges verloren gegangen?

Es gibt kein Missverständnis, wenn Sie das meinen. Hinterher sind tatsächlich viele auf mich zugekommen und haben gesagt: »Mädchen, korrigiere dich, das kannst du so nicht gemeint haben.« Ich habe es genau so gemeint.

Haben Sie diesen Satz in einem Interview gesagt?

Diese Meinung von mir ist nichts Neues, sondern eine alte Forderung. Die Kopftuchdebatte begann in Baden-Württemberg, als die Lehrerin Fereshta Ludin 2004 vergeblich gegen das Kopftuchverbot in der Schule vor das Bundesverfassungsgericht zog. Im gleichen Jahr schrieb ich einen Gastkommentar im Wochenmagazin Stern, in dem ich mich positiv über das Urteil äußerte. Für mich gehören religiöse Symbole nicht in die Schule. Mit dieser Position befand ich mich selbst in meiner eigenen Partei in der Minderheit.

Ihr Appell im Oktober 2006 richtete sich aber nicht an Lehrerinnen, sondern an alle kopftuchtragenden Frauen in diesem Land.

Ich bekam einen Anruf von einem Journalisten der Bild am Sonntag, der im Frühjahr ein Interview mit mir gelesen hatte, indem ich erneut zur Kopftuchfrage in Schulen Bezug nahm. Er sagte, wir planen gerade einen Artikel zu diesem Thema, und Ihre Kollegin von der SPD, Lale Akgün, hat sich schon geäußert. Möchten Sie auch einen Satz dazu sagen? Daraufhin habe ich geantwortet: »Ich finde, Kopftücher dienen dazu, dass Menschen sich abgrenzen.«

Das ist aber doch auch das Recht eines jeden, sich äußerlich sichtbar abzugrenzen. Die einen machen das, wenn man Ihrer These folgt, mit einem Kopftuch, und der Punk macht es mit seinem Irokesenschnitt.

Das stimmt, man kann niemandem in Deutschland vorschreiben, wie er sich zu kleiden hat. Aber das Kopftuch macht es nicht leichter, in der deutschen Gesellschaft anzukommen. Wir können es in öffentlichen Einrichtungen verbieten, aber wir können kein generelles Verbot aussprechen.

Und an dieser Stelle kam dann der berühmte Satz: »Kommt im Heute an, kommt in Deutschland an. Ihr lebt hier, also legt das Kopftuch ab!«

Der Satz ging weiter: Das Kopftuch ist auch ein Instrument zur Unterdrückung der Frau.

Daraufhin brach eine Welle der Empörung los?

Über Nacht kamen ein paar Hundert E-Mails. Am nächsten Tag ging mein Zitat über die Nachrichtenagenturen raus. Ich war erstaunt darüber, dass dieser Satz solch einen Nachrichtengehalt hat, denn normalerweise verflüchtigt sich so eine Meldung nach zwei, drei Tagen wieder. Nicht so bei mir. Die Berichterstattung darüber hörte nicht auf, was noch mehr Reaktionen zur Folge hatte.

Wer waren die Absender?

In den ersten zwei Tagen waren es zu hundert Prozent Männer.

Türken?

Viele türkische Männer, die auf Türkisch schrieben, aber auch einige persische und arabische Männer.

Was stand in den Briefen?

Du Hure!

Beschimpfungen also.

Das Wort »Hure« gehörte noch zu den gemäßigten Beleidigungen.

Wann hatten Sie das letzte Mal auf eine politische Äußerung so heftige Reaktionen erhalten?

Das letzte Mal hatte ich so viel Post bekommen, als es um den von den Grünen befürworteten militärischen Einsatz in Afghanistan ging. Dabei handelte es sich aber um Massen-E-Mails, die an alle grünen Abgeordneten gingen.

Sie sagen, dass sich in den ersten Tagen nur Männer gemeldet haben. Danach schrieben Ihnen auch Frauen?

Genau, dann schalteten sich die Frauen ein und zum Schluss die türkischen Verbände.

Beschimpfungen sind aber noch keine Morddrohungen. Wann schaukelte sich das zur Bedrohung hoch?

Das Perfide war, dass es in den Briefen nicht hieß: »Wir bringen dich um«, sondern: »Wir bringen deine Familie um.« Mit der Familie war nicht nur die in Deutschland gemeint, sondern auch die in der Türkei lebenden Verwandten. Meine Tante gibt in Bayern Deutschkurse, sie rief mich an und sagte, die kopftuchtragenden Kursteilnehmerinnen möchten von ihr nicht mehr unterrichtet werden. Meine Mutter, die beim Ausländerbeauftragten in Neu-Ulm arbeitet, berichtete mir, dass ihr Büro voller Leute war, die alle nur kamen, um mich zu beschimpfen. Selbst meine Familie in der Türkei konnte sich nicht mehr auf der

Straße bewegen, ohne ständig darauf angesprochen zu werden. Nicht immer nur negativ, es gab auch Menschen, die sich positiv geäußert haben. Was das Bundeskriminalamt letztendlich dazu bewogen hat, mir Personenschützer zur Seite zu stellen, weiß ich nicht.

Welche Rolle spielte dabei die türkische Presse?

Die türkische Tageszeitung Yeni Safak startete eine fünftägige Kommentarreihe, die Tageszeitung Türkiye titelte kräftig mit. Es fing mit der Forderung an, dass ich mich schämen soll, später hieß es, ich sei die neue Schande der Menschheit, und am Schluss war ich ein lebensunwertes Wesen.

Das letzte Mal, als Yeni Safak eine Kommentarreihe gedruckt hatte, ging es um den Kopftuchstreit in der Türkei. Der zuständige Richter, der das Kopftuchverbot an Schulen bestätigte, wurde noch in der Woche nach dem Erscheinen des Artikels ermordet.

* * *

Manche Debatten, die in Deutschland geführt werden, werden auch in der Türkei geführt. Die Chronologie in der Kopftuchfrage, die in Deutschland 2003 begann, hat in der Türkei ein Äquivalent mit dem gleichen Namen, das seit dem Militärputsch 1980 immer wieder diskutiert wurde. In beiden Ländern argumentieren die Gegner, das Kopftuch richte sich gegen die gesellschaftliche Ordnung, hier in Deutschland gegen die freiheitlich-demokratische Rechtsordnung, dort gegen die laizistische Republik. In beiden Ländern gibt es in der Praxis Widersprüchlichkeiten. Unser deutsches Grundgesetz schützt die Religionsfreiheit, in der Türkei sind im Prinzip Religion und Staat getrennt. Mustafa Kemal Atatürk, der Gründer der Türkischen Republik, nahm sich Frankreich zum Vorbild: die erste laizistische Republik.

Doch selbst dort wurde das Kopftuch erst 2003 in allen öffentlichen Einrichtungen verboten.

Die Widersprüchlichkeiten in beiden Systemen sind vielfältig, in Bayern gilt, keine Lehrerin mit Kopftuch, weil sie als Autoritätsperson die Kinder ungewollt religiös beeinflusst – Kruzifix über der Schultür ist aber erlaubt. Die Neutralität aller Glaubensrichtungen ist gesetzlich verankert, der Staat treibt die Kirchensteuer für die christlichen Kirchen ein, erkennt die muslimischen Verbände jedoch nicht als Körperschaft des öffentlichen Rechts an.

Solche Widersprüche gibt es auch im türkischen System. Obwohl die Türkei sich laizistisch nennt, unterhält sie das Amt für religiöse Angelegenheiten. Obwohl das Kopftuch an Universitäten rechtskräftig verboten ist, klagt die kopftuchtragende Ehefrau des Ministerpräsidenten Recep Tayyip Erdoğan gegen das System, das durch ihren Ehemann repräsentiert wird, vor dem Europäischen Gerichtshof für Menschenrechte.

Bemerkenswert ist allerdings, wie sehr das Kopftuch emotionalisiert, moralisiert und politisiert wird, in Deutschland genauso wie in der Türkei. Es ist immer wieder das Kopftuch, das die Gemüter in Wallung bringt, und in den meisten Fällen sind es die Männer, die die ohnehin ständig vor sich hin zündelnde Lunte immer wieder zum Explodieren bringen.

Im Mai letzten Jahres ist der Anwalt Alparslan Aslan in Ankara in das höchste Verwaltungsgericht gestürmt und hat auf fünf Richter geschossen, die das Gesetz zum Kopftuchverbot nochmals verschärft hatten – einer der Richter ist dabei ums Leben gekommen. Er ist es auch, an den sich Ekin Deligöz erinnert.

* * *

Richtig unruhig wurde ich, als mich ein sozialdemokratischer Abge-
ordneter des Türkischen Parlamentes anrief und sagte: »Ekin, pass
auf, hier laufen ungute Dinge gegen dich.« Andere Kollegen rieten mir,
ich solle alles zurücknehmen, das lohne sich doch gar nicht. Aber je
mehr Drohungen gegen mich liefen, umso weniger war ich bereit, zu
relativieren, zu besänftigen oder gar zurückzunehmen. Das kann ich
nicht, denn meine Äußerungen entsprechen meiner tiefsten Überzeu-
gung. Wie könnte ich vor mir selber geradestehen, wenn ich alles zu-
rücknähme?

Sie haben in Deutschland viel Solidarität erfahren, unter anderem vom Präsidium des Deutschen Bundestages, von Mitgliedern anderer Parteien und auch von der deutschen Presse. Welche Rolle spielte das für Sie?

Auch wenn man wie ich mit sich im Reinen ist, tut es gut, Solidarität
zu erfahren. Für solche Situationen ist die eigene Überzeugung wich-
tig, sonst hält man den Druckmitteln, die eingesetzt werden, nicht
stand. Die Strategie der türkischen Verbände war es zum Beispiel, al-
les ins Lächerliche zu ziehen, nach dem Motto, sie hat Blödsinn gesagt,
aber jeder Mensch hat das Recht, Unsinn zu erzählen.

Bis zu Ihrem Appell im vergangenen Jahr, muss ich gestehen,
sind Sie mir nicht aufgefallen. Wie oft begegnen Sie dem Vorwurf des Kalküls?

Sehr oft, und das ist sehr ungerecht. Auch wenn die Masse der Bürger
nicht erfährt, dass ich zum Beispiel wesentlich am Gewaltschutzgesetz
mitgearbeitet habe, betrifft es doch viele Menschen. Nur weil ich bis-
lang nicht wahrgenommen wurde, heißt es nicht, dass ich nicht exis-
tiert habe. Ich mache Kinder- und Familienpolitik, und ein wesentlicher
Erfolg meiner Arbeit ist es, dass die CDU auf einmal davon redet, dass

wir mehr Kindergärten brauchen. Diese Veränderung in deren Köpfen ist nicht von irgendwoher gekommen, das war auch mein Beitrag. Das ist die bislang größte Enttäuschung, dass die geleistete Arbeit, für die ich Tag und Nacht manchmal bis zur Erschöpfung gearbeitet habe, auf einmal nichtig sein soll. Die Vorwürfe lauten dann, sie hat es bislang im Kuschelfeld Familie zu nichts gebracht, und deshalb mischt sie sich in den Kopftuchstreit ein. Das ist wirklich entsetzlich, denn solche Behauptungen bewegen sich nicht auf sachlicher Ebene oder greifen meine Kompetenz an, sondern es geht um meine Person, wenn es heißt, der Deligöz geht es ums Kalkül und letztlich um Macht.

Wie reagieren Sie eigentlich auf Frauen, die Ihnen sagen, sie tragen ihr Kopftuch aus Religiosität, oder die sich keine Gedanken zu ihrem Kopftuch machen, weil sie keine Lust dazu haben?

Natürlich machen die sich Gedanken, sonst würden sie keines tragen. Wenn eine Frau sagt, sie trägt es aus tiefem Glauben und Reinheit vor Gott, dann steckt da ganz viel dahinter. Sie hat sich mit ihrer Religion und ihrer Umgebung beschäftigt. Ich habe Freundinnen, mit denen ich hier auf der Straße gemeinsam gespielt habe. Die waren modern, trugen einen Minirock und hatten genau wie ich türkische Eltern. Wir sind gemeinsam im Baggersee geschwommen und haben den gleichen Unsinn gemacht. Also rein äußerlich waren das moderne Menschen. Von einem Tag auf den anderen trugen sie plötzlich ein Kopftuch. Da frage ich mich doch, was ist passiert? Und wenn ich dann gesagt bekomme, wir seien keine Freundinnen mehr, weil ich nicht rein sei, und die Frauen schotten sich auch noch ab, frage ich mich, ist es wirklich Gott, der euch bekehrt hat?

Können Sie denn die Empörung der Frauen verstehen, die in Ihrer Äußerung eine Unterstellung sehen? Die Unterstellung, nicht angekommen zu sein, unterdrückt zu werden oder gar geschlagen?

Das höre ich oft. »Wie kann Frau Deligöz sagen, dass ich unterdrückt werde, zu Hause habe ich das Sagen.« Ich bleibe dabei, für mich ist es eine gesellschaftliche Abschottung, die das Kopftuch zeigen soll. Niemand soll behaupten, dass er mit seiner Kleidung nichts ausdrücken will, auch die Jeanshose sagt etwas aus. Ich antworte diesen Frauen dann gern, geh doch mal in den Supermarkt und stell dich neben eine Türkin, die kein Kopftuch trägt. Wenn einer kommt und wissen will, wo die Butter liegt, welche von euch beiden Frauen wird er wohl fragen? Natürlich die ohne Kopftuch.

Was nützt es denn, wenn die Frauen ihr Tuch abnehmen würden, die Haltung bliebe doch die Gleiche. Bei dem Gerichtsdrama in der Türkei war die Klägerin eine Frau, die ihr Kopftuch immer vor dem Klassenzimmer abnahm und trotzdem deshalb gekündigt wurde. Sie hat nach dem gesetzlichen Schlupfloch gesucht.

Natürlich ist es die Haltung, die mich stört. Mir wäre es auch lieber, wir hätten selbstbewusste Frauen, die ihren eigenen Weg gehen. Für mich sind Frauen keine untergeordneten Wesen. Ich erlebe manchmal Szenen, die mir zeigen, dass ich den wunden Punkt getroffen habe. Ich bekomme nicht nur Zuschriften von türkischen Frauenrechtsverbänden, sondern auch unfassbare Gefühlsausbrüche. Gestern ist mir eine Frau im Supermarkt entgegengekommen, die mir die Hand küssen wollte, was mir ganz peinlich war.

* * *

Ekin Deligöz stammt aus Tokat. Das liegt in der Grenzregion zwischen dem Schwarzen Meer und dem Hochland von Anatolien. Durch drei Flüsse ist Tokat ein fruchtbares Gebiet und wird auch die Kornkammer der Türkei genannt. Tokat ist eine Stadt, die sehr geprägt ist von den unterschiedlichen Kulturen, die Juden, Armenier, Tscherkessen und Aleviten mitbrachten.

Die Familie ist alevitisch, der Urgroßvater war Dede, also ein Geistlicher, seine Ehefrau die erste Stadträtin in Tokat. Die Familie lebte von den Erträgen ihrer Weinberge. Die Weintrauben wurde nicht gekeltert, sie wurden zu Rosinen getrocknet. Sieben Kinder wurden geboren, darunter Ekins Großmutter. Jedes der sieben Kinder hat studiert, und jedes Mal, wenn es so weit war, wurde ein Weinberg verkauft. Dafür gab es keine Aussteuer. »Eure Bildung ist eure Aussteuer«, gab Ekin Deligöz' Urgroßmutter ihren Töchtern und Enkeltöchtern mit auf den Weg. »Wenn ihr einen Beruf habt, könnt ihr euch Handtücher kaufen, so viel ihr wollt.« Sie war eine angesehene Frau, betrat sie einen Raum, standen alle Männer auf, erzählt man sich.

Ekin Deligöz' Mutter wurde Türkischlehrerin, heiratete und zog nach Istanbul. 1975 brauchte man Türkischlehrer für die Kinder der »Gast«-Arbeiter in Deutschland, die, so war es geplant, nach fünf Jahren wieder in die Türkei zurückkehren sollten. Ekin lebte bis zum Eintritt in die Istanbuler Grundschule bei ihrer Großmutter in Tokat, die sie nicht gehen lassen wollte, aber die Mutter befand, dass der Tochter die Jahre im Ausland nützen könnten.

An einem Freitag im Oktober landeten Mutter und Tochter mit zwei Koffern am Flughafen München. In einem der Koffer waren die Lehrmaterialien und in dem anderen die Kleidung. Das erste Wochenende verbrachten sie in einem Frauenwohnheim, am Montag wurden sie in das bayerische Senden geschickt, wo

Mutter Deligöz in einem separaten Schulflügel die türkischen Kinder unterrichten sollte.

Alles war neu und alles war anders. Es gab keine Schuluniformen und es war auch kein Problem, wenn man schmutzige Hände hatte. Ekin hatte von ihren Eltern gelernt, dass man Bananen und Schokolade zu Hause aß, damit kein Neid bei den anderen Kindern aufkam, weil sie teuer waren. Auf dem Sendener Schulhof gehörten Bananen und Schokolade zum Vesper-Repertoire. Das Eigenartigste aber war, dass erlaubt wurde, mit den Stühlen zu kippeln und dazwischenzureden.

Den Habitus der türkischen Kinder empfand Ekin Deligöz genauso seltsam wie das Verhalten der deutschen Kinder. Alles war fremd, und nach nur vier Wochen legte sie sich mit dem Religionslehrer an. Den überproportional hohen Anteil an Religion im Unterricht war sie nicht gewöhnt, denn an staatlichen türkischen Schulen gab es diesen damals noch nicht. Sie sollte die arabischen Gebete aufsagen und das Alphabet auswendig lernen. Die Übersetzungen kamen im Lehrplan erst einmal nicht vor. Sie beklagte sich bei ihrer Mutter über ihren Lehrer und bei ihrem Lehrer beklagte sie sich auch.

Ihre Mutter beschloss, ihre Tochter zum Deutschkurs mitzunehmen, den sie verpflichtend im Goethe-Institut absolvieren musste. Die wenigsten »Gast«-Arbeiter wussten in Senden, dass ihre Kinder laut bayerischem Schulgesetz auch die deutsche Schule besuchen durften. Frau Deligöz erfuhr zufällig davon, und fortan besuchte Ekin die deutsche Schule.

∗ ∗ ∗

Ich erinnere mich an meine Freundin Martina, die nach der Schule mittags mit mir Deutsch gelernt hat. Wir haben die »Sendung mit der Maus« geguckt, was mir viel geholfen hat. Abends zwischen 18.00 und 20.00 Uhr bin ich mit meiner Mutter zum Deutschkurs gefahren. Ihre Lehrerin sagte, das ginge nicht, dass sie mich mitbringt. Meine Mutter fragte, was sie in der Zeit mit mir machen solle, denn sie war alleinerziehend, mein Vater lebte in der Türkei. Sie hatte es als alleinerziehende Frau ohnehin schwer. Es hieß, aus dem Mädchen wird sicher nichts Gescheites. Zudem brachte meine Mutter aus der Türkei auch noch neue Lehrmethoden mit, das alles war sehr ungewöhnlich, und die Menschen begegneten ihr mit Argwohn.

Wurden Sie deshalb auch aus der türkischen Community ausgegrenzt?

Wir wohnten in der Borsigstraße 12, im Türkenblock. Ich hatte wenig türkische Freunde. In die türkische Gesellschaft wurde ich nicht aufgenommen, weil meine Mutter alleinerziehend war, und in die deutsche nicht, weil ich Türkin war. Egal in welcher Gesellschaft ich mich bewegte, ich gehörte nicht dazu. Erst in der 7. Klasse Gymnasium wurde ich das erste Mal auf einen Geburtstag eingeladen. Ich habe diese ersten sechs Jahre in Deutschland als schwierig empfunden.

Ihre Mutter hat noch einmal geheiratet, Ihren heutigen Stiefvater.

Meine Mutter hat sich von meinem Vater scheiden lassen. Ursprünglich war geplant, dass wir nach sechs Jahren wieder ausreisen sollten, denn dann lief die Aufenthaltsgenehmigung ab. Sie hätte ihren neuen Mann sicher nicht geheiratet, wenn die Ausländergesetze einen Aufenthalt in Deutschland auch anders zugelassen hätten. Eigentlich hatte meine Mutter mit der Ehe abgeschlossen, wir lebten einige Zeit auf Duldung, immer auf gepackten Koffern.

Gab es jemals in dieser Zeit irgendeine Art von Identitätskonflikt?

Ich war auf einem sehr elitären Gymnasium. Die anderen Klassenkameraden lebten in schmucken Einfamilienhäusern, und ich achtete darauf, dass niemand auf die Idee kam, mich zu Hause zu besuchen. Ich wollte nicht, dass jemand wusste, dass wir in einem hässlichen Hochhaus wohnten. Wir hatten auch kein Auto, erstens, weil meine Mutter keinen Führerschein hatte und zweitens, weil wir es uns ohnehin nicht hätten leisten können. In den Sommerferien habe ich gearbeitet und mir ein ganz schickes Rennrad gekauft und gesagt: »Ich bin ein sportlicher Typ, ich fahre aus Überzeugung Rad.«

Ist Ihnen damals schon aufgefallen, dass Sie als Kind einer türkischen alleinerziehenden Mutter auf dem Gymnasium anders als die anderen sind?

Mir war bewusst, dass ich zwischen den Welten hin und her sprang: Vormittags Gymnasium und nachmittags Borsigstraße. Ich habe mir eine Anpassungsstrategie zugelegt. Bei den Türken türkisch sein und bei den Deutschen deutsch werden. Auch die Themen waren unterschiedlich. Während die Mädchen in der Borsigstraße meist auf die Hauptschule gingen und sich darüber unterhielten, was sie am Wochenende auf der türkischen Hochzeit anziehen würden, erzählte man sich auf dem Gymnasium, was man im Kino gesehen hatte oder wie die Hausaufgaben zu lösen wären.

Durften Sie abends ausgehen?

Im Prinzip ja. Schwierig wurde es, wenn ich über Nacht ausbleiben wollte. Auf den Kirchentag durfte ich nicht mitfahren, weil ich dann vier Nächte hätte auswärts schlafen müssen. Mein Stiefvater war auch

Pädagoge, und meiner Meinung nach gibt es nichts Schlimmeres, als von Pädagogen erzogen zu werden. Die Begründung für Verbote lautet dann: »Dir vertraue ich, aber nicht den anderen.« Dagegen sind Sie ziemlich machtlos.

Mit 16 Jahren sind Sie den Grünen beigetreten, was waren Ihre Gründe?

Mein Stiefvater war Gründungsmitglied der Grünen in Neu-Ulm. Die Grünen waren hier bekannt für ihre Friedenspolitik, für ihren Protest gegen die Stationierung der Pershing-Raketen und für Umweltpolitik. Das Symbol für all das waren die großen Sonnenblumen. Die SPD kam für mich deshalb nicht in Frage, weil sie mit ihrem politischen Umfeld wenig mit mir zu tun hatte.

Könnte es nicht sein, dass die SPD für Sie deshalb zu weit weg war, weil Sie nicht aus einer Arbeiterfamilie kommen, in der der Vater Gewerkschaftsmitglied ist?

Möglich, die ganze Gewerkschaftsebene war mir völlig fremd. Aber die Grünen standen für noch etwas, was mir enorm wichtig war: die Frage der Gleichstellung der Geschlechter. Ich wollte immer, dass man mir zuhört, und das ging in dieser Partei. Auch wenn es nicht immer angenehm war, den eigenen Lehrern in der Partei zu begegnen, hat man sich mit uns jungen Mitgliedern auseinandergesetzt. Wir haben 1989 die »Grün Bunt Alternative Jugend« hier in Bayern gegründet, deren Sprecherin ich wurde. Alle Posten haben wir doppelt besetzt, mit Männern und mit Frauen.

Sie sind dann nach Konstanz gezogen und haben dort Verwaltungswissenschaften studiert und die grüne Hochschulgruppe gegründet. Was macht so eine Gruppe?

Unser größter Erfolg war, dass Joschka Fischer unserer Einladung zu einem Vortrag gefolgt ist.

Wie funktioniert das? Sie schreiben einen Brief und sagen, Herr Fischer, hiermit laden wir Sie ...

... bei uns wird sich geduzt. Wir haben tatsächlich gesagt, Joschka, komm doch bitte nach Konstanz. Das gehört zu unserer grünen Kultur, dass man den Einladungen der eigenen Leute einfach folgt. Er kam mit seiner Lederjacke, in abgewetzten Jeans und Turnschuhen und hat über Gott und die Welt geredet. Wir waren begeistert von ihm, damals war er noch Fraktionsvorsitzender der Grünen in der Opposition.

2002 haben Sie Ihr Studium in Konstanz beendet und sind in den Deutschen Bundestag eingezogen. Sind Sie aufgrund Ihres politischen Engagements einfach glatt bis nach oben durchgerutscht?

Ganz und gar nicht. Dort, wo ich den geringsten Widerstand erwartet habe, stand ich vor der größten Hürde. 2002 waren Bundestagswahlen, und niemand hatte daran geglaubt, dass die Grünen in Bayern die Fünf-Prozent-Hürde schaffen würden. Man war damals der Meinung, bevor die Grünen in Bayern diese Hürde schaffen und ein grüner Kandidat über die bayerische Landesliste in den Bundestag zieht, wird die Erde wieder eine Scheibe.

Sie wollten trotzdem für den Kreisverband Neu-Ulm direkt kandidieren.

Ja, ich wollte kandidieren, obwohl es um nichts ging, denn wie gesagt, wir hatten immer nur 3 Prozent Stimmenanteil in Bayern. Man wollte mich nicht, weil eine Türkin die Wähler abschrecken würde und weil ich in der Politik unerfahren sei.

Wie haben Sie sich durchgesetzt?

Ich habe mich furchtbar aufgeregt, denn Unerfahrenheit als Grund empfand ich als Unverschämtheit. Ich habe die »Grüne Jugend« gegründet, die »Grüne Umwelt«, war Ortsvorsitzende und Fachschaftsrätin und habe mehr Frösche über die Straße getragen, als die in ihrem ganzen Leben gesehen haben.

Sie haben sich also laut empört?

Ich war schockiert, ich war richtig schockiert.

War die Befürchtung, dass Sie mit Ihrem türkischen Namen Wähler abschrecken, nachvollziehbarer für Sie?

Überhaupt nicht, auch das hat mich maßlos aufgeregt, die Türkin darf Plakate kleben, aber nicht für den Kreisverband kandidieren?

Sie waren Kreisverbandsvorsitzende und bekamen anschließend auch noch das Votum des Bezirksverbandes. Damit ist der Weg frei, um auf der Landesdelegiertenversammlung für einen sicheren Landeslistenplatz zu kandidieren. Bislang habe ich mir diesen Akt immer am schwierigsten vorgestellt. Immerhin muss man innerhalb von fünf Minuten so viele Delegierte wie möglich überzeugen.

Das ist im Prinzip auch richtig, normalerweise ist das die große Hürde, deshalb war ich so erstaunt, den Kampf auf einer ganz anderen Ebene führen zu müssen. Was die Rede betraf, hatte ich nichts zu verlieren.

Kollegen aus meinem Jugendverband haben mich dabei unterstützt, indem sie sich gleichmäßig in allen Ecken des Raumes verteilten, damit der Applaus nicht nur aus einer Richtung kam. Sie ließen auch Luftballons steigen und verteilten Flyer.

Wer bringt einem die politischen Regularien bei, woher weiß man, wie man welche Themen bearbeitet?

Ich habe neben Verwaltungs- auch Politikwissenschaften studiert. Außerdem war ich in den Semesterferien eine Zeitlang in Bonn Praktikantin bei Cem Özdemir, der seit 1994 im Bundestag saß.

Nach der Wahl war klar, dass Sie in den Bundestag einziehen. Ich kann es mir beim besten Willen nicht vorstellen, wie sich das anfühlt. Ursprünglich wollten Sie promovieren und nebenbei etwas Politik im Stadtrat Neu-Ulm betreiben. Auf einmal fahren Sie nach Berlin, kriegen eine Abgeordnetendiät, ein kleines Büro und Mitarbeiter.

Es war unglaublich, ich konnte es anfangs selbst nicht fassen, aber nun war ich Bundestagsabgeordnete. Ich dachte mir, gut, nun bist du Berufspolitikerin und versuchst, diesen Job so gut wie möglich zu machen, denn in vier Jahren ist wieder Bundestagswahl, wer weiß, ob du noch dabei bist. Außerdem bin ich nur eine von 690 Abgeordneten und damit erst einmal »Hinterbänklerin«. So richtig viel kann man als Neueinsteigerin zunächst nicht verändern, man ist erst einmal unsichtbar.

Doch, man kann querulieren und gegen ein Gesetz stimmen, obwohl die ganze Fraktion dafür ist, und schon weiß jeder Bescheid, wer man ist.

(lacht) Dann stimmen aber alle anderen dafür, und man hat trotzdem nichts verändert. Ich habe gelernt, dass man mit Worten verändern muss. Als Basismitglied oder Kreisvorsitzende kann man mosern, wie es einem passt. Auch halbseidenes Wissen nützt nichts mehr, man muss sich in die Materie einarbeiten, mehr wissen, besser sein als die anderen, denn es gilt, mit Argumenten zu überzeugen.

Bevor Sie Kinder- und Familienpolitische Sprecherin der Fraktion wurden, waren Sie im Innenausschuss. Dort saßen zur gleichen Zeit Marie-Luise Beck und Cem Özdemir. Wieso haben Sie den Ausschuss verlassen?

Ich musste mir mein Tätigkeitsfeld erst suchen, denn in unserer Fraktion waren so ziemlich alle Felder bereits besetzt. Im Innenausschuss saß ich im Kreuzfeuer zwischen Özdemir und Beck, sie war Ausländerbeauftragte und er war zuständig für Integrationsfragen. Kerstin Müller und Claudia Roth waren auch mit diesen Themen beschäftigt und alle dachten, dass ich dort mitmischen will.

Wollten Sie?

Nein, der Grund für mein Gehen war eine Mischung aus Rationalität und Kollegialität. Ich habe Cem Özdemir gegenüber großen Respekt, auch vor seiner Leistung, als erster Migrant im Deutschen Bundestag wahrgenommen worden zu sein. Dafür brauchen Sie viel Mut zur Emotionalität, die habe ich nicht.

Wären die Ausschüsse für Integration und Migration nicht besetzt gewesen, hätten Sie die Aufgabe dann übernommen?

Ich habe mich dazu entschieden, nicht Berufsmigrantin zu sein. Ich kenne auch Diskriminierung, so ist es nicht. Ich habe meine Erfahrung

damit bei der Wohnungssuche, im Job, im Studium, bei der Listenauf-
stellung, so ziemlich überall gemacht, und trotzdem ging es mir immer
besser als vielen anderen Hunderttausend Migranten in diesem Land.
Ich wollte nie über meinen Migrationshintergrund definiert werden,
sondern immer etwas mehr sein als mein Geburtsort.

* * *

Ekin Deligöz »ist« mehr als ihr Geburtsort, und sie hat in ihrem politischen Leben auch mehr zuwege gebracht, als Unruhe im muslimischen Milieu zu stiften. Zwischen 2004 und 2005 war sie beispielsweise Vorsitzende der Kinderkommission, die sich um alle Inhalte rund um Kinderpolitik kümmert. Dazu gehören die Rechte der Kinder genauso wie Fragen der Ernährung oder Sicherheit im Verkehr. An zahlreichen Gesetzesänderungen war sie beteiligt, wenn zum Beispiel Kinderfreibeträge oder Zuschüsse für alleinerziehende Hartz-IV-Empfängerinnen verhandelt wurden. Gesetzliche Feinheiten, die nur erfährt, wer sich in der Materie auskennt. »Der Bundestag ist ein Expertenparlament«, meint Deligöz, und nicht jede Gesetzesänderung schafft es als Meldung in die Tagesschau. Lale Akgün, Bundestagsabgeordnete der SPD, nennt ihre Parlamentskollegin eine »grundsolide Familienpolitikerin«.

Erst neulich saß Ekin Deligöz wieder in einer politischen Talkshow, allerdings nicht als Mitglied der Grünen oder als Familienpolitikerin, sondern als Vertreterin der weltlichen Migrantinnen. Die Frau ihr gegenüber trug ein Kopftuch und war als Mitglied eines islamischen Verbandes geladen. Gemeinsam sollten sie über den Titel der Sendung »Döner ja, Moschee nein?« diskutieren. Natürlich ging es dabei auch um Frauenrechte im Islam und um das Kopftuch.

Es ist noch nicht wirklich selbstverständlich geworden, dass eine türkischstämmige Politikerin eine integrationspolitische Forderung an die Migranten stellt. Denn die Reaktionen darauf sind unverhältnismäßig. Wäre Frau Deligöz deutschstämmige Politikerin, hätte die türkische Öffentlichkeit dann auch in ihrem Privatleben gekramt? Hätte sie auch die Scheidung der Eltern und ihren alevitischen Glauben als Gründe angeführt, die sie angeblich nicht zu Forderungen an die Migranten berechtige?

Die Antwort darauf ist spekulativ, und so verlassen wir das Wirtshaus, in das wir nach einem langen Spaziergang durch die Stadt eingekehrt waren. Wir waren die einzigen Gäste im Lokal, Frau Deligöz saß mit mir in einer Ecke, ihre Begleiter am Eingang des Lokals. Einer von ihnen hatte immer die Tür im Blick, der andere die Politikerin. Es stimmt, man vergisst die Situation nach einer Weile, aber das sollte nicht darüber hinwegtäuschen, dass es eben keine Normalität ist. Mitten in Deutschland isst eine Frau einen Teller Maultaschensuppe und braucht Personenschutz, weil sie sich eine Meinung erlaubt hat.

Murat Kalmiş

Stadtratsmitglied in Delmenhorst, FDP

über ehrliche und engagierte Kommunlapolitik und
warum er politisches Asyl bei den Liberalen fand

Erstes Telefongespräch mit Murat Kalmiş:

Guten Tag, ich rufe aus Berlin an, mein Name ist Mely Kiyak.
Ich schreibe ein Buch über deutsch-türkische Politiker.

Tolle Idee, soll ich Ihnen zu dem Thema etwas erzählen?

Gerne, aber nicht jetzt. Wollen wir uns treffen?

Wollen wir uns duzen?

Wenn Sie unbedingt wollen.

Sie bestimmen!

Ich weiß nicht so recht.

Ich bin der Murat.

Also gut, ich bin Mely.

Hi Mely, bist du auch Türkin?

Ja, also nein. Ich bin Deutsche *(etwas kleinlaut)* seit ein paar
Jahren.

Ja, verstehe. Weiß schon, wie du es meinst. Gab es so ein Buch schon einmal?

Nur über türkeistämmige Politiker in Deutschland? Nein.

Endlich ruft mich mal jemand zu dem Thema an. Mely, ehrlich, ich bin sicher, das Buch wird sich gut verkaufen.

Du weißt doch noch gar nicht, um was es genau geht.

Ich denke, es geht um deutsch-türkische Politiker.

Äh, stimmt, aber willst du nicht wissen, was ich dich fragen werde, welche Themenschwerpunkte es geben soll?

Ach so. Ja, welche sind das denn?

Ich schicke dir das am besten per E-Mail.

Kannst du machen, musst du aber nicht. Du willst doch was von mir wissen, oder?

Da hast du eigentlich recht.

Mach dir keinen Kopf, Mely, tschüss.

Ich mache mir keinen Kopf. Murat? Bist du noch dran?

* * *

Für das Gespräch sagte er sofort zu, schob aber noch die Begründung hinterher: »Wenn man das Buch später überall kaufen kann, ist das eine Bestätigung für meine politische Arbeit.« Bei unserem zweiten Telefonat gab er mir den Hinweis, er habe eine Homepage, dort könne ich mich schon einmal vorab informieren. Klar, dachte ich, eine Homepage hat doch mittlerweile jeder, und erste Handlung für einen Journalisten ist es ohnehin, zunächst die Webseiten nach Informationen durchzuforsten. Ich sagte ihm, dass ich mich schon über seinen Internetauftritt informiert hätte.

Wir vereinbarten, dass ich ihm den genauen Ankunftstermin per SMS mitteilen würde und er mir diese mit einem kurzen O.K. bestätigen solle. Ich hörte aber sehr lange nichts von ihm und schrieb ihm zwei Tage vorher, er soll sich bitte dringend melden, eher stiege ich nicht in den Zug. Er antwortete mit einem lässigen »Mach dir keine Sorgen, alles in Ordnung bei mir«. Daraufhin rief ich ihn an und sagte, ich machte mir keine Sorgen um ihn, sondern um mich. Ich befürchtete, er lässt mich am Bahnhof sitzen.

Ich mache es kurz: Murat Kalmiş irritierte mich, und ich fuhr mit etwas Bauchschmerzen nach Niedersachsen. Wie vereinbart holte er mich tatsächlich ab, und als ich seine Kleidung sah, meinte ich Bescheid zu wissen. Der und ich werden niemals Freunde, ich lehne pink-gestreifte Hemden mit goldenen Knöpfen ab!

Schon im Auto fing Murat an zu erzählen, und als wir im Eiscafé saßen und endlich die Gelegenheit bestand, ihn mit meinem Mikro zu verkabeln, war ich richtig angekommen und hörte ihm zu. Ich kann mich im Nachhinein nicht erinnern, wann ich mich das letzte Mal so sehr geschämt habe wie im Frühling 2007 in Delmenhorst City.

Denn Murat Kalmiş, das muss man vorweg erwähnen, ist ein grundanständiger, ehrlicher Mensch und trägt das Herz auf der Zunge. Er redet, wie es ihm gerade in den Sinn kommt, ohne Hintergedanken und ohne Kalkül. Für ihn kommt nichts anderes als die Wahrheit infrage, und zwar unverschlüsselt und direkt. Daran muss man sich bei einem Politiker erst einmal gewöhnen. Abwiegeln, Ablenken oder gar Manipulieren ist nicht seine Art.

* * *

Murat, bist du Deutscher?

Ich bin Delmenhorster, hier geboren und aufgewachsen. Meine deutsche Staatsbürgerschaft habe ich gleich mit 18 Jahren beantragt.

Warum?

Das hatte mit der Wehrpflicht zu tun. Wenn man türkischer Staatsbürger ist, bekommt man den Einberufungsbescheid zum türkischen Grundwehrdienst. Es gibt dann nur drei Möglichkeiten. Man fliegt hin und macht ihn, man bleibt da und beantragt die deutsche Staatsbürgerschaft, oder man kauft sich für 15 000 DM frei – so viel kostete das damals – und muss nur einen Monat Grundwehrdienst absolvieren. 15 000 DM waren für mich viel Geld, dafür hätte ich tolle Urlaube machen oder ein Auto kaufen können.

Kann man sagen, du bist aus Geiz deutscher Staatsbürger geworden?

Nein, ich hatte mich bereits Jahre vorher entschlossen, Deutscher zu werden, aber auch, um im Ernstfall nicht von der Türkei zum Militärdienst eingezogen zu werden.

Woher stammst du ursprünglich? Du siehst, wenn ich das mal sagen darf, für einen gebürtigen Türken ziemlich dunkel aus. Eher arabisch.

Das denken viele, dass ich Araber bin. Meine Eltern stammen aus der Provinzstadt Van, zur iranischen Grenze sind das nur 90 Kilometer.

Kannst du die Stadt beschreiben?

Ich besuche Van einmal im Jahr, weil ich diese Stadt liebe. Es ist eine arme Gegend, weil der türkische Staat in der Vergangenheit dort wenig investiert hat und viele Menschen von der Landwirtschaft leben.

Seid ihr Kurden?

Warum diese Frage? Ich war Türke und bin jetzt Deutscher. Für mich ist das seit meiner Einbürgerung kein Thema mehr.

Warum nicht?

Ehrlich, bei diesem Thema werden Emotionen freigesetzt. Nicht bei mir, aber bei Bürgern, die ich politisch vertrete. Sprechen wir lieber über meine Familie.

Du willst nicht über die Kurdenfrage sprechen?

Nein.

Gut, dann erzähle mir von deinem Vater.

Mein Vater gehört zur ersten Einwanderergeneration. Er kam 1969 nach Deutschland und arbeitete in Delmenhorst als Maschinenführer in der Wollkämmerei, heute ist er Rentner. Er hat immer nur türkische Zeitungen gekauft und gelesen. Bloß die deutschen Verkaufsprospekte hat er aufgehoben und einmal die Woche angeschaut, um die Sonderangebote der Region zu erfahren.

War er in der Gewerkschaft?

Natürlich, so wie die anderen »Gastarbeiter« auch. Er war aber immer nur zahlendes Mitglied.

Die Gewerkschaften waren in der politischen Bildung sehr aktiv, mein Vater hat so ziemlich jedes Angebot wahrgenommen. Deiner auch?

Nein. Mein Vater war passives Gewerkschaftsmitglied. Er wollte hier seine »Brötchen« verdienen und etwas sparen, um damit später in der Türkei ein Grundstück zu erwerben. Er hat in seinem ganzen Arbeitsleben nur an einem Seminar teilgenommen. Bei der IG Metall hatten sie ihn gefragt: »Herr Kalmiş, kochen Sie zu Hause für Ihre Familie?« Mein Vater antwortete natürlich: »Ne, macht meine Frau.« »Wollen Sie es nicht mal lernen, dann könnten Sie für Ihre Frau etwas zubereiten.« Er wurde dann mit ein paar anderen türkischen Kollegen nach Berlin zum Kochen eingeladen.

Das heißt, Kalmiş' seniors einzige politische Tätigkeit in seinem Leben bestand aus einem Kochkurs für Männer, den ihm die Gewerkschaft bezahlt hat?

Er war nie politisch. So ist es bis heute geblieben, das ist auch in Ordnung. Weil wir gerade über das Kochen gesprochen haben. Wollen wir essen gehen?

Ja.

* * *

Murat Kalmiş erzählt mir von einem türkischen Lokal, in dem er gerne isst. Er kennt den Besitzer, so wie er eigentlich fast alle türkischen Selbstständigen in der Stadt persönlich kennt.

Das Lokal erweist sich als völlig ungeeigneter Ort für das Gespräch. Wir wechseln dreimal den Platz, und mehrmals unternehmen wir den Versuch, in ein anderes Restaurant zu wechseln, aber die Kellner lassen uns nicht gehen. Vorne im Raum gibt es ein Bistro, in dem ein Fußballspiel zweier türkischer Mannschaften übertragen wird, im hinteren Teil gibt es einige Sitznischen, und in der oberen Etage ist Platz für 80 Gäste, die allerdings eine Geburtstagsparty mit kleinen Kultureinlagen feiern. Unter anderem tritt eine Bauchtänzerin auf, die schon im unteren Teil des Lokals anfängt zu tänzeln, gefolgt von Kellnern mit Wunderkerzen in der Hand. Und wenn endlich einmal ein kurzer Moment der Ruhe einkehrt, währt diese nicht lange. Sofort wird eine verpasste Torchance lauthals beklagt oder eine Ballkombination bejubelt oder die oben fangen an zu tanzen und zu stampfen oder ein Kind fällt die Treppe herunter. Darauf folgt wieder ein kurzer Moment der Stille, aber nur bis gleich darauf eine achtstöckige Geburtstagstorte in der Größe eines Kinderwagens durch den Saal getragen wird. Stundenlang geht das so weiter.

Es will mir nicht aus dem Kopf, dass er nicht über die Kurdenfrage sprechen möchte, also versuche ich es mit einem anderen Thema, dem EU-Beitritt der Türkei. Die Frage zur Einhaltung der Menschenrechte in der Türkei kann man nur beantworten, indem man sich über den Schutz der religiösen und ethnischen Minderheiten unterhält. Die Frage ist insofern etwas unfair, weil er als Kommunalpolitiker in Deutschland dazu nicht unbedingt eine Meinung vertreten muss.

* * *

Was meinst du, sollte man die Türkei in die Europäische Union aufnehmen?

Ich bin der Überzeugung, dass die Türkei es nicht schaffen wird. Auch in den nächsten 30 Jahren nicht. Die Erfüllung der Kriterien für eine

Aufnahme in die EU wird meines Erachtens von den Politikern in der Türkei auf die leichte Schulter genommen.

Wie meinst du das?

Die Politiker in der Türkei sprechen immer nur von ihren demokratischen Bestrebungen, aber sie handeln nicht danach. Die Zehn-Prozent-Hürde ist ein solches Beispiel. Eine Partei braucht zehn Prozent der Stimmen, um ins Parlament gewählt zu werden, und nicht wie in Deutschland fünf Prozent. Man ändert dieses Gesetz aber nicht, weil alle Parteien, die einem unlieb sind, es dann schaffen würden, zum Beispiel die kurdische Partei.

Wo siehst du noch Defizite?

In der Einhaltung der Menschenrechte. In der Einhaltung der Pressefreiheit. In der Einhaltung der freien Meinungsäußerung. Wenn ich nach Van fahre, bemerke ich, dass die Menschen dort immer noch Angst haben, ihre Meinung öffentlich zu äußern, sie befürchten noch immer Repressalien. Doch in letzter Zeit wird es besser. Auch wirtschaftlich hat die vorherige Regierung viele Fehler auf dem Land gemacht. Investitionen flossen nur in die Zentren. Das hat sich nun geändert. Es wird aber noch Jahre dauern, bis der Rückstand aufgeholt sein wird. Erst dann kann man beurteilen, inwieweit die Türkei EU-fähig ist.

Es gibt Türken, auch in Deutschland, die reflektiert mit den Defiziten umgehen und sich trotzdem von Herzen wünschen, dass die Türkei dabei ist. Gehörst du zu denen?

Nein.

Warum nicht?

Weil ich Deutscher bin, seit meiner Geburt hier lebe und die politischen Feinheiten in der Türkei nicht beantworten kann und will. Dazu fehlen mir die Einzelheiten. Aus der Ferne kann man sie nicht objektiv beurteilen. Und zu den Versprechungen aus der Türkei sage ich nur so viel: Zuvor möchte ich Taten sehen.

Sag mal ganz ehrlich, wenn du die Zeitung aufschlägst und du liest in den Schlagzeilen die Wörter »Türkei« und »EU«, liest du dann den Artikel?

Soll ich jetzt ehrlich antworten?

Natürlich.

Ich lese den Artikel nicht. Ich stecke nicht so tief in dem Thema Europapolitik drin.

Du bist ja auch kein Europapolitiker, macht doch nichts.

Findest du wirklich?

Ja.

Du bist auch ganz sicher nicht unzufrieden mit mir?

Ganz sicher nicht.

* * *

Was Murat Kalmiş nicht weiß, ist, dass ich weiß, dass er früher bei den Grünen war. Ich weiß auch, worüber er sich endlich gerne mit mir unterhalten möchte, nämlich darüber, was er, seit er für die FDP im Stadtrat von Delmenhorst sitzt, alles bewegt hat. Das tun alle Politiker gerne, über ihre Erfolge reden. Dazu werde ich ihm noch Gelegenheit geben. Ich bemerke, dass er neben sich auf dem Sitzplatz Flyer und Spickzettel liegen hat, auf denen alles notiert ist. Weil wir so oft den Sitzplatz wechseln, sind die Blätter schon ganz zerknittert, zumal er immer danach greift, sobald eine kleine Pause eintritt, weil ich z.B. mit Kauen beschäftigt bin. Er sagt dann mit einem verzweifelten Blick auf die Uhr: »Du, nicht dass wir noch vergessen, über meine Arbeit im Stadtrat zu reden.«

* * *

Murat? Wenn ich dich nicht auf die Grünen anspreche, würdest du dann von dir aus davon erzählen?

Wie bitte?

Du warst doch mal bei den Grünen, oder wolltest du das auslassen?

Woher weißt du das?

Das kann man nicht im Internet recherchieren, weil die Lokalredaktionen erst in den späten 1990er Jahren damit begonnen haben, ihre Archive zu digitalisieren. Ich sage dir, von wem ich das habe: Cem Özdemir hat mir das erzählt.

Das gibt es doch nicht, echt, das hast du von Cem Özdemir? Ich sage dir mal etwas: Meine Mitgliedschaft bei den Grünen war die schlimmste Zeit meines Lebens. Wir sitzen so gemütlich beisammen und essen so schön, willst du mir wirklich die Laune verderben?

Ja.

Dann hör mir jetzt mal richtig aufmerksam zu, denn ich hatte noch nie Gelegenheit, die ganze Geschichte jemandem zu erzählen. Alles begann 1988, als hier ein grüner Bürgermeister politisch aktiv war. Er war sich nicht zu schade, im Rahmen eines Aktionstages auch mal in einer Schule zu putzen.

Jetzt mach aber mal halblang, wir veranstalten jetzt nicht Tausendundeine Nacht. Seit wann putzen Bürgermeister in Deutschland Schulen?

Doch, einmal im Jahr kam der Bürgermeister in die Hauptschule, putzte dort, und bei dieser Gelegenheit lernte er mich kennen. Er fragte mich, wer ich wäre und wo ich wohnte und ob ich nicht bei den Grünen eintreten möchte. Ich habe das Angebot abgelehnt, weil ich mich mit Politik und Parteien nicht auskannte. Ein Jahr später habe ich ihn zufällig in der Stadt getroffen, und er hat mich in den Jugendhilfeausschuss eingeladen. Ich war damals siebzehn Jahre alt und habe dort gemerkt, dass man etwas in der Stadt bewegen kann. Ich entschloss mich, in die Partei einzutreten.

Bist du nicht auch eingetreten, weil du dachtest, der Bürgermeister fragt schon zum zweiten Mal, jetzt ist es aber unhöflich, noch einmal Nein zu sagen. Türken sind ja etwas obrigkeitshörig.

Ganz sicher nicht. Obwohl mich die Bekanntschaft sehr geehrt hatte, ich wollte freiwillig eintreten. Wir haben ein Jugendparlament gegründet und bekamen 15 DM Sitzungsgeld. Später, als ich zu alt für den Jugendrat war, wurde ich passives Mitglied. Ich ging zu den Versammlungen und sonst nichts. Eines Tages habe ich gesagt, liebe Freunde, ich kandidiere für den Stadtrat, und auf einmal gab es Diskussionen, ich wäre kein richtiger Grüner, kein Ökotyp, zu unerfahren und solche Sachen.

Hast du damals auch schon diese Hemden getragen?

Ich sah immer schon so aus (lacht), gefällt es dir nicht? Die setzten mich also auf eine Liste, aber nicht vorne, was garantiert, dass man reinkommt, sondern ganz hinten, um Stimmen für die Partei zu bekommen …

… nach dem Motto, was für eine sympathische Partei, da steht sogar ein Türke auf der Liste …

… genau so. Und jetzt kommt es: Ich habe die meisten Stimmen bekommen, weil ich nämlich meinen eigenen Wahlkampf gemacht habe.

Wie hast du das gemacht?

Ich habe Klinken geputzt. Ich bin in meinem Wahlkreis von Haustür zu Haustür gegangen und habe für mich geworben.

Oh Gott, wie schrecklich. Du klingelst, dann macht jemand auf, und du sagst: »Guten Tag, Kalmiş ist mein Name, ich kandidiere für den Stadtrat und ich möchte Ihnen meine Vision mitteilen«?

Was ist daran schrecklich? Ich habe auch eigene Flyer und Plakate drucken lassen, es ging dabei ganz viel um Jugendpolitik.

Die Vorstellung, bei fremden Leuten zu klingeln, finde ich ganz furchtbar. Wie hast du sie ausgewählt? Hast du nur bei Leuten geklingelt, die einen unordentlichen Garten haben, in der Hoffnung, sie sympathisieren mit den Grünen?

Nein, ich habe bei jedem geklingelt, die haben mich reingelassen und mir Kaffee angeboten.

Unglaublich. Na gut, dann hattest du ein Mandat und deinen Parteikollegen gezeigt, dass du die Spielregeln beherrschst.

Eben, darum ging es. Ich gehe also am Tag nach der Wahl in die Fraktion, die Stimmenauszählung ist gelaufen, und will mich für die meisten Stimmen feiern lassen. Aber die begrüßen mich mit der Nachricht, ich solle mein Mandat abgeben, weil ich einen eigenen Wahlkampf gemacht hätte, das sei nicht erlaubt. Ich habe mein Mandat nicht abgegeben, fünf Monate lang bin ich zu den Fraktionssitzungen gegangen und musste an einem separaten Tisch sitzen. Ich habe ein Schiedsgericht angerufen, dort wurde mir recht gegeben. Die Grünen im Stadtrat haben es aber nicht akzeptiert. Somit lief alles auf eine Konfrontation hinaus. Die Presse schrieb jeden Tag über mich, und ich schlief von Nacht zu Nacht schlechter.

Bist du denn kein einziges Mal selbst zur Presse gegangen, immerhin habt ihr zwei Tageszeitungen und zwei Anzeigenblätter, und hast denen deine Version angeboten?

Ich war jung und unerfahren, ich habe das alles nicht beherrscht. Ich bekam aus meiner Sicht nur schlechte Presse, für die war das ein ge-

fundenes Fressen. Jeden Tag äußerte sich ein anderes Parteimitglied darüber, was ich für Fehler gemacht hätte und dass die Partei recht habe. Es sind aus Protest auch Leute ausgetreten, aber das habe ich erst später mitbekommen. Nur wenige hatten sich offen auf meine Seite gestellt. Nur einmal kam jemand heimlich zu mir und sagte, das ist schon ein Ding, was die mit dir machen. Schlimm war auch, dass die türkischstämmigen Wähler in Delmenhorst den Streit nicht richtig nachvollziehen konnten. Ich wollte schon mein Mandat zurückgeben. Da bekam ich Unterstützung von einem Freund, der mich wirklich unterstützte und mich ermutigte, weiterzumachen. Er gab mir den Rat, den Wählerwillen umzusetzen und im Rat politisch zu wirken. Entweder als Parteiloser oder als Hospitant in einer anderen Partei. Dass das dann die FDP wurde, darüber bin ich heute froh.

Hast du auch Fehler gemacht?

Sicherlich. Denn ich war zu unerfahren. Ein Journalist fragte mal, was ich über all das denke. Meine Antwort war, dass ich nach einer Entschuldigung durch die Grünen bereit gewesen wäre, alles zu vergessen. Sogar die Drohbriefe.

Die werden sich totgelacht haben.

Das war bisher die schlimmste Zeit meines politischen Lebens, ich habe mich wirklich geschämt. Wenn ich durch die Straßen lief und jemand mich anschaute, dachte ich, jetzt denkt der, das ist der gemobbte Hund. Ich habe sogar Cem Özdemir einen Brief geschrieben, er hat aber nie geantwortet, ich wusste nicht mehr weiter. Schließlich bin ich ausgetreten und war parteilos. Die Grünen hatten gewonnen. Sie hatten ihr Ziel teilweise erreicht. Ich war weg – aber das Mandat gehörte mir.

Du siehst gerade richtig fertig aus.

Ja, das ist fünf Jahre her, aber ich merke, wie die Erinnerung wieder hochkommt. Mit der Verzweiflung von damals werde ich jedoch fertig. Kein Grund zum Weinen.

Um Gottes willen, du bist doch jetzt bei der FDP, ist doch alles gut.

Ehrlich, ich bin über die Erinnerung nicht glücklich, sie bedrückt mich immer noch.

Fang jetzt bitte nicht an zu weinen. Das hättest du damals machen sollen.

Unter uns, ich habe nächtelang durchgeweint.

Quatsch, durch deine Adern fließt türkisches Blut, du warst knapp 30 Jahre alt, das glaube ich nicht, dass du geweint hast.

Glaube es oder glaube es nicht, ich habe geweint. Das hat mit Blut nichts zu tun.

Oh Mann, ich fange auch gleich an.

Bist du jetzt zufrieden?

* * *

Die Delmenhorster FDP hat sich das Drama im Stadtrat aus der Ferne angesehen und ist ein Jahr später auf den Parteilosen mit der Einladung zugegangen, an den Fraktionssitzungen teilzunehmen. Murat Kalmiş, hauptberuflich Feuerwehrmann, war zu diesem Zeitpunkt Betriebsratsmitglied, heute ist er freigestellt. Es kursiert das Gerücht, dass er, derzeitig einziger türkeistämmiger FDP-Mandatsträger deutschlandweit, auch der einzige liberale Abgeordnete und Betriebsrat in einer Person ist.

* * *

Murat, du sitzt jetzt für die FDP im Stadtrat und wurdest letztes Jahr wiedergewählt. Was hast du in dieser Stadt verändert? Versuche nur die Dinge zu nennen, die auf deine Initiative zurückzuführen sind.

Ich habe zum Beispiel den Migrantenausschuss gebildet, den gab es bislang nicht. Damit habe ich verschiedene bestehende Vereine an einen Tisch gebracht. Der Antrag wurde einstimmig angenommen, außerdem gibt es für Migrantenjugendliche kostenlosen Förderunterricht, der von Lehrern angeboten wird.

Was noch?

Ich habe mich für das Mütterzentrum (MÜTZE) eingesetzt, wo sich Deutsche und auch Frauen anderer Ethnien aufhalten können. Dort gibt es neben einem großen Kulturangebot auch Deutschkurse für türkische Frauen. Dieses Mütterzentrum gehört mittlerweile zum Alltag der Stadt.

Weiter?

Ich habe »Die Tafel« in Delmenhorst mitgegründet und war einige Jahre ihr zweiter Vorsitzender. Ich hatte gehört, dass es dieses Projekt schon in Großstädten gibt, und wollte, dass sich arme Menschen auch in unserer Stadt dreimal in der Woche kostenlos Lebensmittel abholen können. *Auf diese Weise werden zurzeit fast zweitausend Personen versorgt. Davon ein erheblicher Teil Kinder.*

Kommen auch türkische Migranten, die Hartz-IV-Empfänger sind?

Weiß ich nicht. Ich vermute, dass ihre Hemmschwelle sehr groß ist. Deshalb will man ihnen nun anbieten, außerhalb der offiziellen Zeiten vorbeizukommen.

Dann steht man doch trotzdem in einer Schlange von Menschen, eben in einer, in der alle anonym bleiben wollen.

Wie will man das anders machen?

Ihr habt drei Moscheen in Delmenhorst, bringt die Lebensmittel doch dorthin.

Das ist nicht der richtige Ort. Was habe ich noch gemacht? Warte, jetzt muss ich mal auf meinen Zettel gucken. Ach ja, ich habe mich für den Erhalt des Frauenhauses eingesetzt.

Warum sollte das abgeschafft werden?

Weil es sich nicht rentierte.

Das ist doch unsinnig, ein Frauenhaus zu erhalten, wenn keiner hingeht. Die wenigen Frauen, die das betrifft, können doch nach Bremen oder Hannover ausweichen, das beträgt nicht einmal eine halbe Stunde Fahrzeit.

Hat der Stadtrat auch gesagt. Aber ich möchte, dass jede Stadt ein Frauenhaus hat, das habe ich auch durchgesetzt.

Was hat es mit der »Brötchentaste« auf sich?

Wenn man auf dem Parkautomaten in der Innenstadt die »Brötchentaste« drückt, kann man 20 Minuten lang umsonst parken.

Weil du dir bestimmt erhofft hast, dass der Umsatz steigt und damit auch die Steuereinnahmen für die Stadt. Hat es funktioniert?

Noch nicht, noch zahlen wir drauf, aber abwarten. Es gibt positive Resonanz von den Bürgern. Weiterhin haben wir den Blindenstadtplan initiiert, bezahlt haben wir den mit Sponsorengeldern. Außerdem können sich alte Leute im Rathaus elektrische Rollstühle ausleihen, wenn das Einkaufen sie zu sehr ermüdet, das habe ich mir bei Wal-Mart abgeguckt. Und wer sich ehrenamtlich engagiert, bekommt einen Ehrenamtspass und erhält damit eine Ermäßigung in städtischen Einrichtungen wie Schwimmbad, Volkshochschule usw., für die Senioren ist das ein attraktiver Anreiz. Und für Hundebesitzer gibt es kleine Schaufeln aus Pappe …

… Moment mal, Murat, ich wette, du könntest noch bis morgen früh aufzählen. Du engagierst dich für Frauen, Jugendliche, Alte, Arme und für Hunde.

Ein Journalist schrieb mal wegen der Hundeschaufeln, »der Kalmiş kümmert sich um jede Scheiße«. Ich könnte wirklich bis morgen früh erzählen. Ich bin derjenige, der die meisten Anträge im Stadtrat eingereicht hat. Manches mache ich auch privat, in Delmenhorst erhält zum Beispiel jeder, der heiratet oder ein Kind bekommt, von mir persönlich

eine Postkarte, auf der ich gratuliere, und außerdem steht meine Te-
lefonnummer drauf, mit dem Hinweis, dass sie sich mit öffentlichen
Anliegen jederzeit an mich wenden können ...

... hör auf Murat, ich bin schon ganz erschöpft. Sag mir lieber, warum du der einzige türkischstämmige FDP-Mandatsträger bist.

Das habe ich Guido Westerwelle auch mal gefragt, und er antwortete:
»Die Partei ist für jeden offen«.

Dir macht Kommunalpolitik einen Riesenspaß, oder?

Ja. Ich liebe diese Arbeit.

Hast du den Grünen gegenüber manchmal noch Rachegefühle?

Neulich wollte ich einen Antrag auf Einbürgerungsfeiern in Nieder-
sachsen stellen, und ich wusste nicht, wie ich das formulieren soll.
Ich habe dann im Internet recherchiert und die Texte bei den Grünen
abgekupfert, ein wenig umformuliert und eingereicht. Dem Antrag
wurde im Fachausschuss zugestimmt. Ich hätte ihn auch von einer
anderen Partei abkupfern können. Aber ich habe mir vorgestellt, wie
da einer oder eine nächtelang an den Formulierungen formt und feilt.
Warum soll ich mir das Leben in dieser Hinsicht nicht leichter machen
und das Internet nutzen? Darüber freue ich mich jetzt noch.

Ist das üblich, dass man Anträge aus anderen Parteien und Bundesländern kopiert?

Ich weiß es nicht. Vermutlich.

Hast du das schon mal gemacht?

Nein. Es war das erste Mal.

Ist das ein Geheimnis, soll ich das für mich behalten?

Nein.

* * *

Um Murat Kalmiş zu verstehen, muss man wissen, dass er zu den vielen Kommunalpolitikern gehört, die in dieses Amt irgendwie reingerutscht sind. Die Geschichte, wie es zur Parteimitgliedschaft und zur anschließenden Kandidatur gekommen ist, habe ich so schon Dutzende Male gehört. Irgendwann kommt irgendjemand und lädt einen ein, Parteimitglied zu werden. Ich muss ehrlich zugeben, dass ich mir beim besten Willen nicht vorstellen kann, wie das funktioniert, denn für mich käme eine Mitgliedschaft niemals in Frage, bloß weil mich jemand zu einer Parteiveranstaltung eingeladen hat. Aber nachdem ich diese Geschichte schon so oft gehört habe, nehme ich das einfach zur Kenntnis.

Ich stelle es mir schwierig vor, mich in einer Partei zu behaupten, spätestens nach dem dritten Antrag käme ich mir wie eine Nervensäge vor. Murat Kalmiş scheint der Stachel im Fleisch des Stadtrates zu sein, und sein permanentes Einreichen von Anträgen muss seine Kollegen unendlich nerven, weil es ihr eigenes, geringes Engagement widerspiegelt.

Auch das hat Murat Kalmiş nämlich erzählt, dass es möglich ist, jahrzehntelang in einem Stadtrat zu sitzen und außer der Teilnahme an Abstimmungen oder in Ausschüssen keine nennenswerten Erfolge vorzuweisen.

Nicht ohne Stolz hat mir Murat daher auch seine Verdienste aufgezählt, von denen nur ein Bruchteil im Gespräch wiedergegeben ist. Wenn man mit ihm durch die Stadt geht, bleibt er bei jedem vierten Zebrastreifen stehen und zeigt mit dem Finger erst auf die breiten Streifen und anschließend verschmitzt auf sich. Einer von diesen Fußübergängen kam nur deshalb zustande, weil eine alte Dame ihn darum bat, da sie jeden Sonntag auf dem Weg in die Kirche an dieser Stelle nicht über die Straße käme.

Ja, er ist eine Nervensäge, aber eine mit Herz. Er lässt sogar Rollstühle und Krücken nach Van, die Heimatstadt seiner Eltern, schicken, weil ihn ein Behinderter mal am Arm festgehalten und darum gebeten hatte. »Bruder, vergiss mich nicht, wenn du wieder in Deutschland bist.«

Ich persönlich zweifele nicht eine Sekunde am Wahrheitsgehalt dieser Geschichten, denn ich habe ihn kennengelernt. Murat Kalmiş ist viel zu naiv, als dass er schummeln könnte. So naiv, dass er bis heute nicht wirklich verstehen kann, warum es verwerflich ist, einen eigenen Wahlkampf mit eigenen finanziellen Mitteln zu führen. Wenn das bundesweit so gemacht würde, hätten wir nur noch finanzstarke Politiker, weil die armen sich eben keine Plakate und Flyer leisten können; wir hätten dann einen amerikanischen Wahlkampf. Ich habe das so bei ihm nie angesprochen, ich gebe zu, ich wollte ihn schonen, er ist eben kein Theoretiker, sondern ein Ärmelhochkrempler, irgendwie auch amerikanisch. Dass die Grünen ihn allerdings erst nach der Stimmenauszählung darauf aufmerksam gemacht haben, ein eigener Wahlkampf sei nicht erlaubt, ist indes das eigentlich Unfaire.

Murat Kalmiş ist auch in anderer Hinsicht sehr bemerkenswert, er ist nämlich ein Migrantensohn und Hauptschulabsolvent aus einem bildungsfernen Haushalt, der es immerhin zum

Bundesdelegierten seiner Partei gebracht hat. Glücklicherweise benutzt er zur Begründung seines politischen Engagements nicht die ortsüblichen Wendungen, »Ich bin diesem Land dankbar« usw., nein, er ist ein Bürger dieser Gesellschaft und fühlt sich seiner Stadt verpflichtet. Das ist herrlich einfach und konkret, genauso, wie seine zahlreichen Bemühungen um Veränderung. Nur einmal habe ich versucht, ihn darauf aufmerksam zu machen, dass er bei der Idee, Anreize für mehr bürgerschaftliches Engagement zu schaffen, ganz die Linie der Bundespartei vertritt, die im Wesentlichen die Ziele »weniger Staat, mehr Wettbewerb, mehr Eigeninitiative« verfolgt. Sofort verfiel er in den Parteijargon à la »in Zeiten knapper Kassen«. Ich ließ es sofort sein. Es macht viel mehr Spaß, ihm zuzuhören, wie er erzählt, seine türkischen Nachbarn hätten gesehen, dass der Bürgermeister bei Kalmiş' im Garten Tee getrunken hatte, und anschließend alle mit Formularen zu ihm gekommen waren und ihn gebeten hatten, er soll doch den Bürgermeister darum bitten, die Zettel ausgefüllt wieder an die Nachbarn zurückzuschicken. Er hat dann in etwas überzogener türkischer Manier geantwortet: »Mal sehen, was ich für euch tun kann«, und die Formulare heimlich selber ausgefüllt. Da war er achtzehn Jahre alt. Er wollte die Leute nicht vor den Kopf stoßen, indem er ihnen gesagt hätte: »Was glaubt ihr eigentlich, wer ihr seid? Der Bürgermeister ist doch nicht euer Zettelausfüller.«

* * *

Letztes Telefongespräch mit Murat Kalmiş:

Hallo Mely, weißt du, mit wem ich essen war?
Sag es mir.

Mit Claudia Roth von den Grünen.

Hast du ihr deine Geschichte erzählt?

Sie konnte es nicht glauben, dass die Grünen mir soviel Unrecht angetan haben. Sie war sehr entsetzt.

Siehst du, nun hast du es sozusagen von ganz oben.

Weißt du, was sie lustig fand?

Dass du bei der FDP bist und gleichzeitig Betriebsrat.

Richtig. Sie hat mich gefragt, ob die Partei das wüsste. Ich habe ihr erzählt, dass ich das bislang nicht an die große Glocke gehängt habe.

Nun hänge ich es an die große Glocke.

Ich wollte dich immer mal etwas fragen.

Ich weiß schon, was. Du willst wissen, ob ich mit dir in Delmenhorst zufrieden war.

Ja, genau.

Ich wollte dich auch immer mal etwas fragen.

Was denn?

Wieso du mich immer fragst, ob ich mit dir zufrieden bin.

Ich weiß auch nicht.

Bist du eigentlich mit *dir* zufrieden?

Ich bin mit mir absolut zufrieden.

Na siehst du, es ist völlig egal, ob ich mit dir zufrieden bin.

Ich will dich nicht nerven, aber der Ton, in dem du das sagst, klingt jetzt wirklich etwas unzufrieden.

Mustafa Kara

Gemeinderatsmitglied in Neckarsulm, CDU

über desinteressierte Muslime und warum er sich
mit dem »C« in seiner Partei identifizieren kann

Auf der Suche nach geeigneten Gesprächspartnern sind die Aus-
wahlkriterien oft unterschiedlich. Manch eine Person wird bevorzugt, weil sie am Telefon eine angenehme Stimme hat oder
beim kleinsten Stichwort sofort eine Anekdote zum Besten gibt,
bei der man bedauert, dass man das Aufnahmegerät nicht hat
laufen lassen. Bei einer anderen entscheidet man sich dagegen,
weil z. B. das Gesagte unoriginell oder schlicht der Anfahrtsweg
zu lang ist.

Bei der Entscheidung für Mustafa Kara fiel die Wahl leicht. Er
gehört neben Emine Demirbüken-Wegner, die im Abgeordnetenhaus Berlin sitzt, zu den wenigen Mandatsträgern der CDU;
auch er selbst kennt keinen anderen.

Mustafa Kara ist Apotheker. Die Information bekomme ich schon
auf dem Treffen des Netzwerkes türkeistämmiger MandatsträgerInnen in Düsseldorf. Ja, es gebe einen CDU-Stadtrat, wird
mir berichtet, einige haben diesen auch schon bei seinem bislang einzigen Auftritt hier kennengelernt. Er habe wenig Zeit,

147

Genaueres wüsste man nicht. Ich werde neugierig und merke mir den Namen.

Einige Tage später rufe ich bei Mustafa Kara im baden-württembergischen Neckarsulm an, bitte zugegebenermaßen äußerst kurzfristig um ein Treffen und beschreibe das Buchprojekt. Dass er wenig Zeit hat, versucht er mir gleich im ersten Satz zu vermitteln, »Ich weiß nicht, ob Sie es wissen, aber ich bin selbstständig und betreibe zwei Apotheken«. Ich erzähle ihm, dass alle von mir angefragten Politiker wenig Zeit haben, und berichte ihm auch von seinem persönlichen Nutzen, den er aus der Veröffentlichung eines Gesprächs ziehen könne: Da wäre zum Beispiel die Plattform, die ihm einige Seiten Buch bieten, um politische Ziele in aller Ausführlichkeit zu erläutern, ja, selbst als Geschenk tauge so eine Sache, als kleine Aufmerksamkeit über den Apothekertisch gereicht. Mir entgeht am Telefon nicht, dass er gehetzt wirkt, manchmal legt er für einen kurzen Moment die Hand über die Sprechmuschel und gibt seinem Personal Anweisungen. Zum Schluss versuche ich es mit der mir unangenehmsten Variante, ich wechsele ins Türkische und sage: »Mustafa Bey, ich brauche Sie, außerdem muss ich dem Verlag noch heute eine Zu- oder Absage mitteilen. Ich bin wirklich in einer verzweifelten Lage.« Sofort wendet sich das Gespräch, und Mustafa Kara antwortet: »Aber nicht doch, ich lasse Sie nicht im Stich. Geben Sie Ihrem Verlag meine Zusage. Woher stammen Sie eigentlich gebürtig?« Wir reden noch eine Weile und vereinbaren einen Sonntag in Stuttgart, weil Neckarsulm ein Ort in Deutschland ist, der von Berlin aus unmöglich bequem zu erreichen ist.

Ich habe eine Liste von Fragen im Kopf, ganz besonders interessiert mich das »C« im Namen seiner Partei. Wie kann man sich als Muslim in einer christlichen Partei behaupten? Wie wird man von den Parteimitgliedern behandelt und vor allem von der eigenen ethnischen Gruppe? Ich stellte mir jemanden vor, dessen Herkunft auf den ersten Blick nicht deutlich wird. Vielleicht trägt er eine randlose Brille und einen Anzug? Vielleicht ist er zum Christentum konvertiert, vielleicht spielt das »C« auch einfach keine Rolle, und dafür wird das »D« ganz dick unterstrichen?

Bei der Gelegenheit fällt mir ein, dass ich bis auf Bülent Arslan, das prominenteste CDU-Mitglied, bisher keinen türkischstämmigen Konservativen kennengelernt habe. Ich hatte einmal Gelegenheit, mich mit ihm zu unterhalten, und er erklärte mir seine Sicht auf die Welt. Als Volkswirtschaftler beschrieb Bülent Arslan, wie seiner Meinung nach sozialer Frieden, Freiheit, Bildung und Gerechtigkeit in einer Gesellschaft erreicht werden könnten. Ich erinnere mich noch an Worte wie Unternehmenskapitalsteuer, Investoren, Mittelstand und so weiter. Er betrachtete die Probleme ganz eindeutig durch die Brille eines Unternehmers. Geht es der Wirtschaft gut, geht es den Menschen gut, so eine kurze Zusammenfassung. Was Mustafa Kara betrifft, so stellte ich mir vor, würde ich wahrscheinlich ähnliche Sätze zu hören bekommen. Und ich erwartete, dass ein weiteres wichtiges konservatives Thema eine Rolle spielen würde, nämlich das Hohelied auf die Familie.

Mustafa Kara ist für einen ehemaligen Türken erstaunlich dunkel und gelockt geraten, sein Nachname »Kara« bedeutet übersetzt auch »dunkel«. Bis auf die randlose Brille stimmt meine Einschätzung in keinem Punkt. Er trägt eine Kordhose, ein gut sitzendes Hemd und Jackett. An der linken Hand trägt er einen goldenen Ring mit schwarzem Stein, und unter seinem Hemdkragen entdecke ich eine Goldkette, wie man sie zu Tausenden bei einem türkischen Juwelier als Meterware bekommen kann. Um sein Armgelenk trägt er allerdings etwas wie eine schwarze

Kordel, sie wirkt ein wenig »ethnologisch«, mit silberner Schließe. Wie viele andere Türken, die Deutsch als Fremdsprache gelernt haben, spricht er bestimmte Wörter, wie zum Beispiel »Generation«, mit einem rollenden R, es klingt wie »generrasyon«, mit der Betonung auf der ersten Silbe. Besonders schön klingt es, wenn der Satz schwäbisch eingefärbt ist, »die *generrasyon* der Migranten hat bissle Prrobleme«.

Mustafa Kara ist 40 und Einwanderer in der ersten Generation. 1990 heiratete er eine Deutsche, die er auf dem Campus in Istanbul kennengelernt hatte. Kontakt zu Ausländern hatte er schon immer, zumeist mit englischen Kommilitonen. Aufgewachsen ist er als ältester Sohn der Familie bei seiner Großmutter in der Istanbuler Altstadt. Geografisch betrachtet ist Mustafa Kara eigentlich ein Europäer. Vielleicht trank er deshalb seinen Tee immer schon lieber in Tassen als in Gläsern mit Goldrand. Auch die türkische Sitte, dass alle gemeinsam aus großen Schüsseln essen, lehnte er ab. Er bestand darauf, dass seine Portion auf einem eigenen Teller serviert wurde. »Ich bin in Watte gepackt worden«, beschreibt er seine Erziehung, mit sieben Monaten kam er zu früh auf die Welt, man riet der Mutter im Krankenhaus: »Nehmen Sie ihn mit nach Hause, genießen Sie noch einmal seinen Babygeruch, er wird es nicht lange machen.«

Die Ärzte haben sich mit seiner Lebenswartung getäuscht, und trotz seiner Erziehung, die man sich wie in einem flauschigen Kokon vorstellt, war er nicht zimperlich, als es darum ging, in Deutschland Geld zu verdienen. Das wollte er seinen wohlhabenden Schwiegereltern beweisen, dass er die Tochter nicht geheiratet hatte, um nach Deutschland zu kommen, sondern aus Liebe. Er nahm alle Jobs an, die er bekam, in der Metallfabrik, bei McDonald's, immer mit dem Wissen um das abgeschlossene

Studium in der Tasche, »in Europa denkt man immer, die Leute hätten sich ihr Diplom im Ausland gekauft. Wenn ein Schwarz-afrikaner Medizin studiert hat, nimmt man ihn als Arzt erst dann ernst, nachdem er auf komplizierte Weise sein Studium anerkennen ließ«.

Seit 1997 ist er selbstständig, Deutsch hat er im Goethe-Institut gelernt, sich selber bezeichnet er als ehrgeizig. Das Verhältnis zum deutschen Teil der Familie beschreibt er als »respektvoll, aber ohne Liebe«. Seine zwei Töchter sind getauft, nach der Scheidung hat jedes der beiden Elternteile eine Tochter genommen, Mustafa Kara ist alleinerziehender Vater.

Seit 2004 sitzt er für die CDU im Stadtrat Neckarsulm und arbeitet im Planungsausschuss. Am Apothekertresen ist er ge-fragt worden, ob er nicht in die Partei eintreten und kandidie-ren wolle. Seitdem ist er der einzige Migrant im Stadtrat. Erst in diesem neuen Lebensabschnitt beginnt er intensiver Kontakt zu seinen Landsleuten aufzunehmen, in seiner Ehe war das Umfeld deutsch. Er lernt die Mentalität der Migranten in seiner Stadt kennen, die mehrheitlich nicht seinem Bildungsstand und sei-ner Biografie entsprechen. Wirklich nahe fühlt er sich dem Aka-demikerkreis innerhalb seiner Moscheegemeinde, einer Gruppe von zehn bis zwölf Ingenieuren, Rechtsanwälten und anderen. Ein wenig hat es den Anschein, er bewege sich wie ein Tourist in seiner eigenen Community.

* * *

Die Türken der ersten und zweiten Generation in Deutschland gehen sehr oberflächlich mit der Politik um, sie befassen sich nur mit den In-halten, die sie betreffen. Das sind Themen, die sich um den Kindergar-ten oder die Moschee drehen. Wenn sie das Wort SPD oder CDU hören, geben sie allzu schnell Urteile über die Partei oder deren Mitglieder ab, ohne sich mit den Parteiinhalten beschäftigt zu haben.

Das funktioniert im übrigen Teil der Gesellschaft nicht anders. Der Sozialhilfeempfänger interessiert sich in erster Linie dafür, ob seine Leistungen gekürzt werden, die alleinerziehende Mutter horcht bei der Diskussion um Kinderbetreuung genauer hin.

Das reicht aber nicht. Ich lese natürlich auch lieber Artikel, die sich um Gesundheitspolitik drehen. Die türkischen Bürger informieren sich nicht gerne, auch nicht über die Mehrheitsgesellschaft. Vor einigen Wochen ist ein Kirchenvertreter mit der Bitte auf mich zugekommen, wir mögen uns an einem christlich-islamischen Dialog beteiligen.

Meinen Sie mit »Wir« die Muslime?

Ich bin Mitglied der Moscheegemeinde in Neckarsulm, und er fragte mich als Muslim. Pfarrer Scharfenecker, der Dekan der katholischen Gemeinde in Neckarsulm, war besorgt darüber, dass es im Moment in der Stadt so schlechte Schlagzeilen über uns Muslime gibt. Seit sieben Jahren wird eine neue Moschee geplant, und seit ungefähr zwei Jahren macht die Junge Union Stimmung gegen uns. Ich fand die Idee des Dekans gut und überlegte, wer bei uns in der Gemeinde auf einem solchen Podium Platz nehmen könnte.

Um welche Moscheegemeinde handelt es sich eigentlich?

Es handelt sich um den Verband Islamischer Kulturzentren, VIKZ wird sie abgekürzt.

Die VIKZ kam in die Schlagzeilen, weil es hieß, sie baue in Deutschland Schülerwohnheime, in denen strenge Erziehungsmethoden angewendet und Mädchen und Jungen getrennt unterrichtet werden. Sie müssen fast ausschließlich Koranverse auswendig lernen, und laut Presseberichten wurde ein Lehrer verklagt, weil er die Schüler körperlich gezüchtet hätte.

Die Junge Union hat sich ausschließlich auf diesen Punkt fixiert und nicht einsehen wollen, dass es sich bei den Vorwürfen um eine bestimmte Moscheegemeinde gehandelt hatte. Ich habe immer gesagt, Deutschland ist ein Rechtsstaat, und deshalb müssen solche Wohnheime, wie auch die Gemeinden, transparenter gemacht werden. Der christlich-islamische Dialog ist ein wichtiger Schritt, wir müssen mehr öffentlich miteinander reden. Als es darum ging, eine Auswahl an Themen und Ansprechpartner vorzuschlagen, war ich allerdings sehr enttäuscht, weil sich in unserer Gemeinde dafür niemand besonders zu eignen schien.

Sprechen Sie von einfachen Gläubigen oder von Verbandsfunktionären?

Ich spreche von der Verbandsleitung. Sie waren nicht gegen den Dialog, im Gegenteil, sie fanden die Idee gut und sagten, gerne, sollen sie doch kommen.

Hat sich das für Ihren Geschmack zu sehr auf die Gastgeberrolle beschränkt, nach dem Motto, alle sind herzlich willkommen, wir sorgen auch dafür, dass eine Kanne Tee aufgesetzt wird und knuspriges Börek auf den Tischen steht?

Exakt, es geht aber nicht um Essen und Trinken, sondern um Aufklärung. Es hat sich zum Beispiel niemand gefragt, was ist eigentlich ein Dekan oder was könnte ein geeignetes Thema für die Gespräche sein?

Beispielsweise, wie legitim sind Scheidungen nach islamischem und nach katholischem Verständnis, oder wäre das schon zu spezifisch?

Das wäre ganz und gar nicht zu spezifisch, es wäre doch interessant, so etwas zu diskutieren. Oder auch über politische Themen, zum Beispiel über die Morde an den drei Christen im türkischen Malatya im Frühling dieses Jahres.

Dazu bräuchten Sie aber Ansprechpartner, die erstens Deutsch sprechen und zweitens wenigstens ein wenig in islamischer Theologie bewandert sind. Was die Morde in Malatya betrifft, bräuchten Sie auch jemanden, der sich in der türkischen Gesellschaft auskennt und darüber Auskunft gibt, dass in der Türkei einerseits keine christliche Missionierung erwünscht ist und es andererseits keinen Schutz für religiöse Minderheiten gibt. Beides führte zu den von einem Fundamentalisten ausgeübten Morden. So jemanden haben Sie in der gesamten Gemeinde nicht?

Von den 3000 Muslimen aus der Umgebung sind ungefähr 500 Mitglieder in der Gemeinde, aber einen Deutsch sprechenden Theologen oder Türkeiexperten haben wir nicht. Mich stört auch die Haltung, dass wir uns immer von der besten Seite zeigen wollen, ich kann das verstehen, möchte aber mehr vermitteln. Klar möchten die Gläubigen, dass es heißt, wir Muslime sind die reinsten und haben keine Probleme, aber die Christen sind sehr belesen, und da kann man nicht sagen, bei uns gibt es keinen Drogen- und Alkoholmissbrauch. Doch, es gibt ihn, auch unter türkischen Jugendlichen, und genau darüber müssen wir debattieren.

Ich fände es bemerkenswert, wenn Sie auf einem solchen Podium zwischen einem Christen und einem Moslem sitzen würden, als muslimisches Parteimitglied der Christlich-Demokratischen Union, natürlich mit deutschem Pass. Wie ungewöhnlich finden Sie sich selbst?

Wenn ich darauf angesprochen werde, antworte ich immer, wenn ich es nicht machen würde, wer würde es sonst tun? Ich mag diese Vermittlerrolle.

Dennoch kann ich mir beim besten Willen nicht vorstellen, dass das eine komfortable Situation ist. Haben Sie nicht gerade im Bezug auf den christlich-islamischen Dialog große Angst, sich zu blamieren? Wenn Sie es nicht schaffen, einen rhetorisch und theologisch einwandfreien Dialogpartner zu finden, bleiben Sie in Erinnerung als ein Stadtrat, der Mitglied einer Moscheegemeinde ist, die keinen Theologen präsentieren konnte.

Ich habe keine Angst davor, sondern werde eine Frist setzen und sagen, ihr habt in den nächsten Monaten Zeit, einen Islamwissenschaftler zu organisieren, ansonsten bleibe ich unparteiisch, denn ich bin Stadtrat.

Finden Sie die Deutsche Islamkonferenz nicht auch eine hervorragende Idee, um die verschiedenen Muslime an einem Tisch zu versammeln und zumindest die Vielfältigkeit der Muslime zu dokumentieren und einen Konsens zu finden?

Der Begriff deutscher Islam ist nicht gut, europäischer Islam wäre besser, aber abgesehen davon verstehe ich nicht, weshalb man so einen Begriff braucht.

Ihre Moscheegemeinde gehört seit dem 11. April 2007 zum Koordinierungsrat der Muslime, kurz KRM genannt. Künftig wird für die sunnitischen Muslime nur noch mit einer Stimme gesprochen, halten Sie das für sinnvoll?

Die Frage ist eher, ob die Gläubigen den Rat ernst nehmen. Wir brauchen mehr Islam-Wissenschaftler, die gut argumentieren können.

Gibt es auch von muslimischer Seite Vorurteile den Christen gegenüber?

Es gibt eine Menge Vorurteile, beispielsweise denken viele Muslime, dass Christen ihren Glauben nicht ernst nehmen. Genauso wie die Ehe. Nicht alle, aber manche glauben, dass Christen ihre Ehepartner wechseln wie manche ihr Hemd und dass Untreue eher toleriert wird.

Das ist natürlich lächerlich, gerade Ehebruch ist in der abendländischen Kultur ein Verstoß gegen die christlichen Werte. Bei den Katholiken gehört die Ehe sogar zu den heiligen Sakramenten.

Zu diesem Thema würde ich auch gerne Referenten einladen, damit die Muslime sehen, es gibt bei den Christen Werte, die auch ihnen heilig sind.

Fühlen Sie sich innerhalb der muslimischen Gesellschaft als CDU-Mitglied respektiert?

Ich kann das schlecht einschätzen.

Sie haben kein Gefühl dafür?

Nein.

Was bedeutet das »C« für Sie?

Es steht für »christlich«.

Wofür steht »christlich« für Sie?

Für christliche Werte.

Welche sind das?

Familie, Nächstenliebe, Treue, Toleranz, Verständnis. Das sind auch meine Werte. Meine Tochter war zum Beispiel auf einem katholischen Internat, ich war mit einer Christin verheiratet, ich beurteile nicht nach der Religion. In meiner Partei sind wir 16 Stadträte, von denen gehen höchstens drei oder vier sonntags in die Kirche. Es hat sich viel geändert, seit Angela Merkel die Partei führt, sie ist viel offener geworden, und ich finde, die christliche Religion spielt in der Partei keine große Rolle mehr.

Gab es in Ihrer Fraktion nie Ressentiments gegen Sie, weil Sie kein Christ sind?

Ich kann es nicht jedem recht machen, aber es gibt eine Handvoll Kollegen, unter anderem auch den Fraktionsvorsitzenden, mit denen ich mich sehr gut verstehe.

Wie erklären Sie sich, dass man Sie in der Apotheke angeworben hat?

Ich habe so ein »Automaten-Denken«. Wenn man irgendwo einen Euro reinsteckt, will man dafür auch was bekommen. Die werden sich schon etwas dabei gedacht haben, ich habe ja auch kalkuliert und nachgedacht, was für mich die Vorteile sind.

Und zu welcher Ansicht sind Sie gekommen?

Mein Ziel ist es, zwischen zwei starken Kulturkreisen und polarisierenden Religionen zu vermitteln. Nur so kann erreicht werden, dass Vorurteile abgebaut werden. Für mich ist Politik eine Plattform, um zu gestalten.

* * *

Mustafa Kara macht von sich aus darauf aufmerksam, dass er erst seit drei Jahren als Kommunalpolitiker tätig und daher noch kein »Voll-Profi« sei. Das ist vielleicht auch die Erklärung dafür, dass man bei einigen Fragen das Gefühl hat, er denke zum ersten Mal darüber nach.

Es gibt mindestens zwei Möglichkeiten, Kommunalpolitiker zu werden, entweder man hat sich bewusst dazu entschlossen oder man wurde für eine Partei angeworben. Mustafa Kara gehört zu Letzteren. Die Frage, worin seiner Meinung nach der Gewinn seiner Kandidatur für die CDU Neckarsulm liegt, hat er nicht beantwortet. Entweder will die Partei möglichst viele Unternehmer in ihren Reihen versammeln, um wirtschaftspolitische Interessen im Stadtrat besser durchsetzen zu können, oder sie versucht, Wählerstimmen unter den Migranten zu gewinnen, oder sie findet die angefragte Person sympathisch und fähig, Stadtpolitik zu gestalten – alles legitime Gründe, um einen Kandidaten auszuwählen.

Bei der Frage, wie schwierig es ist, sich als Muslim in einer konservativen Partei durchzusetzen, möchte Mustafa Kara auf keine Mine treten. Er betont an vielen Stellen des Gesprächs, dass er sich für eine Vermittlerrolle entschieden hat. Sich als Vermittler zu positionieren heißt aber auch, dass man zunächst davon ausgeht, dass es überhaupt Differenzen gibt. Diese schätzt man zwar als überbrückbar ein, sonst würde man den Versuch nicht unternehmen, beide Seiten in einen Dialog zu bringen, aber dennoch bleibt offen, warum Mustafa Kara zwischen Muslimen und Christen vermitteln möchte. Er könnte auch zwischen sozial schwachen und starken oder zwischen bildungsfernen und -nahen Bürgern vermitteln und sich damit nur in einem politischen Spektrum bewegen.

Mustafa Kara beklagt, dass es in seiner Gemeinde keine kompetenten Gesprächspartner gibt, die an einer öffentlichen Veranstaltung zum Thema Islam teilnehmen könnten. Man fragt sich, warum der Verband Islamischer Kulturzentren nicht dafür sorgt, dass es in jeder der 300 Gemeinden einen solchen gibt, denn auch auf seiner Homepage heißt es: »Mittlerweile sind in den Gemeinden des VIKZ größtenteils hauptamtliche islamische Gelehrte angestellt, die überwiegend aus der zweiten Generation stammen und in Deutschland eine religiöse Ausbildung absolviert haben. Diese sind in Deutschland aufgewachsen, haben deutsche Schulen besucht, sie beherrschen die deutsche Sprache und können sich besser auf die Bedürfnisse und die neuen Herausforderungen einer Gemeinde einstellen.« Größtenteils heißt eben nicht immer und überall, in Neckarsulm offensichtlich nicht. An anderer Stelle entschuldigt sich Mustafa Kara, wenn er sagt: »Ich weiß, dass ich die Latte manchmal zu hoch lege.« Das tut er in dieser Angelegenheit natürlich nicht. Ob es die Aufgabe eines muslimischen Stadtrates ist, die Gemeindeleitung darauf aufmerksam zu machen, dass man sich ausgerechnet in diesen Zeiten der Diskussionen um den Islam

bis auf die Knochen blamiert, wenn man sich dem Gesprächs-
bedarf und -angebot verschließt, bleibt dennoch fraglich. Unter
den 500 Mitgliedern, die seine Gemeinde zählt, sind nur 15 Akademiker. Sie haben allerdings keine theologische Ausbildung,
um auf solchen Podien Platz zu nehmen.

Deutlich wird in dem Gespräch, dass die CDU noch keine
Antwort darauf gefunden hat, wie sie mit ihren muslimischen
Parteimitgliedern umgehen möchte oder könnte. Noch ist der
Einzelne darauf angewiesen, persönliche Antworten auf die Fra-
ge zu geben, warum er als Muslim Mitglied in einer christlichen
Partei ist. Dass als Antwort darauf der kleinste gemeinsame
Nenner genannt wird, nämlich die gesellschaftlichen Werte, die
auch im islamischen Glauben zu finden sind, ist nachvollzieh-
bar. Das »C« im Parteinamen steht aber nicht nur für christliche
Werte, sondern für das Christentum generell, demzufolge auch
für die Leiden Christi und die Auferstehung. Vielleicht muss die
CDU auf diese Fragen auch keine Antworten finden, nicht zuletzt, weil es nicht sehr viele Muslime in der Partei gibt.

Und dennoch gibt es sie. »Wir in der CDU« lautet der Zusatz
zum »Deutsch-Türkischen Forum« (DFT) der Partei, das in seiner
Satzung festhält, es sei »bestrebt, das Interesse der türkischstämmigen Bevölkerung an der CDU zu wecken. Zugleich soll das
DTF dazu beitragen, in der deutschen Bevölkerung wie in der
CDU, Verständnis für Sichtweisen und Anliegen der türkischstämmigen Mitbürgerinnen und Mitbürger zu entwickeln.« Zu
den Gründungsmitgliedern 1997 gehören unter anderem Nor-
bert Lammert und Jürgen Rüttgers; Vorsitzender dieser Plattform ist Bülent Arslan, der bislang keine reale Chance auf ein
politisches Mandat bekommen hat. Das Forum, das sich zur
Aufgabe gemacht hat, an der »Gestaltung einer konkreten Integrationspolitik mitzuwirken«, umfasst knapp 400 Mitglieder.
Mitwirken heißt aber nicht mitgestalten, denn Anträge zur

Integrationspolitik kann nur stellen, wer ein Mandat hat. Das »Deutsch-Türkische Forum« kann im Grunde genommen nur wie ein Ausländerbeirat fungieren, es ist Stichwortgeber, mehr nicht.

* * *

Gab es in Ihrer Fraktion schon einmal Diskussionen, in denen Sie mit Ihrer Meinung alleine standen?

Am Aschermittwoch hatten wir einmal ein Gespräch, in dem es um den Fall Murat Kurnaz ging. Ein CDU-Mitglied vertrat die Meinung, die Bundesregierung brauche sich um so einen Menschen nicht zu kümmern, weil er erstens Türke sei, zweitens Mist gebaut habe und man ihn deshalb drittens ruhig verrotten lassen könne. Daraufhin habe ich gesagt, Sie kennen mich hier als Muslim, Stadtrat und CDU-Mitglied, ich bin auch deshalb in dieser Partei, weil wir bestimmte Werte und Grundrechte vertreten, nämlich, dass wir keinen Menschen verurteilen, bevor wir nicht seine Schuld nachgewiesen haben. Die CDU muss hinter einem solchen Menschen stehen, trotz seines Aussehens und seines Barts, mir persönlich gefällt der ebenfalls nicht. Auch der CDU muss man solche Denkanstöße geben, und ich glaube, wenn wir mehr wären, dann kämen die vielleicht auch manchmal zur Vernunft.

Wie sehr beschäftigen Sie sich mit den Inhalten der Bundes-CDU?

Ich trenne zwischen Bundes- und Kommunalpolitik. In einer Kommune packt man die Probleme an, die man vorfindet, da schaut man nicht vorher ins Grundsatzprogramm der Partei. Das Problem an der Bundespartei ist, dass sie Angst hat, ihre konservativen Wähler zu verlieren, gleichzeitig muss sie aber neue Wähler erreichen. Dann wird es brisant, wenn die Homoehe der Ehe zwischen Mann und Frau gleichgestellt werden soll. Ich glaube nämlich, dass viele in der CDU so etwas nicht mögen. Genauso ist es mit der Familienpolitik. Man ist gezwungen umzudenken, aber es passiert nicht mit dem Herzen. Das ist aber nicht nur in der CDU so, das ist bei den Grünen auch so. Da finde ich meine Partei manchmal ehrlicher: Es gibt eine Linie, bei der sie bleibt, zum Beispiel in der Beitrittsfrage der Türkei, da sagt sie, privilegierte Partnerschaft ja, Mitglied nein. Allerdings kritisiere ich, dass die CDU keine Lösung in der Ausbildungsfrage gefunden hat, wie möchte sie die Wirtschaft ankurbeln, wie können die Ausländer besser integriert werden? Als Generalsekretär kann man sich sechs Themen vorknöpfen und einen Zeitraum von zehn Jahren dafür veranschlagen, als Kommunalpolitiker ist man täglich mit den Bürgern konfrontiert, die Rechenschaft darüber verlangen, warum die Straße noch nicht zu Ende gebaut ist oder dergleichen. Deshalb sind die Worthülsen von oben das eine und unsere Taten hier vor Ort das andere.*

Würden Sie sich als CDU-Mitglied trauen, für das Kommunalwahlrecht auch für Nicht-EU-Ausländer zu stimmen, weil es ungerecht ist, dass der Grieche und der Italiener den Bürgermeister wählen dürfen, nicht aber der Türke oder der Araber?

Das ist ungerecht, natürlich darf ich das sagen, aber was soll das bringen? Das interessiert im Stadtrat niemanden.

Warum gibt es denn keinen Ausländerbeirat?

Weil das bislang auch niemanden interessiert hat.

Sie könnten das doch in die Hand nehmen. Der FDP-Stadtrat Murat Kalmiş in Delmenhorst hat den Ausländerbeirat auch auf eigene Initiative gegründet.

Es wäre für mich einfacher, wenn es mehr Migranten im Stadtrat gäbe. Dann stünde ich damit nicht alleine da, die Parteien überzeugen zu müssen. Zuerst müsste ich dessen Nutzen erkennen? Wie hat der Murat das gemacht?

Er hat nach seiner Kandidatur festgestellt, dass es keinen Beirat gibt, und ist durch seine Community gegangen, hat den Migranten erklärt, was der Nutzen eines solchen Gremiums ist, dass sie zum Beispiel trotz fehlendem Wahlrecht Themenvorschläge in den Stadtrat einbringen können. Die Migranten haben dann gesagt, ja, wenn das so ist, gründe ihn, wir machen mit.

Ich muss Prioritäten setzen, und außerdem muss ich mir nicht zu viele Feinde auf einmal machen.

So ganz verstehe ich Ihre Haltung nicht. Für den VIKZ engagieren Sie sich, die Gründung eines Ausländerbeirates leuchtet Ihnen jedoch nicht ein?

Bevor man so etwas macht, muss man schauen, ob es Bedarf dafür und ob es Ausländer gibt, die mitmachen würden. Ich habe andere Ideen, zum Beispiel habe ich mit 20 Muslimen am 24. Dezember an einem Gottesdienst teilgenommen. Wir haben dazu eine katholische und eine evangelische Kirche besucht und uns die Krippe erklären lassen. Ich möchte auch, dass wir uns nicht nur in einer Moschee treffen, sondern auch einmal mit dem Hodscha in die Kneipe gehen. Sie müssen ja kein Bier trinken, aber ich erwarte Großzügigkeit und Toleranz von den Muslimen, dass sie sich nicht vom Alkoholgeruch stören lassen und ihr Glas Wasser dort trinken.
Es sind ja nicht alle gleich schlecht integriert, manche Migranten schicken ihre Kinder auf Musikschulen oder in Sportvereine, aber die Mehrheit der Jugend vegetiert vor sich hin. Die laufen auf dem Stadt-

fest einmal schnell durch, ohne etwas anzufassen oder zu trinken. Wir leisten für die Jugend nichts Richtiges. Es wäre doch mal interessant, eine Folkloregruppe zu gründen.

Wer soll die Gruppe denn gründen?

Die Initiative muss von den Migranten kommen, aber das tut sie nicht. Es ist ein Bildungsproblem, meine Familie hat mir Möglichkeiten gegeben, mich zu entfalten, daher sehe ich einen Nutzen in der Jugendarbeit.

Müssten Sie sich dann nicht stark machen und den Eltern den Nutzen von Bildung klarmachen und gleichzeitig Veranstaltungen anbieten?

Sicher. Wir haben zum Beispiel eine Lehrerin organisiert, die Nachhilfe in Mathe und Deutsch gibt, aber wir haben kein geeignetes Freizeitangebot. Ich sehe die Jugendlichen in der Moschee, die ein wenig beten, und dann ist ihnen langweilig. Manchmal spielen sie Tischtennis oder veranstalten ein Fußballturnier, aber es gibt kein wirkliches Kulturangebot.

Was machen die Mädchen, wenn Fußball gespielt wird?

Das weiß ich nicht.

Sie sagten, dass 20 Prozent der muslimischen Migranten im VIKZ organisiert sind, haben Sie Kontakt zu den übrigen 80 Prozent nichtorganisierter Türken?

Die Stadt ist eine Kooperation mit der Jugendhilfeorganisation der Caritas eingegangen. Wir überlegen, wie wir neue Projekte gestalten können, um die Migranten zu erreichen, immerhin haben wir das Haus der Jugend, das für alle offensteht, aber es gibt Schwierigkeiten, die türkischen Familien zu erreichen.

Wir hatten früher auch ein Jugendhaus in unserer Stadt, in dem am Wochenende abends Punkkonzerte liefen und am Tresen Bier in Flaschen verkauft wurde. Meine Eltern haben mir auch nie vorgeschlagen, geh doch mal dahin, was ich – unter uns gesagt – trotzdem getan habe.

Wir überlegen uns, das Schwimmbad zu mieten, damit die Migrantenmädchen Schwimmunterricht nehmen können, um nicht völlig ausgeschlossen zu sein.

Finden Sie die Idee gut?

Ich weiß noch nicht, wie ich das finde. Wir haben auch zunehmend mehr alleinerziehende türkische Mütter, die die Betreuungsangebote der Kirche nicht annehmen. Sie sehen das Kreuz und haben Vorbehalte: ob das Essen auch ohne Schweinefleisch ist, sie denken, wenn sie die Kinder in die Kindergärten schicken, werden sie gleich Christen. Ich denke, dass unsere Migranten große Hemmschwellen haben, Angebote von Einrichtungen anzunehmen, die sie nicht kennen. Die Deutschkurse in der Moschee werden eher angenommen als von der Volkshochschule. Die Menschen hier reduzieren ihr ganzes Leben auf den Islam. Ich muss aufpassen, dass ich die Probleme und Vorbehalte der muslimischen Bürger nicht allzu sehr durch deren Brille betrachte, sonst kann Integration nicht gelingen.

Dilek Kolat

Mitglied des Berliner Abgeordnetenhauses, SPD

über die Ausbildungschancen von Berliner Migranten
und warum es sich lohnt, dafür Haushaltsmittel zu
erkämpfen

Politische Entscheidungen sind eine Frage der Haltung sowie der
finanziellen Verhältnisse. Man kann es auch anders ausdrücken:
Politik bedeutet Prioritäten setzen, man muss dafür rechnen
können. In einer Partei gibt es Ideologen und Realisten. Dilek
Kolat ist Mathematikerin und sitzt, aus ihrer Perspektive betrachtet, im wichtigsten Ausschuss. Nämlich dort, wo die Gelder
verteilt werden. Anhand der Summen, die in die einzelnen Ausschüsse oder Ressorts verteilt werden, kann man ablesen, was
eine Regierung für wichtig hält und was ihrer Meinung nach
noch warten kann. Als kühle Rechnerin weiß Dilek Kolat nicht
nur, dass in Berlin wenig Geld vorhanden ist. Sie weiß zudem,
wo es fehlt, wo man sparen kann und die knappen Mittel effi-
zienter eingesetzt werden können. Als Migrantin weiß sie aber
auch, dass Bildung der Schlüssel zur Integration ist. Man kann
sich die sinnvollsten und erfolgversprechendsten Konzepte aus-
denken, aber sie kosten Geld. In den südlichen Bundesländern
wie Baden-Württemberg oder Bayern ist das kein so großes

Problem. Dort gibt es prosperierende wirtschaftliche Verhältnisse, hohe Steuereinnahmen, Ausbildungsplätze, Arbeitsstellen – in Berlin gibt es nur Bedarf an alledem. Unsere Hauptstadt ist eine große Bedarfsgemeinschaft. Gibt man es für die eine Sache aus, fehlt es an anderer Stelle. Bildung ist Ländersache. Der Bund sagt:»Eure Sache, wie ihr es hinbekommt, dass nicht mehr 40 Prozent der Migranten ohne Hauptschulabschluss die Schule verlassen.« Und:»Eure Sache, was ihr mit den 40 Prozent potenziell Arbeitslosen anstellt.« Die übrigen 60 Prozent mit Migrationshintergrund, die einen Schulabschluss in der Tasche haben, müssen zusehen, dass sie im Kampf um einen Ausbildungsplatz bestehen, trotz fremd klingendem Nachnamen. Denn auch das weiß Dilek Kolat, dass die meisten diesen Kampf verlieren. Also, was tun?

* * *

Frau Kolat, obwohl Sie im Finanzausschuss, der in Berlin Hauptausschuss heißt, sitzen, liegt Ihnen auch die Integrationspolitik am Herzen. Wäre es nicht besser gewesen, Sie säßen dort, um Konzepte und vor allem gute Argumente zu entwickeln, damit der Finanzausschuss Ihnen die Gelder dafür bereitstellt?

Wir entwickeln in Berlin gute Integrationskonzepte. Aktuell haben wir das Integrationskonzept II veröffentlicht. Schwerpunkt ist, die richtigen Maßnahmen zu treffen, um damit die Bildungs- und Berufschancen von jungen Migranten zu erhöhen. Jetzt geht es um die Umsetzung, wofür auch finanzielle Mittel gebraucht werden. Dafür setze ich mich im Hauptausschuss ein.

Wissen Sie, ich habe in den ersten Jahren meiner politischen Laufbahn als Kommunalpolitikerin negative Erfahrungen als Integrationspolitikerin gemacht. Dieses Thema voranzubringen, lag mir in der

Tat sehr am Herzen, aber ich habe dann festgestellt, dass man als Politikerin auf Integrationspolitik reduziert wird. Dabei spielt es nicht so sehr eine Rolle, dass man dann ausschließlich als Mensch mit Migrationshintergrund behandelt wird, sondern dass Ihre Kompetenzen einseitig wahrgenommen werden. Die Kollegen denken dann, Sie »können« nur dieses Thema.

Sie sind demnach nicht in die Politik gegangen, um die Integrationspolitik voranzutreiben?

Doch, das bin ich. In erster Linie möchte ich als Politikerin mit Migrationshintergrund zur Normalität gehören. Und Normalität in der Politik bedeutet, sich für alle Politikfelder zu interessieren. Als Wirtschaftsmathematikerin interessiert mich Wirtschaftspolitik genauso wie Gesundheitspolitik. Aber auch Arbeitsmarktpolitik und zum Beispiel die Frage, was macht »die« Wirtschaft eigentlich und wie können wir das mit sozialdemokratischen Zielen vereinbaren, wenn wir politische Entscheidungen treffen?

Wie genau sahen die negativen Erfahrungen aus, die Sie als Integrationspolitikerin gemacht haben?

Zu den bitteren Erfahrungen gehört, dass ich zwar darin bestärkt worden bin, in die SPD einzutreten und mich in Migrationsfragen starkzumachen. Das habe ich auch aus eigener Motivation gerne getan, doch als ich den Wunsch äußerte, ich würde gerne Führungspositionen in der Partei wahrnehmen, hieß es, Ausländerpolitik ja, mehr Verantwortung nein.

Sie sind Kreisvorsitzende der SPD für den Berliner Bezirk Tempelhof-Schöneberg und stellvertretende Fraktionsvorsitzende im Landesvorstand Ihrer Partei. Es hat am Ende doch geklappt.

Ja, mit der Unterstützung und Solidarität insbesondere anderer Frauen. Ich habe im Vorfeld der Kandidatur für den Landesvorstand Kolleginnen gefragt, ob sie mich wählen würden, und sie haben mir versichert, dass sie mir diese Aufgabe zutrauen.

Warum haben Sie nur Frauen gefragt?

Man fragt und bittet die Personen um Unterstützung, die einem nahestehen, die anderen fragt man nicht. Die Frauen standen mir näher als die Männer. Wenn die Frauen gesagt hätten, nein, Dilek, wir trauen dir das nicht zu, dann hätte ich ohnehin nicht kandidiert. Ich bin dann in einer Kampfkandidatur angetreten und habe mich durchgesetzt. Am Ende zählen doch die Kompetenz, die Persönlichkeit und die politischen Werte und Ziele, für die man steht. Das Schönste ist aber, wenn man von der Basis gewählt wird.

Verkürzt gesagt war es auch der Kampf, nicht mehr nur als Ausländerin wahrgenommen zu werden.

Natürlich, obwohl Integration eine typische Querschnittsaufgabe ist, bleibt es am Ende doch die Politikerin mit Migrationshintergrund, der man nicht zutraut, sich für andere Sachthemen zu öffnen und in diesen auch zu bestehen. Nun sitze ich in einem traditionell von Männern dominierten Gebiet, nämlich der Finanzpolitik, und das als junge Frau mit Migrationshintergrund, und weiß, dass ich nicht meiner Herkunft wegen, sondern meiner Qualifikation wegen gewählt wurde.

Wie sehr spielen Faktoren wie Stärke und Renitenz eine Rolle? Denn Sachverstand alleine hat Ihnen anfangs den Weg zur Führung nicht geebnet.

Sie müssen beides sein, tough und renitent, gepaart mit dem Willen, Ihr Ziel zu erreichen. Nur so zeigen Sie, dass Sie die Aufgaben ernst nehmen, denn am Ende geht es immer um Glaubwürdigkeit. Sie müssen andere davon überzeugen, dass Sie eine Fähigkeit mitbringen, die Sie mit der speziellen Anforderung für die Funktion so noch nie unter Beweis stellen konnten. Wie soll der Kollege, der den Kandidaten wählt, wissen, dass er das bewältigen wird? Deshalb ist Glaubwürdigkeit der Schlüssel für solche Bewerbungen.

Inwieweit ist die Arbeit im Finanzausschuss noch Politik im klassischen Sinn? Im Grunde genommen reagieren Sie auf die Arbeit in den einzelnen Fachausschüssen.

Durch die Reaktion auf die Arbeit eines Ausschusses definieren wir, was ein politisches Thema ist und was nicht. Aufgrund der hohen Arbeitslosigkeit unter Migranten haben wir in unserer Haushaltsplanung letztes Jahr beschlossen, dass wir im Rahmen von Arbeitsmarkt- und Ausbildungspolitik zusätzliche 1,8 Millionen Euro ausgeben, um Jugendliche mit Migrationshintergrund zu unterstützen.

Das sind 1,8 Millionen Euro, die woanders nicht ausgegeben wurden. Ich stelle mir die Situation folgendermaßen vor: Ich sitze im Ausschuss für Verkehr, habe die Situation analysiert, Studien in Auftrag gegeben und bin fest entschlossen, den Finanzausschuss zu überzeugen, dass ich das beantragte Geld benötige. Ich sitze dann mit großen Erwartungen da, und dann kommen Sie, Frau Kolat, und werfen es den Migranten hinterher. Reflexartig denke ich: »War doch klar, dass die ihre Landsleute bevorzugt!«

Wir haben das Geld umgeschichtet. Es war uns bewusst, dass wir ein Konzept stricken müssten, und ich gebe gern zu, dass die zusätzlichen

Ausgaben zur Bekämpfung der Jugendarbeitslosigkeit im Haushalts-
entwurf vorangebracht wurden, aber ich musste ganz bestimmt nicht
dafür kämpfen. Am Ende haben wir es dann so beschlossen, fast ein
wenig an den Fachpolitikern vorbei. (lacht)

Wie begeistert waren die anderen Politiker?

Ist doch klar, dass die nicht »Hurra« gerufen haben. Aber man muss
eben Prioritäten setzen, gerade wenn die Mittel so knapp sind.

Vielleicht haben die auch nicht richtig aufgepasst?

Nein, nein, in Haushaltsberatungen können Sie nicht darauf hoffen,
dass nicht aufgepasst wird. Da wird jeder Euro dreimal umgedreht.
Am Ende haben wir es natürlich gemeinsam beschlossen, weil alle das
Problem der Arbeitslosigkeit unter türkischen Jugendlichen, die bei
knapp 45 Prozent liegt, kennen. Verändern kann man die Situation
nicht nur, wenn man eine Idee hat, man muss auch über die für die
Umsetzung erforderlichen Mittel verfügen.

Wohin geht das zusätzliche Geld? Was macht man mit arbeitslosen Jugendlichen ohne Abschluss und Qualifikation? Bei gleich-
zeitigem Mangel an Arbeitsplätzen fehlt mir trotz der Millionen
die Fantasie, wie man deren Perspektive langfristig verbessern
soll. Eigentlich müssten die alle wieder in die Schule, oder?

Wir haben uns erst einmal auf die Zielgruppe der jugendlichen Mig-
ranten mit Hauptschulabschluss, die keine Chance auf einen Ausbil-
dungsplatz haben, beschränkt. Es gibt Untersuchungen, die zeigen,
dass bei Deutschen die Wahrscheinlichkeit, einen Ausbildungsplatz
zu bekommen, höher liegt als bei Migranten. Übrigens nicht nur bei
Hauptschülern, man hat das auch bei Studenten untersucht, der Mig-

rant mit Universitätsabschluss hat auch Probleme, einen Arbeitsplatz zu bekommen. Es gibt eine Ungleichbehandlung in der Arbeitswelt. Ich habe letztes Jahr mit Fraktionskollegen eine kleine Busfahrt durch Berlin gemacht und dabei festgestellt: Wir haben gute strukturelle Verhältnisse. Darunter drei große Servicegesellschaften, die sich im Arbeitsmarkt etabliert haben und hervorragende Kontakte zu Projekten haben, die was für Frauen, Jugendliche und Migranten machen. Von den 40 Trägern, die solche Angebote machen, haben wir eine Handvoll besucht.

In Berlin liegt die Migrantenquote unter den Auszubildenden seit Jahren bei weniger als fünf Prozent. Was sind das für Projekte, die diese Jugendlichen mit Zuwanderungsbiografie auf dem Arbeitsmarkt unterstützen?

Ja, sie machen nur fünf Prozent der Auszubildenden aus. Ihr Anteil an ihren Altersgleichen macht mehr als 35 Prozent aus. Das ist ein großes Problem, was zu lösen ist. Es gibt Träger, die ihre Jugendlichen ganz speziell auf die Bedürfnisse der Unternehmen vorbereiten, damit die im Wettbewerb um den Ausbildungsplatz überhaupt eine Chance haben. Gleichzeitig unterhalten sie Kontakte zu den Firmen und vermitteln ihnen Auszubildende. Andere Projekte helfen Anwärtern mit Migrationshintergrund, die Aufnahmetests für den öffentlichen Dienst zu bestehen. Wieder andere vermitteln Migranten Praktikumsplätze, weil man festgestellt hat, wenn ein Jugendlicher über ein Praktikum den ersten Kontakt zu einem Unternehmen herstellt, steigt die Chance, dass er später als Auszubildender eingestellt wird. Nicht wir als Politiker haben selbst Konzepte erstellt, sondern die freien Projektträger aufgefordert, eigene einzureichen, indem wir ihnen gesagt haben: »Es gibt Geld dafür.« Damit nutzen wir vorhandene Strukturen und müssen nicht mühsam selber welche aufbauen. Manchmal spreche ich auch persönlich mit Unternehmen. Ich habe vor einigen Jahren den

Chef der Berliner Volksbank gefragt, warum es so wenige Migranten unter den Auszubildenden in der Bankbranche gibt, und er sagte: »Sie haben recht, das müssen wir ändern.« Weitere Gespräche haben dafür gesorgt, dass die Volksbank mehrere Praktikanten mit Migrationshintergrund eingestellt hat. Einige von diesen Jugendlichen haben nach dem Praktikum auch einen Ausbildungsplatz bekommen. Ohne diese Initiative hätten diese Jugendlichen vielleicht nie die Chance auf einen betrieblichen Ausbildungsplatz bekommen. Über ein Praktikum haben Betriebe die Möglichkeit, den Jugendlichen besser kennenzulernen. Wir brauchen mehr solcher Initiativen.

* * *

Unter dem Motto »Diversity als Chance« wurde im Dezember 2006 die »Charta der Vielfalt« von DaimlerChrysler, der Deutschen Bank, BP Deutschland und der Telekom gemeinsam mit Dr. Maria Böhmer, Staatsministerin für Integration im Bundeskanzleramt, feierlich unterzeichnet. Bislang haben sich 72 Unternehmen mit ihrer Unterschrift angeschlossen. In dem Papier heißt es:»Wir können wirtschaftlich nur erfolgreich sein, wenn wir die vorhandene Vielfalt erkennen und nutzen. Das betrifft die Vielfalt in unserer Belegschaft und die vielfältigen Bedürfnisse unserer Kundinnen und Kunden sowie unserer Geschäftspartner. Die Vielfalt der Mitarbeiterinnen und Mitarbeiter mit ihren unterschiedlichen Fähigkeiten und Talenten eröffnet Chancen für innovative und kreative Lösungen.

Die Umsetzung der ›Charta der Vielfalt‹ in unserem Unternehmen hat zum Ziel, ein Arbeitsumfeld zu schaffen, das frei von Vorurteilen ist. Alle Mitarbeiterinnen und Mitarbeiter sollen Wertschätzung erfahren – unabhängig von Geschlecht, Rasse, Nationalität, ethnischer Herkunft, Religion oder Weltanschauung, Behinderung, Alter, sexueller Orientierung und Identität.«

Im Artikel 3 des Grundgesetzes heißt es wörtlich: »Niemand darf wegen seines Geschlechtes, seiner Abstammung, seiner Rasse, seiner Sprache, seiner Heimat und Herkunft, seines Glaubens, seiner religiösen oder politischen Anschauungen benachteiligt oder bevorzugt werden. Niemand darf wegen seiner Behinderung benachteiligt werden.« Dass die Unternehmen, die bislang unterschrieben haben, sich damit noch einmal öffentlich zu unserem Grundgesetz bekennen, ist löblich. Dass sie aber den Nutzen von unterschiedlichen Fähigkeiten erkennen, ist das eigentliche Novum. Einer der sechs Punkte, die Vielfalt garantieren sollen, lautet: »... unsere Personalprozesse überprüfen und sicherstellen, dass diese den vielfältigen Fähigkeiten und Talenten aller Mitarbeiterinnen und Mitarbeiter sowie unserem Leistungsanspruch gerecht werden«.

Integrationspolitiker fordern schon seit Langem, dass man die Anforderungen an Bewerber ändern muss, damit auch bislang benachteiligte Gruppen bei gleicher Qualifikation eine Chance auf einen Praktikums-, Ausbildungs- oder Arbeitsplatz haben. Unternehmen, die sich standhaft weigern, ihr Anforderungsprofil zu ändern, argumentieren mit dem Bestenprinzip. Sie sagen, dass sich die Anforderungen aus dem Tätigkeitsfeld ergeben, und wenn es zu wenig Migranten in der Belegschaft gäbe, dann sei das ein Zeichen dafür, dass diese nicht genauso gut seien wie die herkunftsdeutschen Bewerber.

Die Unterzeichner der Charta haben zumindest begriffen, dass Vielfalt nicht nur aus ethischen Gründen zu befürworten ist, sondern auch ein wirtschaftliches Interesse sein kann. Frei nach dem Motto »Mehr Fähigkeiten gleich besserer Service, bessere Produkte, mehr Profit«. Und damit wiederum befindet man sich auf der Grundlage allgemeiner Marktgesetze, die das Bestenprinzip legitimieren. Der Bewerber, der neben allen anderen

Qualifikationen besser Türkisch oder Arabisch als Zweit- oder Drittsprache spricht, bekommt den Job – so könnte ein angepasstes Anforderungsprofil lauten. Wer zudem noch eine Frau ist, hat Vorrang, weil Frauen bewiesenermaßen aufgrund hoher sozialer Kompetenz mehr Verhandlungsgeschick besitzen.

Die Politik hat mit dem allgemeinen Gleichstellungsgesetz die rechtliche Grundlage geschaffen, ob diese auch zu gesellschaftlicher Veränderung beiträgt, ist fraglich. Wenn sie aber, wie in Berlin, im Bereich Ausbildungspolitik, Gelder bereitstellt, fühlt sie sich zumindest verantwortlich für die schlechte Ausgangsposition von Migranten.

Wie man allerdings dazu beiträgt, dass Migranten die Hauptschule nicht mehr ohne Abschluss verlassen, dafür hat auch die Berliner Politik noch keine Lösung gefunden.

* * *

Frau Kolat, es gibt beispielsweise Firmen, die Japanologen einstellen, damit diese ihre Kollegen bei der Abwicklung von Geschäften mit japanischen Geschäftskollegen über die kulturellen Eigenheiten informieren, damit kein Fauxpas geschieht und keine Missverständnisse entstehen. Diese Berater sind Experten für das jeweilige Land, aus dem die Vertragspartner stammen, sie sind keine Experten des konkreten Verhandlungsthemas. Es gibt aber Berufsgruppen, in denen Migranten mit beiden Fähigkeiten, fachlicher Qualifikation und kultureller Kompetenz, benötigt werden und nicht vorhanden sind.

Unser Innensenator Dr. Ehrhart Körting möchte bei der Polizei erreichen, dass ein Zehntel der Polizisten einen Migrationshintergrund hat. Das ist aber nicht so einfach zu erreichen, weil wir nicht genü-

gend Bewerber haben. Also bereiten wir potenzielle Bewerber gezielt auf die Prüfungen vor. Auch bei den Lehrern wollen wir den Anteil an Migranten erhöhen. Dies gilt auch für den allgemeinen öffentlichen Dienst. Aufgrund der Finanzlage des Landes ist jedoch der Einstellungskorridor insgesamt sehr eng. Wir versuchen darüber hinaus die Mehrsprachigkeit als Kriterium für das Anforderungsprofil zu formulieren.

Mehrsprachigkeit soll einerseits als Einstellungskriterium gefördert werden, andererseits gibt aber keinen muttersprachlichen Unterricht mit versetzungsrelevanter Benotung. Abgesehen davon, dass die Zahl der türkischen Lehrer in Berlin rapide gesunken ist – derzeit sind nur knapp hundert Türkisch sprechende Lehrer im Dienst. Es ist kein Geheimnis, dass türkische Jugendliche oft schlecht Türkisch sprechen, mit einem geringen Wortschatz und fehlerhafter Grammatik.

Ein schlecht Türkisch sprechender Türke spricht dann immer noch besser Türkisch als ein Deutscher, der gar kein Türkisch spricht.

Wo liegt bei all diesen Fördermaßnahmen für Migranten die Grenze einer positiven Diskriminierung?

Wenn die Ungleichbehandlung sich umkehrt, wenn irgendwann nur noch Migranten eingestellt werden. Bislang stehen wir aber ganz am Anfang. Wir sind gerade dabei, Unternehmen für dieses Thema zu sensibilisieren, damit sie eine »Extratür« öffnen, also vermehrt auf die Ausgewogenheit zwischen Deutschen und Migranten in der Belegschaft achten.

* * *

Für Dilek Kolat hat es in ihren 40 Lebensjahren keine »Extratür« gegeben, durch die sie hindurchgehen konnte. »Ich habe mir meine Chancen in meinem Leben selbst erarbeitet und erkämpft. Die Bedingungen waren nicht immer einfach, aber das wären sie in der Türkei auch nicht gewesen. Ich habe immer versucht, mit Bildung und beruflicher Qualifikation in der Gesellschaft voranzukommen. Ich weiß nicht, ob man das Ehrgeiz nennt.«

Ihr Vater ist 1963 als Tischler nach Deutschland gekommen. Wie viele andere auch, hatte er die Rückkehr nach drei Jahren geplant. 1970 entschloss sich die Mutter, mit den gemeinsamen vier Kindern nachzuziehen, da war Dilek drei Jahre alt. Die Mutter hat in einer Textilfabrik gearbeitet, der Vater hat sich in seinem Beruf weiterqualifiziert, die Tochter spricht mit Bewunderung über sie: »Ich bin stolz auf meine Eltern. Sie haben in der Türkei kaum die Schule besucht. Trotzdem hat es mein Vater geschafft, seinen Meister als Tischler in Deutschland zu machen, und meine Mutter war eine sehr zuverlässige und disziplinierte Fabrikarbeiterin.« Dilek ging in Berlin-Neukölln zur Schule und beschloss als Einzige in der Familie, das Abitur zu machen. Die ganze Familie freute sich über die Entscheidung und versuchte, sie im Rahmen ihrer Möglichkeiten zu unterstützen. Die älteren Geschwister fanden es toll, dass aus ihren Reihen eine Abiturientin hervorgehen sollte. »Ich wurde zu einem regelrechten Familienprojekt«, erinnert sie sich. Auf die Frage, was ihr Motor gewesen sei, antwortet sie spontan: »Anerkennung. Ich habe gemerkt, dass ich anders behandelt wurde, als ich das Studium abgeschlossen hatte und in die Partei eintrat. Aber nicht ich hatte mich verändert, sondern die Menschen um mich herum. Der Respekt war gestiegen.«

Schon als Studentin engagierte sich die zielstrebige Politikerin für die Gesellschaft. Sie gehört unter anderem zu den Gründerinnen des Türkischen Bundes, der aus einem Aktionsbündnis gegen das Ausländergesetz Ende der 1980er Jahre gegründet wurde. Später wurde daraus der Türkische Bund Berlin-Brandenburg, dessen Dachorganisation die Türkische Gemeinde ist. Ihre politische Sozialisation begründet sich aus der Arbeit in diesen beiden Gruppen.

Dilek Kolat ist seit 18 Jahren mit Kenan Kolat, dem Vorsitzenden der Türkischen Gemeinde in Deutschland, verheiratet.

* * *

Im Großen und Ganzen trennen wir unsere Bereiche. Mein Mann macht Lobbyarbeit für die türkische Community, und ich mache Politik, in der auch Interessenausgleich gefragt ist. Meistens decken sich unsere Ansichten. Nur ganz selten kommt es vor, dass ich ihm sage, ich hätte die Akzentuierung anders gesetzt. Wir arbeiten beide viel und kommentieren abends nicht das tagespolitische Geschehen, sondern versuchen, die Zeit anders zu nutzen. In vielen Themen sind wir uns ohnehin schon immer einig gewesen und haben uns, wenn auch auf verschiedenen Ebenen, für die Erhöhung der Bildungschancen von Jugendlichen mit Migrationshintergrund engagiert. Wir haben auch gleiche Positionen in der Frauenpolitik. Gewalt gegen Frauen ist etwas, wogegen wir beide kämpfen.

Wie emanzipiert leben Türkinnen in Deutschland nach Ihrer Einschätzung?

Die Türkinnen in Deutschland sind sehr wohl emanzipiert. Wenn ich mir die Frauen der nunmehr dritten Generation in meiner eigenen Familie ansehe und sie mit den Frauen aus den 1970er Jahren vergleiche, so sehe ich, dass sich einiges getan hat. Auch die Rolle der Frau in der türkischen Gesellschaft hat sich verändert. Ich mache Emanzi-

pation nicht an der Zahl der Akademikerinnen fest, sondern daran, wie selbstständig Frauen leben. Ob sie sich zu Hause etwas vorschreiben lassen oder nicht. Gerade die Generation der jungen Frauen lebt anders als ihre Mütter, die aus anatolischen Dörfern kamen und die traditionelle Rolle der Frau leben. Sie leben inzwischen selbstbewusster und selbstbestimmter. Diese Position haben sich viele Frauen aber erst erkämpfen müssen.

Die Friedrich-Ebert-Stiftung hat mit der Berliner Landeskommission gegen Gewalt im März dieses Jahres das Ergebnis einer gemeinsamen Studie veröffentlicht. Demnach sind Migrantinnen vergleichsweise häufiger Gewalt in den eigenen vier Wänden ausgesetzt als deutsche Frauen.

Das Thema ist nicht neu. Gewalt gegen Frauen hat es immer gegeben. Nur weil es das schon lange gibt, haben wir mittlerweile eine funktionierende Infrastruktur für Frauen, die Zuflucht suchen. Ja, muslimische Frauen sind in höherem Maße davon betroffen, aber eben auch deutsche Frauen. Medial wird aber gerade der letzte Halbsatz ausgeblendet. Das ist ein gesamtgesellschaftliches Problem, und Bildung ist auch hier ein wichtiger Faktor. Ich finde es erschreckend zu sehen, wie unselbstständig die türkischen Frauen sind, die in den Frauenhäusern landen. Sie sprechen kein Deutsch, wissen nicht, wie man öffentliche Verkehrsmittel benutzt, und kennen sich mit Behördenformalitäten nicht aus. Manche Veränderung können Sie nicht politisch bewirken. Gesellschaftlicher Wandel muss in der Gesellschaft erfolgen. Wir müssen uns auch fragen, was machen wir mit den älteren Menschen? Ich arbeite gerade an einem Projekt, in dem wir ältere Menschen dafür gewinnen wollen, Lesepatenschaften für junge Migranten zu übernehmen. Die sollen mit den Kindern in die Bibliotheken gehen und sie für das Lesen begeistern.

Bildung ist eine wichtige Voraussetzung für Integration und Emanzipation. Können Bildungsanreize durch mehr greifbare Vorbilder erzielt werden?

Momentan entwickle ich ein neues Projekt. Ich will, dass gleichaltrige Jugendliche sich gegenseitig motivieren, ihre Freizeit sinnvoll zu gestalten statt einfach herumzulungern. Die etwas weitergekommenen sollen zeigen, dass Engagement sich lohnt. Ich bin aber nicht sicher, ob das gelingen wird. Sicher fehlen in vielen Bereichen entsprechende Vorbilder. Manches funktioniert in der türkischen Community aber auch besser als bei Deutschen, zum Beispiel das Verhältnis von Jungen und Alten. Eltern sind für ihre Kinder da und umgekehrt; alte Menschen haben ein großes Ansehen in der türkischen Gemeinschaft. Es gibt auch kaum Obdachlose in der türkischen Community. Bei den Türkeistämmigen läuft nicht alles schlecht. Im Parlament sitzen 53 SPD-Abgeordnete, fünf davon sind Migranten, drei sind türkischstämmige Frauen. Es ist eine gute Quote und zeigt, dass sich überall etwas verändert.

Fünf von 53 sind ausreichend?

Nicht ausreichend, aber es ist auch nicht schlecht. Die SPD bemüht sich, die Quote zu erhöhen. Wir haben Mentoring-Programme, die in der Arbeitsgemeinschaft »Migranten in der SPD« entwickelt worden sind. Dort sitzen interessierte Deutsche und Nichtdeutsche und können Vorschläge zur Integrationspolitik erarbeiten. In dieser Gruppe besteht die Möglichkeit, erfahrene Politiker und ihre Parteiarbeit kennenzulernen. Wir fördern insbesondere auch junge Migrantinnen, die Mitglied geworden sind, um ihnen den Einstieg in die Politik zu erleichtern. Gerade eine Partei wie die SPD hat eine starke Organisationsstruktur, und im Ortsverein geht es schon mal zur Sache. Als Migrant mit einer anderen Sprache und Kultur fühlt man sich nicht immer herzlich willkommen und bleibt eher weg. Migranten fehlt im Gegensatz zu Deutschen die Sozialisation in politischen Parteien. Wenn ich mir meine Kollegen ansehe, dann bemerke ich, dass die zum Teil seit Generationen in der Partei aktiv sind. Wenn schon die Großeltern und die Eltern Mitglieder waren, wächst man langsam in die Strukturen hinein. Unsere erste Einwanderergeneration war Mitglied in den Gewerkschaften und in Heimatorganisationen, nicht so sehr in Parteien. Diejenigen, die sich für Parteipolitik interessiert haben, haben nicht immer positive Erfahrungen gemacht. Trotz alldem bin ich sehr zuversichtlich. 40 Jahre sind vergangen, seit die ersten Gastarbeiter gekommen sind. Manche finden, das sei eine lange Zeit. Ich finde das nicht, und deshalb sehe ich auch nicht alles so schwarz, wie es andere tun.

Sie sagt diesen letzten Satz und lächelt. Sie ist dabei die Ruhe selbst, ausgewogen in ihren Meinungen und unaufgeregt im Vortrag. Sie streicht ihr weißes Shirt zurecht, und trotz ganztägiger Sitzungen hat ihre Hose keine einzige Knitterfalte. In Deutschland geben sich Politikerinnen Mühe, nicht zu weiblich zu wirken. In der Türkei haben erfolgreiche Frauen, auch in Führungspositionen, keine Sorge, dass Weiblichkeit ihrem Auftritt schaden könnte. Dilek Kolat trägt hohe Absätze, elegante Businesskleidung, ist zierlich und wirkt recht mädchenhaft. Überhaupt nicht burschikos oder gar maskulin, wie ich mir bislang Wirtschaftsmathematikerinnen immer vorgestellt habe.

In meinem ganzen Leben habe ich noch kein so aufgeräumtes Büro gesehen wie das ihre. Papierstapel sind nicht höher als ein halber Zentimeter. Briefe, die aus Mappen herausschauen, stecken parallel zur Mappenkante in ihr. Man kommt in dieses Büro, hat einen vollen Kopf und geht geordnet wieder heraus.

Während des Gespräches macht sie etwas, was für mich eine typisch türkische Eigenart ist. Sie bietet mir etwas zu trinken an und stellt ein paar Süßigkeiten auf den Tisch. Und weil ich nichts nehme, schiebt sie, während sie redet, die Schale ein Stück in meine Richtung. Manchmal machen das auch Deutsche, aber Menschen aus der Türkei schieben mit mehr Nachdruck. Je weiter östlich aus der Türkei sie stammen, umso mehr Nachdruck. Daran kann man Türken und Deutsche voneinander unterscheiden. Am Schieben!

Wir beschließen, mit ihrer digitalen Kamera per Selbstauslöser ein Bild von uns zu machen. Ich bitte Frau Kolat mehrmals, den Vorgang zu wiederholen, weil ich mir auf den Bildern nicht gefalle. Für das Erinnerungsfoto hat sie ihre graue Anzugjacke angezogen. Sie selbst beurteilt die Bilder nicht nach ihrem Aussehen. Sie steht unter Zeitdruck, das weiß ich, aber sie gibt sich Mühe, mich das nicht spüren zu lassen. Auf dem Foto, das sie mir später schickt, bin ich es, die wie gehetzt aussieht. Fast wirkt es, als stehe ich jeden Moment vom Stuhl auf. Sie lächelt ganz milde und geduldig in die Kamera.

Nur einmal haben ihre Augen während unseres Gesprächs in ihrem kleinen Abgeordnetenbüro wirklich geleuchtet. Sie erzählte, sie habe im vergangenen Jahr mit Parteikolleginnen eine Bildungsreise nach Istanbul organisiert. Sie sprachen auch mit der stellvertretenden Bezirksbürgermeisterin des Ortsteils Kadiköy über Integrationsprojekte für zugewanderte Frauen aus Anatolien. Die deutschen Kolleginnen fragten die Bürgermeisterin, ob denn die Ehemänner ihre Gattinnen so ohne Weiteres zu den Fortbildungskursen schicken würden. Die Gastgeberin antwortete, dass sie zu den Ehemännern geht, sich vorstellt, mit ihnen spricht und sie am Ende überzeugt, dann klappe es meistens schon. »Auf einmal sah ich, wie es bei meinen Kolleginnen ›klick‹ machte. Sie verstanden, dass man einen Zugang zu den Menschen schaffen muss – in ihrer Sprache und Kultur. Dann erreicht man auch etwas.«

Cem Özdemir

Abgeordneter des Europäischen Parlaments,
Die Grünen / Freie Europäische Allianz

über das Türkentum, Religionsvielfalt und warum er
für seine Ideale kämpft

Es ist eine Herausforderung, sich mit einem Politiker zu treffen, der bekannt ist und über den man via *Google News* jederzeit herausfinden kann, wo er sich gerade aufhält und was er vor zwei Stunden kommentiert hat. Und dennoch hat jeder Journalist den Ehrgeiz, etwas aus ihm herauszukitzeln, das Furore macht. Etwas Privates womöglich, oder eine saftige Kollegenschelte, vielleicht kriegt man ihn auch dazu, dass er explodiert, oder melancholisch wird, oder weint. Hinterher heißt es dann, die Journalistin Kiyak war es, die ihn von einer Seite zeigte, die man von ihm bisher nicht kannte. Und die Kellner werden auf die Sofaecke zeigen und sagen: »Ja, hier war es, wo das junge Ding den Özdemir zum Weinen gebracht hat!«

Es ist auch schon ein großer Gewinn, wenn man einen Berufspolitiker dazu bewegen kann, sich mehr als eine Stunde zur Verfügung zu stellen, und so war ich einigermaßen stolz, als die Nachricht aus dem Brüsseler Büro kam, in der es hieß: »Wir haben ausreichend Zeit für das Interview mit Herrn Özdemir.«

Hätte ich die Wahl gehabt, den mächtigsten Mann der Welt treffen zu dürfen oder Cem Özdemir, ich hätte mich immer für Cem Özdemir entschieden. Erst jetzt, nach der Begegnung mit ihm, wäre ich neugierig auf den mächtigsten Mann der Welt. Das ist schwer zu erklären, ohne pathetisch zu werden, aber ich habe nur diese Erklärung:

Stellen Sie sich vor, Sie sind das Kind einer emigrierten Arbeiterfamilie und haben eine Schullaufbahn vor sich, von der die Mehrheitsgesellschaft genauso wie die eigene ethnische Gemeinschaft ausgeht, dass Sie es keine drei Schritte weiter bringen werden als Ihre Eltern. Und Sie schauen sich um und sehen, dass tatsächlich alle Kinder um Sie herum in die gleichen sozialen Fußstapfen wie ihre Familien treten. Dann schauen Sie in die Buchhandlungen und sehen dort Bücher von Menschen aus aller Welt, aus Amerika, Europa oder Deutschland, nur einen türkischen Roman suchen sie vergeblich, weder von einem lebenden noch von einem toten Schriftsteller. Sie schauen ins Fernsehen und sind ganz aufgeregt, weil ein Tatort mit Renan Demirkan gespielt wird, und Sie schauen weiter fern, in der Hoffnung, dass Renan Demirkan noch einmal in einer Sendung mitspielt, um zu studieren, wie sie sich bewegt, wie sie guckt und lacht, aber Sie haben Pech, Sie erwischen sie so schnell nicht wieder.

Irgendwann erzählt Ihnen jemand, dass irgendeine türkische Bekannte ein Fach auf Lehramt studiert, und Sie können sich beim besten Willen nicht vorstellen, wie die jemals vor einer Klasse stehen und unterrichten wird. Wird sie mit den türkischen Grundschülern wirklich Deutsch sprechen, wird sie im Lehrerzimmer Kaffee trinken, statt Tee aus einem Glas mit Goldrand? Sie schauen sich um, und alle Türken, die Sie kennen, arbeiten am Fließband und benehmen sich, egal wo sie sich aufhalten, peinlich. In der Arztpraxis versinken Sie vor Scham im Stuhl, weil ein schlecht angezogenes Pärchen – sie mit schief sitzendem Kopftuch, er mit Schuhen, die er mit eingedrückter Hinterkappe wie Puschen trägt – immer wieder zur Anmeldung gehen, weil sie Angst haben, nicht dranzukommen. Er stammelt ganz aufgeregt: »Notfall, Notfall, meine Frau Notfall!«, die Frau aber sieht putzmunter aus. Und Sie denken, warum gehöre ich bloß zu denen, hoffentlich bringt mich niemand mit denen in Verbindung, als die Sprechstundenhilfe Sie auch schon flehentlich anschaut und bittet: »Könnten Sie nicht mal übersetzen, der Herr versteht das Prinzip der Reihenfolge nicht.«

Und eines Tages, es ist das Jahr 1994 und ich bin 18 Jahre alt, bin ich die einzige türkische Kurdin im Jahrgang, die das Abitur gemacht hat, mir steht die Welt offen und ich weiß nicht wohin. Meine Eltern zählen auf, was ich alles werden könnte, und nennen mir Beispiele von berühmten Frauen, allesamt in der Türkei erfolgreich, und als ich sie darauf aufmerksam mache, dass wir aber in Deutschland sind und nicht in der Türkei, fällt meinem Vater noch die Ehefrau von Mahatma Gandhi ein, die immerhin stets zu ihrem Mann gehalten hätte, und so jemand könnte ich unter Umständen auch werden, eine gebildete treue Ehefrau. Es gab einfach kein Vorbild in Deutschland, an dem ich mich hätte messen können, jemand, der genau wie ich aus einfachen Verhältnissen kommt und es für jedermann sichtbar geschafft hat.

Im Spätsommer 1994 gab es auf einmal jemanden mit dunklen Haaren, dessen Name aus deutschem Mund immer anders klang als aus unserem Mund. *Tzem Ötzdemir* klang das immerzu, und ich zuckte jedes Mal zusammen. Cem Özdemir saß in Talkshows, war in allen türkischsprachigen Zeitungen zu sehen. Er war für unseren türkisch geprägten Geschmack etwas zu schmal geraten und saß nicht breitbeinig genug, »Setz dich doch mal ordentlich hin, wie ein Kerl«, dachte ich und »Lass sie nicht aussprechen, los, brüll dazwischen, zeig ihnen, aus welchem Holz wir sind!«. Ich bekam immer seltsam feuchte Hände, wenn ich ihn reden hörte, wenn ich sah, wie sich sein ganzes Gesicht beim Sprechen bewegte – das alles war wie bei *uns*. Er konnte sich benehmen und artikulieren, trug ordentliche Klamotten, endlich, endlich musste ich mich einmal nicht schämen.

Fragen Sie einen anderen türkischen Migranten nach Cem Özdemir, er wird Ihnen eine andere Geschichte erzählen, aber er wird auf jeden Fall eine erzählen. Es gibt bei seinem Namen kein gelangweiltes Achselzucken, ich habe es noch nicht erlebt. Manchmal telefoniere ich mit »meinen« deutsch-türkischen Mandatsträgern, und ich kann sicher sein, wann immer einer von denen eine E-Mail von Özdemir bekommen oder mit ihm ein Glas Ayran getrunken oder getanzt hat oder mit seiner Frau mittagessen war, ich werde es erfahren, ohne danach zu fragen. Mein Vater sagt gerne: »Cem ist unsere erste Hoffnung gewesen«, und auch das gehört dazu, Cem Özdemir ist Cem und er war der Erste im Bundestag, er saß und stand mit den Mächtigen, wie man im Türkischen sagt.

Wäre Cem Özdemir das Kind einer Akademikerfamilie gewesen, er hätte nach seiner Flugmeilenaffäre keine Fans mehr gehabt. Dann hätten wir gesagt, so sind sie eben, die Akademikerkinder, sind stolz, kein BAföG gekriegt zu haben, fliegen auf Kosten des Steuerzahlers und leihen sich Geld von irgendwelchen Beratern. Aber Cem tat uns leid, und wir konnten es uns einfach nicht anders erklären, als dass er da in eine Sache reingeraten ist, … vielleicht hat ihm jemand ein Bein gestellt, … vielleicht, vielleicht, vielleicht.

Für uns hatte er seinen Glanz nicht verloren, im Gegenteil, er hat sich entschuldigt und ist hoch erhobenen Hauptes gegangen. Heute sitzt er im Europaparlament – ist sowieso alles viel wichtiger als die Bundespolitik –, so sieht es durch unsere Brille aus, und aus diesem Grund werde ich während des Gespräches diese Episode nicht ansprechen. Denn den, den man bewundert, dem stellt man keine Frage, deren Antwort tausendfach nachzulesen ist.

Und so habe ich mir vorgenommen, auch nicht über den Türkeibeitritt in die EU zu sprechen, man kennt die Position, früher war er gegen die herrschenden politischen Verhältnisse in der Türkei und ihre autoritären Machthaber, nun ist er für einen Beitritt. In der Frage der Geschichtsaufarbeitung über das dunkle Kapitel mit den Armeniern hat er immer wieder dafür plädiert, die Archive für die Historiker zu öffnen. Er nahm das Wort Kurde in den Mund, als das in der Türkei noch einem Solidaritätszeugnis mit der kurdischen Untergrundorganisation PKK gleichgesetzt wurde. Wir haben uns oft gefragt, was aus Cem Özdemir geworden wäre, wenn er die gleichen Positionen als türkischer Politiker vertreten hätte. Es ist nur Spekulation, aber der berühmt-berüchtigte Paragraf 301, der 2005 in Kraft getreten ist und die Verunglimpfung des Türkentums mit einer Haftstrafe von sechs Monaten bis zu zwei Jahren bestraft, hat bislang auch vor Nobelpreisträgern nicht haltgemacht.

So sitze ich also mit Cem Özdemir im Kreuzberger Café Advena, dessen Besitzer auch aus der Türkei stammen, er bestellt sich eine Möhrensuppe, und mir fällt ein, dass er Vegetarier ist, und auf einmal ist alles so normal. Bevor er isst, steht er auf und sagt: »Ich muss mal für kleine Jungs«, und ich sitze und denke noch: »Wow, er isst Möhrensuppe und sagt, ›für kleine Jungs‹.« Später kommen noch seine Ehefrau und seine argentinische Schwiegermutter dazu, und Cem Özdemir stellt mir jemanden vor, der ihm bei seinem Umzug in die neue Wohnung geholfen hat. Der ebenfalls türkisch sprechende Mann lächelt, wie ich finde, etwas verlegen, aber stolz.

Nach unserem Gespräch sitze ich in der Tram und denke, meine Güte, da haben sich eben eine Journalistin und ein Politiker getroffen, und beide stammen zufällig aus einer türkischen Migrantenfamilie, warum dieser innere Aufruhr? Auf der einen Seite finde ich die Gründe dafür reichlich pathetisch. Und auf der anderen Seite frage ich mich, wie oft kommt denn eine solche Situation vor, und ich befinde, ehrlich gesagt: nicht oft. Jedenfalls nicht öfter, als eine Journalistin einen bekannten Politiker zum Explodieren oder Weinen bringt.

* * *

Herr Özdemir, noch nie wurde der Islam in der bundesrepublikanischen Geschichte so interessiert zur Kenntnis genommen wie heute. Erlauben Sie mir die Gretchenfrage: Welche Rolle spielt die Religion in Ihrem Leben?

In meinem Privatleben spielt Religion keine große Rolle, aber sehr wohl die Werte, die ich damit verbinde, ob nun im Islam oder im Christentum. Ich habe übrigens immer am Religionsunterricht teilgenommen, und zwar am evangelischen. Für meine Mutter, die gläubige Muslimin ist, war das kein Problem. Islamischen Religionsunterricht gab es nicht, und sie sagte, dass ich am Unterricht teilnehmen solle, damit ich auch etwas über Religion erführe.

Sind Sie auch in die Kirche gegangen?

Zu Anfang eines Schuljahres im baden-württembergischen Bad Urach, wo ich aufgewachsen bin, ging die ganze Schule zum Gottesdienst, und ich ging selbstverständlich mit.

Hat das Ihre Mutter nicht befremdet?

Nein, überhaupt nicht. Für sie, die in Istanbul aufgewachsen ist, war das Kircheninnere genauso normal wie die Synagoge. Sie wuchs dort damit auf, dass es quasi mehr Kirchen als Moscheen gab. Übrigens haben wir auch den evangelischen Pfarrer zu uns nach Hause eingeladen, weil er am Dialog mit Muslimen interessiert war. Und so viele Muslime gab es in unserer Gegend damals nicht.

Waren Sie der einzige muslimische Schüler im evangelischen Religionsunterricht?

Ja. Ich war auch der einzige Türke in der ganzen Klasse.

Was haben Sie dort gelernt?

Es erschien mir, als ob einige unserer eher linken Religionslehrer im Unterricht nur drei Themen behandeln wollten: Sekten, Sexualität und Drogen. Das galt damals als progressiv. Ein Wunder, dass ich nicht aus Neugier mit Drogen experimentierend, sexuell verwirrt bei einer Sekte gelandet bin.

Aber irgendwann müssen die Ihnen doch auch etwas über die Evangelien erzählt haben?

Ich hatte tatsächlich ganz gute Noten in Religion, weil ich mich beispielsweise sehr für die vier Evangelien interessiert habe. Der historisch kritische Diskurs, die Frage, woher die Evangelien abstammen, was deren Gemeinsamkeiten sind, auf welche Quellen sie sich stützen, das alles fand ich deutlich spannender als etwa Sektenkunde.

Wurde auch mal eine kleine Sondereinführung in den Islam veranstaltet?

Eine Lehrerin holte mich einmal an die Tafel, nach dem Motto: Wir haben einen Muslim in der Klasse, toll, der soll uns jetzt mal den Islam erklären. Ich konnte allerdings überhaupt nichts erklären. Nur so viel, dass meine Mutter vor dem Schlafengehen betet. Aber nicht doch, sagte sie, das ist doch nicht der Islam. Ein richtiger Muslim, dozierte sie, muss nach Mekka pilgern. Was soll ich denn da, fragte ich zurück, dort kenne ich niemanden. Daraufhin sagte sie, da musst du mit deiner Familie hin, und fasten musst du auch, das gehört zu den fünf Säulen.

Und dann?

Ich bin nach Hause gegangen und habe meiner Mutter erzählt, dass die Lehrerin indirekt meint, wir seien keine guten Muslime. Daraufhin sagte meine Mutter diesen einen Satz, der mir wie in Stein gemeißelt in Erinnerung geblieben ist: »Lass deine Lehrerin entscheiden, was gute Christen sind, und lass uns entscheiden, was gute Muslime sind. Das muss sie nicht für uns entscheiden und wir nicht für sie!«

Das kling sehr souverän, oder?

Ja, deshalb erinnere ich mich auch bis heute daran. In der Erziehung meiner Mutter spielte der Islam trotz ihrer Gläubigkeit keine große Rolle. Da ging es um allgemeingültige Werte wie Ehrlichkeit, Höflichkeit, Gastfreundschaft oder dass man niemanden bestiehlt.

Das ist in der Tat eher eine Erziehung, die auf der Grundlage von Moral und Ethik steht, ich erkenne da nichts spezifisch Muslimisches.

Ich würde das eine Erziehung im Sinne eines kulturellen Islam nennen.

Wurde bei Ihnen zu Hause gesagt, tu dieses oder jenes nicht, weil sich das nicht für einen guten Menschen oder weil sich das nicht für einen guten Muslim gehört?

Es wurde gesagt, dass ich mich benehmen soll, das gehört sich so für einen guten Menschen. Aber das war identisch mit »ein guter Muslim sein«, und das ist letztendlich das, was die Religion dir gibt, ich sehe da keinen Widerspruch. Nennen wir es den Volksislam. Übrigens meinten meine Eltern in meiner Kindheit gelegentlich auch, dass »wir« als Gäste in Deutschland vorsichtig sein müssten, um nicht negativ aufzufallen. Später habe ich es mal als die »Maxime der Unauffälligkeit« bezeichnet.

Mustafa Kemal Atatürk gründete 1923 die türkische Republik. Fortan gab es nur noch ein Leben nach weltlichen Gesetzen, der Rest war Folklore.

Die Lebensart und Interpretation des Islam ist eben vielfältig. Es gibt Muslime, die fasten, aber dennoch Alkohol trinken, solche, die ein Kopftuch tragen und nicht fasten oder solche, die kein Kopftuch tragen, fasten und keinen Alkohol trinken. Eine komische Synthese eigentlich, eine Religion, die wie ein Patchwork funktioniert. Man interpretiert die Religion so, wie es zu den Lebensbedingungen passt. Aber das hat es auch schon vor Atatürk gegeben, er hat nur formalisiert und radikalisiert, was ohnehin in der Gesellschaft vorhanden war.

Meine Großmutter beispielsweise berichtet über die guten alten Zeiten vor der Gründung der Republik, in der jeder friedlich Tür an Tür lebte. Der Traditionalist neben dem Liberalen, der

Jude neben dem Muslim, Aleviten neben Sunniten und so weiter. Multikulti würde man das heute nennen.

Es gab hier ein tscherkessisches Dorf, dort ein kurdisches, daneben ein griechisch-orthodoxes, jüdisches und so weiter. Die Menschen lebten auf dem Lande eher nebeneinander als miteinander, aber das immerhin friedlich.

Wie erklären Sie sich dann die romantische Vorstellung meiner Großmutter, die erzählte, wir haben alle gemeinsam gegessen und getrunken?

Unsere Großeltern haben das deshalb erzählt, weil das wahrscheinlich auch so war, vielleicht am Wochenende auf einer Hochzeit. Aber dann sind alle wieder in ihre Dörfer zurückgekehrt.

Es gab aber einen Minderheitenschutz, das wissen Sie.

Ja, die Christen waren beispielsweise Schutzbefohlene des Sultans. Verglichen mit den damaligen Zuständen in Europa, stand Christen und Juden immerhin die Möglichkeit offen, im Staat Karriere zu machen. Eine Großzügigkeit, die man sich heute in der modernen türkischen Republik ebenfalls wünschen würde. Die mangelnde Reformfähigkeit des Reiches einerseits und die durch die Kolonialmächte unterstützten Unabhängigkeitsbestrebungen von Arabern, Griechen und Armeniern mündeten schließlich in der Entstehung des türkischen Nationalismus, quasi als Antwort auf den Niedergang des Osmanischen Reiches, mit allen negativen Begleiterscheinungen bis zu den Verbrechen des Jahres 1915 an Armeniern und Assyrern.

Es gab jedenfalls einen Minderheitenschutz ohne Wahlrecht und Aufstiegsmöglichkeiten. Das ist die ganze Wahrheit, die die

Generation der Urgroßeltern unterschlagen hat, also kein wirkliches Multikulti.

Die multikulturelle Gesellschaft ist eine Erfindung der Großstädte. Man lebt nicht mehr in einem Dorf und heiratet zwangsläufig außerhalb der Religionsgemeinschaft. Auf dem Land in der Türkei sind gemischte Ehen heute noch die Ausnahme. Und in Deutschland war das ja auch lange so, da galt eine Ehe zwischen einem Protestanten und einer Katholikin ja quasi als binational.

Sie sind verheiratet mit einer Argentinierin, ich würde das multikulturell nennen. Wie oft werden Sie darauf angesprochen?

Oft, meistens eingeleitet durch die Frage: »Ihre Frau ist doch Türkin, oder?« Das fragte mich neulich auch die Frau eines deutschen Botschafters. Ich erwiderte, dass meine Frau keine Türkin ist. Aha, also eine Deutsche, meinte sie daraufhin, woraufhin ich ihr sagte, dass sie Argentinierin ist. Dann kam die Frage nach den Kindern, wir haben eine kleine Tochter. Sie meinte daraufhin, das sei schwierig, oder?

Wieso schwierig?

Das fragte ich sie auch, was soll daran schwierig sein? Na ja, meinte sie, spätestens, wenn meine Tochter in die Pubertät käme, würde ich doch Probleme mit meinem Kulturverständnis bekommen. Und mit meinem Verständnis von Ehre.

Nach dem Motto, die Probleme werden damit beginnen, dass die Tochter in die Disco will.

So in etwa. Und da dachte ich, okay, ich versuche es mal mit Humor: Stimmt, das wird schwierig, wenn meine Frau meiner Tochter das

Ausgehen verbieten will und ich es ihr aber erlaube, weil ich ihr doch immer alles erlaube. Die Frau bekam einen ganz ernsten Gesichtsausdruck und sagte: »Ziehen Sie das nicht ins Lächerliche, Sie wissen genau, was ich meine, Sie sind Muslim und werden das nicht leugnen können!«

Es gibt darauf eigentlich nur zwei mögliche Reaktionen. Entweder man steht auf und geht einfach. Oder man sagt: Ich weiß nicht, aus welcher Kultur Sie kommen, aber ich komme aus einer aufgeklärten. Und dann die Antwort abwarten. Zurück zum Beispiel: Die anwesenden Deutschen im Raum, soweit sie die beispielsweise in den USA unvorstellbare Konversation mitbekommen haben, zogen es vor, nichts zu sagen.

Die Vorbehalte kommen aber doch nicht von ungefähr. Die türkische Rechtsanwältin Seyran Ateş, die auch gerne Frauenrechtlerin genannt wird, vermittelt den Eindruck, im Namen aller türkischen Frauen zu sprechen, wenn sie sagt, dass die Mehrheit unglücklich sei, weil sie unterdrückt wird.

Ich kenne Seyran Ateş und ich mag sie sehr. Sie sagt viele richtige Dinge, die aus ihrer Praxis heraus als Anwältin zutreffen. Nur, und das sage ich ihr auch, in ihre Kanzlei kommt eben nicht das glückliche Ehepaar, wo Mann und Frau sich lieben.

Mit Necla Kelek haben wir aber eine Soziologin, die ebenso vor den muslimischen Kräften in Deutschland warnt.

Die Strategie, vorhandene Missstände in der Gesellschaft zu beschreiben und die Themen zu popularisieren, ist wichtig und legitim, aber dann so zu tun, als täte man das mit einem wissenschaftlichen Anspruch, das finde ich durchaus problematisch. Selbst wenn es nicht explizit als wissenschaftlich dargestellt wird, wird es doch so rezipiert

und ist genauso bedenklich wie der darauf folgende Diskurs. Der ver-
läuft nach den gleichen Regeln, indem man sagt, ich kenne doch aber
welche, die leben ganz anders. Das bringt uns nicht weiter.

Was aber ist die Lösung?

Es müssen mehr Menschen an diesen Diskursen teilhaben und vor
allem in der Lage sein, es zu können. Die Generation meiner Eltern hat
nicht viele Intellektuelle hervorgebracht. Auch deshalb erleben wir im
Moment nur Teilrealitäten. Wir bräuchten in dieser Gesellschaft viel
mehr Journalisten, Politiker, Unternehmer, Sportler, Künstler und so
weiter mit Migrationshintergrund, so dass man an der Realität nicht
mehr vorbeisehen kann. Deshalb unterstütze ich auch alle Stiftungen,
die Jugendliche mit Migrationshintergrund fördern, etwa Bosch, Her-
tie, Vodafone oder Körber.

Teilhabe setzt doch aber auch voraus, dass einer nicht nur
teilhaben lässt, sondern dass gleichzeitig auch ein anderer
teilhaben will. Der Journalist Henryk M. Broder sagte neulich
in einer öffentlichen Journalistenrunde, in keinem anderen
Einwandererland würden die Migranten ihre Aufnahmegesell-
schaft so sehr verachten, wie es die Muslime in Deutschland
tun. Der ganze Saal tobte begeistert zustimmend, das Publi-
kum bestand zu großen Teilen aus Intellektuellen, Politikern,
Medienschaffenden. Er nannte Amerika als glänzendes Beispiel,
in dem die Einwanderer sich nach ein paar Wochen nicht nur
zu Amerika bekennen würden, sondern sich selbst Amerikaner
nennen.

Broder ist ein kluger Mensch, er hat bekanntermaßen auch Freude an
der Provokation, und für eine gute Pointe ist er leider manchmal auch
bereit, über das Ziel hinauszuschießen. Auch wenn wir nicht in allem

übereinstimmen, so bin ich in einem Punkt doch ganz bei ihm, nämlich was die Identität betrifft. Ich möchte in diesem Land eine Elite, ich nenne es bewusst Elite, die exzellent Deutsch spricht und sich gut auskennt. Und sich vor allem nicht so verhält, als würde sie sich hier in Deutschland auf feindlichem Territorium bewegen. Ich wünsche mir, dass die Eingewanderten ganz im amerikanischen Sinne sagen, dieses ist mein Land, meine Gesellschaft, ich habe eine Bindestrich-Identität, ich bin Deutsch-Türke, also Inländer. Und wenn jemand sie anmacht, sie seien doch keine richtigen Deutschen, dann sollten sie nicht kapitulieren, sondern sich bewusst machen, dass es auch in ihrer Hand liegt, dieses Deutschsein zu definieren.

Welche Rolle spielt dabei die Staatsbürgerschaft? In Amerika bekommt man sie mit der Geburt, in Deutschland muss man sie beantragen. Das kommunale Wahlrecht beispielsweise gilt nur für EU-Ausländer.

Ja, das ist leider so. Aber dann muss man eben die Staatsbürgerschaft beantragen.

Oder das Wahlrecht ändern.

Ich wünsche mir auch ein kommunales Wahlrecht für Nicht-EU-Ausländer. Es ist absurd, dass manche nach 20 Jahren nicht wählen dürfen, aber ein EU-Ausländer nach drei Monaten das kommunale Wahlrecht erhält. Aber um die Verfassung zu ändern, brauchen wir eine Zwei-Drittel-Mehrheit. Und ich sehe leider nicht, dass diese Mehrheit in absehbarer Zeit zustande käme.

Man kann aber als Partei die politische Einladung zur Einbürgerung formulieren. Sie könnte so lauten: »Lasst euch einbürgern. Wir laden euch herzlich dazu ein!« Diese Einladung höre ich nicht, auch nicht von den Grünen. Man muss das schon deutlich verkünden, und zwar dort, wo man Migranten antrifft. Oder kommen die zu Ihren Parteiversammlungen?

Anfang der 1990er Jahre habe ich meine erste Einbürgerungsaktion gemacht. Nachdem wir gemeinsam die Anträge ausgefüllt haben, sind wir auf das jeweilige Rathaus gegangen, um für weitere Einbürgerungen zu werben, die Presse immer dabei. Die Grünen fordern Migranten ausdrücklich dazu auf. Jede Einbürgerung ist aus unserer Sicht ein Erfolg, schließlich werden deutsche Pässe nicht verschenkt.

Migranten kommen zu meinen Veranstaltungen. Und ich besuche die Menschen in den Elternvereinen, im alevitischen Cemhaus, in der Moschee und den Sportverbänden. Die Politikverdrossenheit, die wir in der Gesellschaft haben, umfasst eben auch die Migranten. Warum sollten die aktiver sein und sich auf Parteiversammlungen sehen lassen? Übrigens befürwortet die Türkei mittlerweile selber den Wechsel zur deutschen Staatsangehörigkeit, indem sie die Türkischstämmigen auffordert, endlich Teil der Gesellschaft zu werden, in der sie leben und in der ihre Kinder geboren und groß werden.

Die türkische Regierung befürwortet den Wechsel zur deutschen Staatsbürgerschaft aber nicht konsequent. Jeder eingebürgerte Türke hat die Möglichkeit, seinen türkischen Pass wiederzubekommen. Dieser wird dann, wann immer nötig, verlängert, dadurch kommt es faktisch zur doppelten Staatsbürgerschaft, die es in Deutschland eigentlich nicht gibt. Dieses Schlupfloch kann nur von der Türkei geschlossen werden.

Wer sich einbürgern lassen will, muss erst seine türkische Staatsbürgerschaft aufgeben. Es besteht danach bekanntermaßen die Möglichkeit, den türkischen Pass wieder zu beantragen, aber der türkische Staat zwingt niemanden dazu. Nichtsdestotrotz ist es ärgerlich, wie strikt Deutschland mit der Mehrstaatlichkeit umgeht, jedenfalls bei den Türken. Wenn man nämlich die gesamte Einbürgerungsstatistik betrachtet, dann erfolgt in Deutschland fast jede zweite Einbürgerung mit Beibehaltung des ursprünglichen Passes. Bei Türken tut man so, als wären sie nicht in der Lage, trotz Doppelpass Deutschland gegenüber loyal zu sein, bei anderen Nationalitäten ist das offenbar kein Problem.

Bevor man aber den ersten Schritt wagt, die deutsche Staatsbürgerschaft zu beantragen, muss man sich grundsätzlich Gedanken machen. Der Gang ins Amt für Einbürgerung und ins türkische Konsulat geschieht ja nicht automatisch. Was waren Ihre Gründe?

Ich habe meinen Antrag aus zwei Gründen gestellt. Erstens, weil ich mit 16 Jahren schon bei den Grünen war und es mich geärgert hat, dass ich nicht wählen durfte. Und der zweite Grund war der Militärdienst, ich konnte mir mich damals einfach nicht in der türkischen Armee vorstellen.

Aus Gründen des Pazifismus, nehme ich an.

Man konnte ja nicht einfach verweigern und Zivildienst ableisten. Außerdem hatte es auch mit der politischen Lage in der Türkei zu tun, schließlich war das die Zeit nach dem Militärputsch 1980, als systematisch gefoltert wurde und Menschen einfach verschwanden. Es kam für mich nicht in Frage, in der Armee Dienst zu leisten. Auch keinen verkürzten, den man sich damals noch für 20 000 Mark erkaufen konnte.

Anfang der 1980er Jahre waren Sie auf dem türkischen Konsulat sicher noch eine Ausnahme. Mussten Sie den türkischen

Beamten erklären, warum Sie die Staatsbürgerschaft wechseln wollten?

Die Türkei wollte mich nicht aus der Staatsangehörigkeit entlassen. Es galt die Auffassung, dass erst der Wehrdienst abzuleisten sei, dann wäre die Entlassung möglich. Und dann die Sprüche: Warum willst du Deutscher werden, liebst du denn dein Land nicht? Mit meinem damals schlechten Türkisch habe ich versucht zu erklären, dass ich mir die Sache lange überlegt und mich nun einmal entschieden hätte. Auf dem Konsulat schickten sie mich erst einmal nach Hause und sagten, dass ich das nächste Mal mit meinem Vater kommen soll.

Lassen Sie mich raten, Ihr Vater war wahrscheinlich genauso wenig begeistert von der Idee, wie viele andere Väter zu dieser Zeit auch.

Ich hatte meinen Vater gerade überzeugt, dass er mir den Wechsel erlaubt, und nun sollten wir gemeinsam antreten. Die Beamten auf dem Konsulat meinten zu ihm, nun schicken wir Ihren Sohn erst einmal in die Armee und dort lernt er endlich ordentlich Türkisch. Das ist eine Schule für das ganze Leben, und wenn er wiederkommt, ist er erwachsen geworden, und dann reden wir noch einmal über die Angelegenheit, gewissermaßen von Mann zu Mann. Ich beobachtete meinen Vater, die Zweifel an meinem Vorhaben waren ihm wieder ins Gesicht geschrieben. Ich war allerdings fest entschlossen.

Warum war Ihr Vater gegen den Wechsel der Staatsangehörigkeit?

Wie Sie schon sagten, damals gab es relativ wenige Einbürgerungen. Meine Eltern hatten Angst, dass ich nie wieder in die Türkei gehen darf und meine Verwandten sehen kann. Das war kurz nach dem

Militärputsch, und niemand wusste so recht, wie es mit der Türkei weitergehen würde.

Inwieweit spielte die Idee, ich bin ein Deutscher und kein Türke, eine Rolle?

Das hat mich nicht sonderlich interessiert.

Sie nicht, aber offensichtlich Ihre Familie.

Für mich war klar: Ich lebe in Deutschland, hier fühle ich mich zu Hause, hier sind meine Freunde, hier bin ich politisch aktiv, hier kenne ich mich am besten aus, und hier will ich mitwirken.

Ich habe eine These. Alle türkischen Staatsbürger, die die deutsche Staatsangehörigkeit annehmen, machen ihre Identität nicht am Pass fest. Die deutsche Staatsbürgerschaft als identitätsstiftende Maßnahme ist die Ausnahme, die Gründe für die Einbürgerung lauten häufig, weil es halt praktischer ist. Das erklärt, weshalb so wenige eingebürgerte Türken ihren türkischen Pass abgeben.

Vielleicht weil sie glauben, dass der türkische Pass ihr Türkischsein rettet, was natürlich Blödsinn ist. Der Pass ist ein Stück Papier. Ich spreche mittlerweile besser Türkisch als manche Berufstürken und kenne mich auch in der Türkei besser aus als manche, die außer Izmir und Istanbul und vielleicht noch Bodrum, wo sie ihre Urlaube verbringen, nichts anderes von der Türkei gesehen haben, aber mir große Vorträge halten über die Bewahrung des Türkentums bis hin zum Vorwurf, ich würde meine Herkunft verleugnen oder gar verraten. Die Liebe zur Türkei äußert sich nicht dadurch, dass man alles großartig findet, sondern indem man dazu beiträgt, dass der Reformweg fortgesetzt wird.

Das hat aber damit was zu tun, dass Sie Politiker sind, Herr Özdemir, das gehört sich so, dass man politische und historische
Vorgänge kennt.

*... Nein, nein, ich habe nicht immer fließend Türkisch gesprochen,
ich musste es wieder erlernen. Auch die anderen Kenntnisse musste
ich mir erarbeiten. Das ist auch eine Frage des Maßstabs. Schauen
Sie, man kann seine Verbindung zu einem Land an Fahne und Pass
festmachen oder an der Pflege der Sprache, Literatur und Kultur, das
sind zwei unterschiedliche Philosophien.*

Beide Philosophien sind aber legitim, die patriotische genauso
wie auch die kulturelle Identität. Waren Sie eigentlich erst Vegetarier oder erst Grüner?

Erst Grüner.

Die Reihenfolge war also, grün, vegetarisch, deutsch, Pädagoge.

In etwa, und immer war es für meine Eltern wie eine kleine Bombe.

Das heißt, die Luft hat zu Hause jedes Mal ordentlich gebrannt?

*Genau. Apropos gebrannt: Die Grünen waren damals eine Partei,
die man gleichgesetzt hat mit wilden Haschischorgien und entspre-
chendem Outfit.*

Meine Eltern haben immer gesagt, wenn es müffelt, ist es ein
Grüner.

Gerne auch mal in Schlappen statt in Schuhen.

Und bei Männern ein Ohrring.

Hatte ich auch. Meine Mutter hat mir die Risse in der Jeans immer wieder zusammengenäht. Ich konnte ihr nicht erklären, dass das so sein muss. Bis mein Vater die Hose dann mit der Schere vernichtet hat.

Was war schlimmer: Vegetarier oder Parteieintritt?

Es gab kein Schlimmer. Es war alles gleich schrecklich. Vegetarismus war für meinen Vater Selbstmord auf Raten. Er hat es mir regelrecht verboten. Wir haben deshalb bis aufs Messer gekämpft, das ging fast bis zur Zwangsernährung. Und die Grünen galten für die Türken nicht als Partei. Das war für sie eine komische Veranstaltung von achselbehaarten Frauen und Männern in Strickpullovern, und dazwischen rennen Kinder und Hunde umher. So sahen doch damals die Bilder in den Nachrichten von unseren Parteitagen aus.

Bei meinen Eltern hat sich die Einstellung zu den Grünen erst geändert, als sie zu einem Hoffest eingeladen wurden, auf dem es eine Art Yoghurtsuppe gab, wie sie sie auch aus der türkischen Küche kannten. Zur politischen Aktivität hat es aber nie gereicht. Waren Ihre Eltern politisch aktiv?

Sie haben sich zwar für Politik interessiert, waren aber nie richtig organisiert, außer einer kurzen Phase im türkischen Elternverein, den sie allerdings schnell wieder verließen, als es Streit um die politische Vorherrschaft gab. Ich war allerdings recht früh politisch aktiv. Ich ging auf die Realschule und hatte immer politisch interessierte Freunde, die das Gymnasium besuchten. Es war die Zeit der Antiatomkraftbewegung und des Protests gegen die geplanten NATO-Mittelstreckenraketen. Im »Politischen Arbeitskreis«, wie wir ihn nannten, war ich der einzige Nichtgymnasiast und Migrant.

Wann haben Sie sich das erste Mal für irgendetwas engagiert?

Zu meiner Zeit als Schülersprecher gab es den »Bundesverband für Selbstschutz«. Wir wollten einen »Erste-Hilfe-Schein« machen, den man später auch für den Führerschein gebrauchen konnte. Dieser Erste-Hilfe-Kurs stellte sich aber mehr oder weniger als ein Vorbereitungskurs für einen ABC-Krieg heraus, durchgeführt von ebenjenem Verband. Das hat mich so geärgert, dass ich das verhindern wollte.

Was sprach gegen die Schutzmaßnahmen im Falle eines ABC-Krieges?

Die Soziologiesoße in Sachen Atomkrieg, die über uns ausgekippt wurde, hat mich gestört. Außerdem wussten wir doch schon damals, dass es in einem solchen Krieg praktisch keine Überlebensstrategien gibt. Was ist denn das für eine Verharmlosung? Loch buddeln oder Aktenkoffer auf den Kopf. Ich habe jedenfalls einen Leserbrief an die Zeitung geschrieben, in dem ich die Vorgänge an meiner Schule geschildert habe. Der Schuldirektor hat mich dann am nächsten Tag in einer Sondersitzung vor der gesamten Schülermitverwaltung klein gemacht und sich bei den ebenfalls anwesenden Herren des Bundesverbandes für mein Verhalten entschuldigt.

Das Ende vom Lied war was?

Das Ende vom Lied war, dass ich Jahre später im Innenausschuss des Bundestages saß, der diesen Bundesverband abgewickelt hat. Ich hatte eine tierische Freude dabei und war wahrscheinlich der Einzige, der nicht einfach nur dem Antrag zugestimmt hat, sondern innerlich auch gefeiert hat.

Gab es denn auch einen Erfolg, als Sie noch kein Politiker waren?

Meine Mutter fuhr immer mit dem Zug von Bad Urach zur Arbeit in die Papierfabrik der Nachbargemeinde. Eines Tages wurde die Strecke stillgelegt, und die Gleise sollten herausgerissen werden. Mit ein paar Freunden habe ich mich dafür eingesetzt, dass die Gleise der Ermstalbahn erhalten bleiben. Wir haben jahrelang Sonderzugfahrten organisiert, ich habe Bahnhofswärter gespielt und die Durchsagen gesprochen. Wir wurden für unser inniges Verhältnis zum öffentlichen Verkehr belächelt. Heute ist es eine Selbstverständlichkeit, dass der Zug wieder fährt. Wären die Gleise damals herausgerissen worden, könnte ich heute nicht mit dem Zug zu meiner Mutter fahren.

Kann man diese Erfahrungen als politische Initialzündung bezeichnen?

Ganz sicher. Mich hat diese Aktion gelehrt, dass man immer Freunde braucht und dass sich Überzeugungsarbeit lohnt. Das habe ich im Kleinen gelernt, und nichts anderes mache ich nun in einem größeren Rahmen. Die Freunde heißen heute Partner, und die Zusammenarbeit ist das Bündnis oder die Koalition.

Wie haben Ihre Eltern Ihre Entscheidung, Pädagoge zu werden, aufgenommen?

Seltsame Kleidungsgewohnheiten, Verzicht auf den Wehrdienst, Eintritt bei den Grünen und dann Erzieher. Das hat das Fass zum Überlaufen gebracht.

Das Problem war, dass Sie ein Mann waren?

Nicht nur, für meine Eltern war das kein bürgerlicher Beruf. Die sa-
ßen mit ihren Freunden beisammen und sprachen über die Berufe der
Kinder. Mein Vater erzählte, dass alle einen anständigen Beruf hätten,
der eine ist Kfz-Mechaniker, die anderen sind Arzt oder Ingenieur. Nur
er wäre gezwungen zu sagen, mein Sohn spielt mit Kindern!

Herr Özdemir, mit Verlaub, Sie waren eine einzige Enttäuschung!

(lacht) Ja, in der Tat.

Von 1994 bis 2004 waren Sie im Deutschen Bundestag vertreten,
Sie waren der erste prominente türkeistämmige Politiker. Um
Sie ein wenig zu trösten, bei uns zu Hause war Ihre politische
Tätigkeit ständig Thema. Wenn mein Vater Sie im Fernsehen
sah, hat es ihn nicht mehr auf dem Sessel gehalten. Entweder
er schrie: »Bravo Junge, gib's ihnen«, oder aber er schrie: »Oh
Gott, und so einer will uns vertreten.« Wie sehr haben Sie den
Erwartungsdruck der türkischen Einwanderer gespürt, oder, an-
ders gefragt, wie sehr haben Sie sich auch als Sprachrohr dieser
Leute empfunden?

1994 war meine erste Legislaturperiode, und es war in den deutschen
wie auch türkischen Medien eine Riesengeschichte. Ich konnte nirgends
mehr hingehen, ohne ständig erkannt und angesprochen zu werden.

Hat die Partei Cem Özdemir oder das türkische Arbeiterkind
aufgestellt?

Ich weiß nicht, ob der eine oder andere Delegierte das Arbeiterkind im
Kopf hatte. Ich glaube, dass diejenigen Parteimitglieder, die mich aus
Baden-Württemberg kannten, Cem Özdemir aufgestellt haben und

nicht den Migranten. Erst nach der Wahl kamen die Schlagzeilen, dass da der Erste aus einer Arbeiterfamilie mit Migrationshintergrund im Bundestag sitzt.

Wie äußerte sich der Trubel in der Türkei?

Das Parlament in der Türkei reagierte mit Anrufen, Faxen und Telegrammen, selbst der Ministerpräsident meldete sich, um zu gratulieren, ständig klingelte das Telefon. Einmal meldete sich einer aus der Türkei, der im Fernsehen gesehen hatte, wie ich zum Bonner Bundestag radelte, und mir daraufhin ein neues, besseres Fahrrad schenken wollte. Kein Schritt, keine Fahrt mit dem Zug, keine Taxifahrt, ständig wurde ich angesprochen, zum größten Teil natürlich von den Deutsch-Türken und anderen Migranten dieser Republik.

Was aber waren die Erwartungen dieser Leute? Haben Sie eine Ahnung?

Man darf nicht vergessen, dass ich ein Abgeordneter der Oppositionspartei war und nicht in der dominierenden Fraktion saß.

Die Mehrheit der Sitze ging 1994 an die CDU. Drittgrößte Partei im Bundestag waren allerdings erstmals in der Sitzverteilung des Bundestages die Grünen und nicht, wie bislang, die FDP. Opposition hin oder her, als Mandatsträger hatten Sie einen Einfluss auf die Themen.

Natürlich dachte damals jeder in der Community, das ist ein Durchbruch, der Özdemir wird jetzt all unsere Belange ins Parlament transportieren. Da aber die türkische Community sehr heterogen ist, waren die Erwartungen auch unterschiedlich.

Bestand eine Erwartung darin, dass Sie eine positive Türkei-politik betreiben?

Manche meinten, der sagt jetzt, die Türkei wird ungerecht behandelt. Andere gingen davon aus, dass ich ausschließlich die Stimme der Migranten sein würde. Und einige erwarteten wohl, dass ich Kurdistan gründe oder die Tscherkessen zurück zur Urheimat im Kaukasus führe und noch einiges andere.

Das zeigt aber doch auch, jeder hatte das Gefühl, dass Sie sein Abgeordneter seien. Verunsicherung stellte sich erst ein, als Sie sich anatolischer Schwabe nannten, so hieß auch Ihr Buchtitel damals. Der Schwabe ist klar, weil Sie in Bad Urach, auf der schwäbischen Alb, aufgewachsen sind. Wofür aber steht der Anatolier?

Die Liebe zu Anatolien haben mir meine Eltern vermittelt. Das steht für Buntheit, für Christen und Juden genauso wie für Aleviten und Sunniten. Es war meine persönliche Absage an die türkischen Nationalisten und gleichzeitig die Ansage, Deutschland, du hast es mir nicht leicht gemacht, dein Staatsbürger zu werden und mich zu dir zu bekennen.

Deshalb also die regionale und nicht die nationale Bindestrich-Identität.

Ich bin weder der neue Deutsche, der versucht, dieses Land wieder aufzubauen, noch bin ich der Edeltürke, der im Bundestag mit Schwert die Türkei verteidigt. Manche habe ich auch schnell enttäuscht. Meine erste Türkeireise als Abgeordneter war 1995, da habe ich mich mit den »Samstags-Müttern« in Istanbul getroffen.

Die Mütter, die sich jahrelang vor der Eliteschule Galatasaray zum Sitzstreik trafen. Sie kämpften für ihre Söhne, die unter dem Verdacht, oppositionell zu sein oder der PKK anzugehören, in Gefängnissen »verschwunden« waren. Haben Sie sich zu ihnen gesetzt?

Ja, da kommt also der Deutsch-Türke ins Land, von dem alle so viel gehört haben, und was macht er? Er setzt sich mit Anzug zu den trauernden Müttern auf die Straße. Anschließend habe ich mit türkischen Kriegsdienstverweigerern eine Pressekonferenz veranstaltet. Die türkische Zeitung Hürriyet hatte damals einen äußerst aggressiven Chefredakteur, der massive Angriffe auf mich startete, und die Stimmung fing an zu kippen, als ich auf dem höchsten Punkt der Eskalation auch noch an einem armenischen Gottesdienst teilnahm. Von da an hieß es, der Özdemir ist eine Enttäuschung, Schande, Totalausfall. Das ging so weit, dass ich Polizeischutz brauchte.

Dazu muss man wissen, dass eine Solidarisierung mit Oppositionellen in der Türkei lange Zeit als Sympathie für die PKK galt. Das war und ist nach wie vor ein Straftatbestand. Und da es keinen ausreichenden Minderheitenschutz in der Türkei gibt, ist jegliche Positionierung zu Christen oder Juden problematisch. Hatte Ihre Familie mit Repressalien zu kämpfen?

Nur ein Beispiel von vielen: Mein Onkel, ein schwarzes Schaf der Familie, hat sich von der Hürriyet über mich interviewen lassen. Im Hintergrund Fotos von mir und die türkische Fahne. Im Text stand, ich sei kein richtiger Türke und die gesamte Verwandtschaft würde sich für mich schämen.

Und die Presse hat es dankbar gedruckt?

Alles, was verhinderte, dass sich türkische Jugendliche meinen Lebensweg in dieser Gesellschaft zum Vorbild nehmen, kam damals in Hürriyet und Co. gut an. Als es schließlich darum ging, dass ich dem armenischen Erzbischof angeblich die Hand geküsst hätte, habe ich erstmals eine Gegendarstellung in der Hürriyet durchgesetzt.

Nun spiegelt die Hürriyet nicht die gesamte Stimmung in der Bevölkerung wider, aber Medienberichterstattung kann zum Beispiel dazu führen, dass man Morddrohungen erhält. Ihrer Parteikollegin Ekin Deligöz ist genau das im Herbst letzten Jahres mit dem Appell »Legt das Kopftuch ab« passiert. Die Hetzkampagnen gingen von türkischen Zeitungen aus. Sie haben sich in der Kopftuchdebatte bislang zurückgehalten. Wie diskussionswürdig finden Sie dieses Thema?

Neben der konkreten Solidarität mit Ekin, die übrigens vor langer Zeit mal als Praktikantin in meinem Büro gearbeitet hat, finde ich das Thema diskussionswürdig, wenn es um das Verhältnis von Staat und Islam geht, z.B. die Frage, ob Lehrerinnen ein Kopftuch tragen dürfen und ob die Religionen gleich behandelt werden. Ich habe mich in der von Ihnen skizzierten Debatte deshalb zurückgehalten, weil ich die Kopftuchfrage, so wie sie hierzulande diskutiert wird, nicht politisch finde. Wer bin ich denn, dass ich sage, das Kopftuch ist eine Mode oder nicht, dass ich Appelle an eine Gruppe adressiere und nicht an Individuen. Ja, es gibt Einzelne, die dieses Tuch aus verdammenswerten Gründen befürworten, andere aber eben aus anderen Gründen. Ich kann aber keine homogene Gruppe anhand von Äußerlichkeiten konstruieren.

Unter welchen Vorzeichen würden Sie diese Fragen denn gerne diskutiert sehen?

Die derzeitige Debatte gibt die Vielschichtigkeit dieser Gruppe nicht wieder. Kopftuchträgerin ist nicht gleich Kopftuchträgerin.

Oder umgekehrt. Nichtträgerin nicht gleich Nichtträgerin.

Genau. Übrigens gibt es unter Musliminnen und Migrantinnen mindestens so kontroverse Meinungen zu diesem Thema wie im Rest der Gesellschaft. Deshalb fände ich es spannend, wenn solche Diskussionen offen und kontrovers, vor allem aber deutsch-türkisch geführt werden würden. Dazu könnten doch mal ein türkischer und ein deutscher TV-Sender eine gemeinsame Diskussion organisieren.

Wie sehr langweilen Sie sich, wenn Sie im Feuilleton die Überschrift »Kopftuch« lesen?

Mittlerweile sehr. Was soll da noch Spannendes drinstehen? Ich kann verstehen, dass es ein Feuilletonthema ist, aber dieses Austauschen von Klischees finde ich reichlich ausgelutscht. Das eigentliche Thema ist die Bildungsgerechtigkeit und die Stärkung von Frauen auf allen Ebenen, aber nicht das Tuch auf dem Kopf. Aber ich bin ein Mann, vielleicht bin ich deshalb ungeeignet für so ein Gespräch, ich weiß es nicht.

Was würde sich denn Ihrer Meinung nach in dieser Frage verändern, wenn es mehr Bildungsgerechtigkeit gäbe?

Es gibt nur zwei Rollen, in denen man angesprochen wird. Entweder als rückständiger anatolischer Eselstreiber oder als assimilierter Deutscher. Beide Alternativen befriedigen mich nicht, und das ist das Phänomen dieser Debatte. Es gibt nur eine ganz dünne, öffentlich aktive Schicht von Intellektuellen, etwa Navid Kermani oder Zafer Şenocak, die in dieser Gesellschaft so gut verankert sind, dass sie in der Lage wären, dieses Thema aus der Extremen herauszuholen und zu einer gesunden Debatte zu führen. Aber es ist immer schwierig, der Mitte bei extrem diskutierten Themen Gehör zu verschaffen.

Der Kopftuchstreit wird aber möglicherweise stellvertretend für etwas anderes geführt. Denn die Frage wird eben nicht nur im Feuilleton diskutiert, sondern auch im Parlament und vor dem höchsten Gericht.

Ja, weil es Ängste auslöst. Das Kopftuch zieht einen ganzen Ratten-schwanz hinter sich her. Es steht als Synonym für Unterdrückung, Zwangsehe, Ehrenmord, für Ereignisse in Saudi-Arabien genauso wie im Iran, und natürlich steht es auch stellvertretend für Terrorismus. Das Tuch ist ein Signal, das den Schalter umlegt, und schon läuft im Kopf der Film ab.

Merken Sie das auch in internen politischen Gesprächen oder Runden? Passieren da schon mal Problemverlagerungen? In den Medien geht der Mechanismus so: Man erfährt von einem Prob-lem, liest die dazugehörige Studie, sofern sie erstellt wurde, und zählt den Anteil der Migranten. Ist der besonders hoch, wird das schon nicht mehr als gesamtgesellschaftliches Problem an-erkannt.

In der Politik geschieht das zum Teil auch. Das geht dann so: Man sagt, die Mülltrennung funktioniert besonders dort schlecht, wo viele Migranten leben …

… das kommt dann in einen Topf, zusammen mit dem Thema Integration …

… dazu ein bisschen »Nicht ohne meine Tochter« und »11. September«, und dann wird kräftig umgerührt. Guten Appetit!

Ali Ertan Toprak

Stadtratsmitglied in Recklinghausen,
Bündnis 90/Die Grünen, und Generalsekretär der
Alevitischen Gemeinde Deutschland e.V.

über den Unterschied zwischen Moslems und
Aleviten und warum seine Eltern nachts nicht gut
schlafen können

Ali Ertan Toprak gehört seit der vom Bundesinnenminister
Wolfgang Schäuble initiierten Deutschen Islam Konferenz zu
den prominentesten Muslimen in Deutschland. Spätestens bei
diesem Satz würde er anfangen zu zucken, und zwar wegen
des Wortes »Muslim«, denn darauf legt er Wert: kein Muslim zu
sein, sondern ein Alevit. Dass er auch Politiker ist, wissen die
wenigsten. Geht man allerdings mit ihm seinen Terminkalen-
der durch, ist er häufiger in seiner Funktion als Generalsekretär
der Alevitischen Gemeinde denn als Stadtrat unterwegs.

Die Deutsche Islam Konferenz besteht neben dem Plenum aus
drei Arbeitsgruppen, die sich alle zwei Monate treffen. Ali Ertan
Toprak sitzt in allen drei Arbeitskreisen und ist von organisier-
ter islamischer Seite der einzige alevitische Vertreter. Der jüngst
gegründete Koordinierungsrat der Muslime (KRM) hat sich aus
den vier größten islamischen Organisationen gegründet, die

Alevitische Gemeinde steht nun alleine da, weil sie dem Rat nicht angehört.

In der deutschen Öffentlichkeit war lange nicht bekannt, dass es in der türkischen Community verschiedene religiöse Ausrichtungen gibt. Unterschieden wurde bislang zwischen Schiiten und Sunniten, doch die Stimme der Aleviten wird immer lauter. Sie beansprucht für sich, zweitgrößte Gruppe unter den in Deutschland lebenden türkeistämmigen Migranten zu sein, und diese Stimme ist im Wesentlichen Ali Ertan Toprak.

Dies ist der offizielle Teil, der inoffizielle Teil lautet so: Persönlich kennengelernt habe ich Herrn Toprak in der Arbeitsgruppe 3 der Deutschen Islam Konferenz »Wirtschaft und Medien als Brücke«, in der wir seit 2006 zusammenarbeiten, er als Vertreter der organisierten Muslime und ich als nicht organisierte muslimische Vertreterin der Medien, die ihren alevitischen Glauben bislang für sich behalten hat.

Oft bin ich um Herrn Toprak herumgetänzelt, in der Hoffnung, dass er mich neben dem obligatorischen Handschlag und dem noch obligatorischeren »Schön, Sie wieder zu treffen« auch einmal zur Seite nimmt und fragt, ob ich Sunnitin bin oder Alevitin, nur um dann sagen zu können: »Ich bin genau wie Sie Alevit.« Das klingt lächerlich? Ist es aber nur bedingt. Meine Hoffnung bestand darin, dass er mich zu einem Abendessen einlädt, damit ich ihn all das fragen kann, was ich schon immer über das Alevitentum wissen wollte. Mein Interesse an ihm hat nicht nur etwas mit meiner Neugier über die Religion zu tun, sondern auch damit, dass man als Migrantenkind die Nähe zu denjenigen Menschen sucht, bei denen man die größtmöglichen Gemeinsamkeiten vermutet. Auf einer solchen Basis, so meine Erfahrung, gelingt ein offenes Gespräch am besten.

Bedauerlicherweise hat Herr Toprak sich nie die Bohne für mich interessiert. Ich bin mir nicht einmal sicher, ob er sich an mich erinnert hat, als ich ihn anrief und um das Gespräch bat. Ich gab ihm das Stichwort Deutsche Islam Konferenz als Erinnerungshilfe und meine, er tat so, als wüsste er nun Bescheid. Er schwört natürlich, dass er sich genau erinnern konnte, aber dieses Versichern, Zeige- und Mittelfinger lecken und in die Höhe strecken, gehört natürlich zur orientalischen Folklore, und alles andere hätte ich ihm auch übel genommen.

Es gibt ein unausgesprochenes Geheimnis, das besagt, Aleviten seien angeblich die liberaleren Muslime, gerade in Bezug auf das Geschlechterverhältnis. Nun sind weder Ali Ertan Toprak noch ich Wissenschaftler, aber wir sind beide Aleviten, leben in zweiter Generation in Deutschland, sind kurdischstämmig, haben in Deutschland studiert, sind unverheiratet, über 30 Jahre alt – Herr Toprak ist fast 40 –, und das ist eine hervorragende Ausgangsbasis, um unsere Erziehung gegenüberzustellen. Ich werde fragen, wie es bei Topraks zu Hause zuging und mit den Kiyak'schen Verhältnissen vergleichen. Und das Ergebnis wird mich nicht erstaunen, davon bin ich fest überzeugt!

* * *

Herr Toprak, es gibt eine schöne Zeichnung von dem in Deutschland lebenden türkischen Karikaturisten Hayati Boyacıoğlu: Ein deutscher Journalist hält einer Gruppe schnurrbärtiger Türken ein Mikrofon unter die Nase. Der Türke sagt: »Wir sind Aleviten«, darauf der Journalist: »Alle was?« Erklären Sie mir doch bitte einmal ganz kurz und verständlich, was ein Alevit ist.

(lacht) Das fängt ja schon gut an. Die Aleviten sind eine eigenständige synkretistische Religionsgemeinschaft aus Anatolien, also eine Mischform aus verschiedenen Religionen Kleinasiens und Mesopotamiens.

Wenn Sie zehn Aleviten bitten, das Alevitentum zu erklären, werden Sie vermutlich zehn unterschiedliche Antworten bekommen. Das hat auch mit dem Selbstfindungsprozess zu tun, in dem wir uns gerade befinden. Der eine würde sagen, das Alevitentum ist der wahre Islam, der andere, es ist eine Lebensphilosophie, eine Lebensart oder orientalischer Sozialismus.

Was ist denn das für eine komische Religion, über die zehn Leute zehn unterschiedliche Aussagen machen?

Moment, in einem Punkt würden sich aber alle Aussagen decken, nämlich in dem der Menschenliebe; im Mittelpunkt dieser Religion stehen der Mensch und das Weltliche. Das Alevitentum ist gelebter Humanismus, und besonders wichtig ist daher das Verhältnis zum Mitmenschen.

Ganz ehrlich, jemand, der sich mit dieser Materie bislang nicht beschäftigt hat, würde von all dem nichts verstehen, wenn er Ihre Erklärungen hört. Ist es eine Religion oder nicht?

Was haben Sie gegen das Alevitentum? Sie sind ja ganz negativ eingestellt.

Nicht doch, Herr Toprak, wir sind Glaubensgeschwister.

Ach was! Das haben Sie mir ja nie erzählt, warum unterhalten wir uns jetzt erst so ausführlich darüber?

Weil Sie mich bislang ignoriert haben. Fangen wir noch mal von vorne an. Der Staat überprüft gerade sein Verhältnis zum Islam und umgekehrt, institutionalisiert wird dieser Prozess durch die Deutsche Islam Konferenz. Dort sitzen verschiedene moslemische Vertreter, Sie sind ebenfalls Ansprechpartner. Nun ist es doch berechtigt zu fragen, was zeichnet Ihre Gemeinde aus, wodurch unterscheidet sie sich von den anderen?

Erst einmal habe ich Sie nie ignoriert, sondern umgekehrt. Und zweitens, die Alevitische Gemeinde Deutschlands ist nach dem Grundgesetz von der Bundesrepublik als Religionsgemeinschaft anerkannt. Ab 2008 werden die vier größten Bundesländer alevitischen Religionsunterricht anbieten. Das ist einmalig in unserer Geschichte.

Es gibt im Islam die zwei großen Strömungen, Schiiten und Sunniten. Als Mohammed der Prophet starb, ernannten die Schiiten seinen Schwiegersohn Ali als Nachfolger. Die Sunniten hingegen verehren die gesamte Familie des Propheten und seine Angehörigen. Diese beiden Hauptrichtungen haben zahlreiche Untergruppen, die Aleviten sind eine Untergruppe der Schiiten, der Ali-Verehrer. Stimmt das bis dahin?

Das hat man bislang so angenommen, weil die wenigsten wissen, dass das Wort Alevit erst im 19. Jahrhundert in der Literatur auftaucht und übersetzt »Anhänger Alis« bedeutet. Das ist aber missverständlich, denn der »Ali-Kult« wurde erst im 16. Jahrhundert in unseren Glauben aufgenommen. Ich teile die Auffassung neuerer Erkenntnisse, dass das Alevitentum vorislamische Wurzeln hat.

Aber das würde doch bedeuten, dass Aleviten keine Muslime sind.

Richtig.

Kann man alevitische Theologie studieren?

Bislang noch nicht, weder in Deutschland noch in der Türkei. Doch das erste Mal in der Geschichte können Aleviten in Freiheit über ihre Geschichte forschen, und erst seit 20 Jahren organisieren sie sich auch. Es gibt verschiedene Arbeiten an türkischen und deutschen Universitäten über dieses Thema, Magister- und Doktorarbeiten beispielsweise, und viele bezeichnen diese Entwicklung als eine Renaissance. Bislang waren die Aleviten eine sehr verschlossene Gemeinschaft, die sich aus Angst vor Pogromen und Diskriminierung nach außen nicht als solche zu erkennen gegeben hat.

Die fünf Säulen des Islam gehören zu den Pflichten eines jeden Moslems. Sie bestehen aus dem Glaubensbekenntnis, dem Gebet, der Almosensteuer, dem Fasten und der Pilgerfahrt nach Mekka. Welche von diesen Säulen haben für einen Aleviten Gültigkeit?

Keine. In der sunnitischen und schiitischen Religion gibt es Gott und den Menschen, der sein Sklave ist, diesen Dualismus gibt es im Alevitentum nicht. Gott ist in der Natur, in allen Lebewesen, also auch im Menschen – jeder Mensch ist ein Teil Gottes. Das ist eher Pantheismus als Monotheismus. Das Verständnis vom allmächtigen Gott irgendwo hinter den Wolken ist uns fremd. Deshalb sind wir auch immer verfolgt worden, weil wir die fünf Säulen nicht befolgt haben. Das hat dazu geführt, dass die Aleviten sich eine islamische Maske aufgesetzt haben, um in einer vom Islam dominierten Region überleben zu können. Als der Islam sich vom Nahen Osten nach Kleinasien auszubreiten begann, verlief das nicht friedlich, sondern es gab blutige Kriege. Die Aleviten haben ihren Glauben nicht aufgegeben, sich aber gebeugt und nach außen so getan, als wären sie durch die Verehrung Alis, der immerhin Mohammeds Schwiegersohn war, Moslem genug und haben sich dadurch Schutz erhofft. So erkläre ich das, denn meine These ist, wie gesagt, dass es sich um eine vorislamische Religion handelt. Der

»Ali-Kult« rührt auch daher, dass sich die Aleviten mit der Leidensgeschichte Alis und seiner Familie identifizieren.

Kommen wir zu den kulturellen Unterschieden. Wie wird geheiratet, gebetet und vor allem, gibt es eine heilige Schrift?

Unsere heilige Schrift wird durch das Wort weitergetragen oder besser durch unsere Lieder, die wir in einer religiösen Zeremonie, genannt »Cem«, singen, begleitet durch das Saz, ein Saiteninstrument. Ehen werden vor einem »Dede«, »Pir« oder einer »Ana« geschlossen, so heißen die Geistlichen. Früher haben Aleviten nicht einmal Gerichte aufgesucht, weil alles der Dede in der Cem-Zeremonie geregelt hat. Die religiösen Zeremonien werden in einem Cem Evi, also einem Cemhaus abgehalten. Bevor eine Cem-Zeremonie beginnt, fragt der Dede, ob alle miteinander versöhnt oder einige untereinander zerstritten sind. Wenn zum Beispiel Ehepaare, Sie wissen ja, dass bei uns Frauen und Männer gemeinsam beten, zerstritten sind, müssen sie das vorher ansprechen, sonst dürfen sie an der Zeremonie nicht teilnehmen. Der Dede schlichtet dann, er ist dabei dem Gerechtigkeitsprinzip unterworfen.

Ich bin immer für die realistische Darstellung solcher Dinge, und deshalb sage ich Ihnen, ich habe es noch nicht erlebt, dass jemand vor einer Zeremonie den Mumm hatte, das ganze Geschehen aufzuhalten, indem er den Finger hebt und sagt: »Stopp, mein Gatte und ich reden seit vier Tagen nicht mehr miteinander.« Ich habe wohl aber erlebt, dass der Dede von Kindern oder Nachbarn zur Hilfe gerufen wurde, weil es Streit gab.

Früher haben sich die Menschen in den Zeremonien wirklich gemeldet, das ging mit der Zeit verloren. Die Menschen sind in die großen Städte gezogen, und vieles hat sich dadurch geändert, aber einiges lebt heute wieder auf. In Großstädten kann man nun auch Trauerfeiern in Cemhäusern abhalten, früher gab es diese Orte nicht, und man war gezwungen, dies in den Moscheen zu machen.

Also halten wir fest, Hochzeits-, Gebets- und Beerdigungszeremonien werden nicht in einer Moschee, sondern in einem Cemhaus gemacht. Warum aber sind alevitische Männer beschnitten?

Ich weiß gar nicht, ob das eine religiöse oder vielmehr eine traditionelle Angelegenheit ist. Juden sind ja auch beschnitten und viele amerikanische Männer auch.

Darf ein Alevit mehrere Frauen heiraten?

Nein, das wäre ein Grund, dass ein Alevit aus der Gemeinschaft entlassen wird.

Ich verrate Ihnen ein Familiengeheimnis, mein Großvater, ein Beamter aus Anatolien, hatte zwei Ehefrauen. Das war ein Riesenskandal. Dann kam das große Erdbeben, und mein Großvater, seine zweite Frau und deren Sohn sind dabei umgekommen. Das Schicksal hat dieses Problem erledigt, und meine Familie schweigt beharrlich über dieses Kapitel. Ich werde gelyncht, wenn herauskommt, dass ich das ausgeplaudert habe.

Warum tun Sie es dann?

Weil ich dagegen bin, so zu tun, als gäbe es keine Fehltritte bei den Aleviten – verstehen Sie es als Entmythologisierung des Alevitentums.

Gut, ich verrate Ihnen auch ein Geheimnis.

Ihr Großvater etwa auch ...?

Mein Opa hat, als er 60 Jahre alt wurde, eine jüngere Frau geheiratet
und ist dafür aber ausgestoßen worden. Fehltritte gibt es in allen Fa-
milien, Aleviten sind nicht die besseren Menschen.

Meine Mutter fing irgendwann an, immer, man könnte sagen,
muslimischer zu werden. Es begann mit einem islamischen Ab-
reißkalender, dann fing sie an zu fasten, und später nahm sie
privaten Koranunterricht bei einer sehr gläubigen Sunnitin mit
Kopftuch. Das verlief sich wieder, als die Zeugen Jehovas bei uns
klingelten, sie wurde dann eine leidenschaftliche »Wachtturm«-
Leserin. Sie hatte keine Ahnung, was eine Sekte ist, stattdessen freute sie sich über den Besuch der Missionare, nach dem
Motto »Gott ist Gott«. Ich glaube, sie war unzufrieden darüber,
dass sie keinen religiösen Halt hatte, und zum Schluss bastelte sie sich ihre Patchwork-Religion. Sie war Mitglied in einer
evangelischen Frauengruppe, bastelte Weihnachts- und Oster-
schmuck und fastete so lange, bis sie ihren Appetit nicht zügeln
konnte, begann vorzeitig wieder zu essen, mit dem Argument,
Allah möge einsehen, dass sie guten Willens war. Wenn meine
abendlichen Ausgehversuche sie zu sehr ängstigten, verbot sie
diese mit dem Argument, es sei eine Sünde, ich möge im Koran
nachschlagen, wenn ich es nicht glaube. Die Werte meines Vaters dagegen waren sehr einfach, er ist Sozialist und weigert sich
bis heute, eine Moschee zu betreten, nicht einmal als Tourist,
wohingegen er jüdische Friedhöfe und katholische Kirchen sehr
spannend findet.

Meine Oma ist zur Ramadanzeit nachts aufgestanden und hat Licht
gemacht, damit die Nachbarn dachten, aha, sie steht jetzt also auf,
isst zum letzten Mal bis zum Sonnenuntergang und betet. Mein Vater

ist Lehrer aus Kayseri und hat sich der linken 68er-Bewegung ange-
schlossen, er war auch eher politisch als religiös. Politik hat immer eine
große Rolle bei uns gespielt, sowie die humanistisch-alevitische Kultur.
Beides hat mich stark geprägt.

Sind Sie verheiratet?

Nein, ich bin doch noch jung.

Sie sind 38 Jahre alt, und eines der alevitischen Gebote lautet,
keine außerehelichen Beziehungen zu pflegen.

Das Gebot gilt in der Ehe, außerdem sehe ich jünger als 38 Jahre aus
(lacht).

Jetzt betteln Sie um ein Kompliment.

Sie haben ein hartes Herz. Die Leute um mich herum haben ein größe-
res Problem mit meinem Ledigsein als ich.

Erzählen Sie, was die Leute um Sie herum sagen. Bei Deutschen
ist es völlig normal, wenn ein 38-Jähriger nicht verheiratet ist,
bei Kurden und auch Türken ist es das nicht.

Meine Familie hat mich lange Zeit damit in Ruhe gelassen, mittler-
weile habe ich aber das Gefühl, dass sie sich ernsthaft Sorgen macht.
Früher habe ich gesagt, ich möchte bis 50 meine Jugend genießen und
dann eine 18-Jährige heiraten, damals haben alle gelacht. Jetzt denken
alle, oh Gott, er hat das ernst gemeint. Mein jüngerer Bruder ist auch
unverheiratet und lebt mit seiner Freundin zusammen.

Wie können Ihre armen Eltern nachts ein Auge zumachen?

Wahrscheinlich gar nicht (lacht). Sind Sie verheiratet?

Nein, und ich bin auch schon 31 Jahre alt.

Ich hätte Sie höchstens auf 26 geschätzt.

Herr Toprak, Sie betteln immer noch! Ich hätte Sie sogar auf 40 geschätzt, was sagen Sie nun?

Ich beende das Interview, Sie wollen mich fertigmachen!

Mal im Ernst, Herr Toprak, lassen Sie uns mit diesem ganzen »Wir-sind-in-Deutschland-angekommen-und-leben-wie-es-uns-passt«-Quatsch aufhören. In unserer anatolischen Kultur sind unverheiratete Kinder über 30 nichts, worauf man stolz ist, egal, wie sehr sie auf eigenen Beinen stehen. Man ist schon irgendwie ein schwarzes Schaf, wobei der gesellschaftliche Druck auf mich größer ist als auf Sie, da bin ich mir sicher. Sie gelten vielleicht noch als drollig, bei mir hingegen vermutet man eine gewisse psychische Störung, vorsichtig ausgedrückt.

Was unsere Eltern betrifft, bin ich mir sicher, dass alle vier gleich schlecht schlafen, wobei ich auch glaube, dass der gesellschaftliche Druck auf Sie größer ist als auf mich.

Unsere kulturelle Gemeinschaft kennt eben keine andere Lebensform als ihre eigene, und mit dieser Vorstellung hinkt sie der westlichen Lebensart eben ein wenig hinterher. Auf der anderen Seite sind ihre Gefühle legitim, alle Eltern wünschen sich, dass ihre Kinder heiraten und glücklich sind, und hoffen auf Enkelkinder, das ist zutiefst menschlich und erzeugt gleichzeitig Druck auf diejenigen, die anders leben wollen.

Ich habe das nicht überprüft, aber ich könnte mir vorstellen, dass es in Istanbul mehr alleinlebende muslimische Frauen und Männer gibt als hier in Deutschland.

Unsere Elterngeneration, die heute in Europa lebt, muss akzeptieren, dass es auch andere Lebensformen gibt, so schwer es ihnen auch fällt. Es ist das alte Problem, dass man im Exil konservativer lebt als in der Heimat, aus Angst, den Glauben oder die kulturellen Strukturen zu verlieren.

Sprechen Sie jetzt als Grüner, als Generalsekretär oder als Ali Toprak?

Ich spreche jetzt als Ali Toprak, wieso?

Weil ich mich frage, ob der Generalsekretär der Alevitischen Gemeinde wohl Folgendes sagen könnte: Männer und Frauen können leben, wie sie wollen, egal ob verheiratet oder nicht, es ändert nichts daran, dass sie gute Aleviten sind.

Ich habe kein Problem damit, das zu sagen, und auch keine Sorge, dass ich von der Gemeinde dafür einen auf den Deckel kriege. Wenn wir sagen, in unserem Glauben steht der Mensch im Mittelpunkt, wir sind Humanisten, so müssen wir den Menschen auch als Individuum betrachten und ihm die Freiheit zur Selbstverwirklichung geben. Man kann als Religionsgemeinschaft oder Verbandspräsident den Menschen nicht vorschreiben, wie sie zu leben haben, übrigens auch nicht als Politiker.

Wir sind ungefähr 800 000 Aleviten in diesem Land und haben 112 Gemeinden mit 20 000 eingetragenen Mitgliedern. Die jüngeren sind in den Vorständen der Gemeinden immer noch in der Minderheit, aber wir werden immer mehr. Dadurch werden sich bestimmt auch konservative Einstellungen ändern, da gibt es noch jede Menge Re-formbedarf.

Stehen die Frauen im Verband denn auch sichtbar an vorderster Front?

Meine Stellvertreterin ist eine Frau.

Stellvertreter stehen aber immer in der zweiten Reihe.

Sie ist auch ein Vorstandsmitglied, aber Sie haben recht, eine Frau ist zu wenig. Wir haben auch eine Frauenorganisation, »Bund der alevitischen Frauen«. Deren Vorsitzende Mürvet Öztürk ist übrigens auch eine Grüne, die 2008 mit einem sicheren Platz für den hessischen Landtag kandidiert.

Ich werde Mitglied in Ihrem Verband, aber ich habe keine Lust, Tee zu kochen, wie es bislang in vielen Gemeinden noch der Fall ist, nein, ich möchte direkt für den Vorstand kandidieren. Habe ich eine Chance?

Natürlich, Sie haben sogar eine sehr gute Chance.

Ich meine es ernsthaft, Sie grinsen.

Ehrlich, wenn Sie es ernsthaft wollen, haben Sie eine richtig gute Chance, niemand würde das verhindern wollen. Bei den letzten Wahlen habe ich Freundinnen ermutigt, zu kandidieren, die wollten aber nicht, weil sie sich das entweder nicht zugetraut haben oder eine berufliche Karriere anstreben. Eine konnte ich überreden, und die hat das drittbeste Ergebnis der Delegiertenversammlung erzielt.

Sind Aleviten besser integriert in die deutsche Gesellschaft, oder hat das mit dem Glauben nichts zu tun?

Vielleicht gelingt es ihnen leichter als einem konservativen Sunniten, der mit der weltoffenen europäischen Kultur größere Probleme hat.

Sie gehören nicht zu denen, die sagen, Integration hat nichts mit dem Glauben zu tun?

So weit würde ich nicht gehen, der Glaube spielt eine wichtige Rolle. Drei meiner Cousinen sind mit Deutschen verheiratet, zwei davon sogar kirchlich. Schlagen Sie mal eine türkische Zeitung auf, da lesen Sie dann, der Hans soundso heißt jetzt Hasan und hat sich beschneiden lassen. In unserer Familie ist keiner auf die Idee gekommen, den Bräutigam zu bitten, sich beschneiden zu lassen, Aleviten sind im Gegensatz zu Sunniten nicht missionarisch.

Würde ein Dede eine Alevitin mit einem Katholiken trauen?

Das ist schon passiert, dass ein Priester und ein Dede gemeinsam bei einem solchen Paar eine Trauung in der Kirche oder im Cemhaus vollzogen haben. Für einen Aleviten ist es wahrscheinlich problematischer, einen Sunniten zu heiraten als einen Katholiken. Vor 40 Jahren war es in Teilen Deutschlands aber auch noch schwierig, wenn Protestanten und Katholiken untereinander heiraten wollten.

Wie gut ist Ihr Verhältnis zu den anderen islamischen Religionsgemeinschaften?

Mehr schlecht als recht, denn ich fühle mich von diesen nicht respektiert. Deshalb fahre ich jetzt eine andere Strategie und mache darauf aufmerksam, dass die anderen vier islamischen Verbände für die

800 000 Aleviten dieses Landes nicht sprechen können, das tun wir als Alevitische Gemeinde selbst. Ich spreche auch nicht für die sunnitischen Muslime und lege Wert auf diese Trennung. Da kommt es eben zu Unstimmigkeiten. Daran merke ich, dass dieses ganze Gerede von Religionsfreiheit, Demokratie und Rechtsstaatlichkeit seitens der islamischen Verbände Geschwafel ist.

Sie misstrauen dem Koordinierungsrat der Muslime, der die vier islamischen Verbände vereint, wenn sie beteuern, dass sie die Grundordnung dieses Landes anerkennen?

Absolut! Weil der »Koordinierungsrat der Muslime« Artikel 4 des Grundgesetzes für sich beanspruchen will, ohne diese Freiheit im Gegenzug anderen gewähren zu wollen. »Die Freiheit des Glaubens, des Gewissens und die Freiheit des religiösen und weltanschaulichen Bekenntnisses sind unverletzlich«, heißt es im Artikel, der die Religionsfreiheit sichert. Hier zeigt sich die Doppelmoral und Unglaubwürdigkeit der islamischen Verbände, denn das Verhalten gegenüber den Aleviten ist äußerst defizitär, weil wir als eigenständige Glaubensgemeinschaft nicht respektiert werden.

* * *

Wo wir schon einmal bei so manchen ausgeplauderten Geheimnissen sind, ist es absolut unabdingbar, über Ali Ertan Toprak noch etwas zu erwähnen. An anderer Stelle habe ich schon einmal geschrieben, dass Politiker, aus welchen Gründen auch immer, gerne essen gehen.

Vor unseren beiden Treffen, von denen eines in Kreuzberg und das andere in meinem Heimatbezirk Prenzlauer Berg stattfand, habe ich in meinem ganzen Leben noch nicht so viele Lokale an einem Tag betreten wie mit ihm zusammen. Wir begannen unseren Tag im Café Advena, wo ich mich schon mit Cem Özdemir getroffen hatte, mit einem ordentlichen türkischen Frühstück. Schafskäse, Gemüse, Obst, Paprikacreme, Lauchzwiebeln, das Übliche. Herr Toprak aß erst sein eigenes Frühstück auf und machte sich dann über meine Reste her. Anschließend bat er um ein Eis, und weil es warm war, schlenderten wir noch durch Kreuzberg und kamen an einer türkischen Bäckerei vorbei. Dort nahmen wir eine süße Kleinigkeit mit und setzten uns dann in ein türkisches Lokal, wo wir Tee, Oliven und Käsepastete zu uns nahmen. Wieder aß Herr Toprak erst seine Bestellung auf und danach meine Reste. Wir setzten uns in ein kleines Straßencafé und tranken jeder bloß ein Glas Wasser. Ich fragte nur so aus Jux, ob er Lust hätte, dass wir auf einem kleinen Dampfer ein Schüsselchen Suppe zu uns nehmen. Herr Toprak fand die Idee hervorragend, und weil es so heiß war, nahm er noch ein Bier. Das Risiko, dass ich mich unglaubwürdig mache, wenn ich noch weiter aufzähle, was wir gegessen haben, ist zu groß, deshalb lasse ich das. Nur so viel, als ich am Abend anrief, um mich noch einmal für das schöne Gespräch zu bedanken, und fragte, was er gerade mache, antwortete Herr Toprak, er esse gerade zu Abend.

* * *

Sie haben erzählt, dass Sie aus einer politischen und alevitisch-kulturell geprägten Familie kommen. Nun arbeiten Sie in einer politischen und religiösen Organisation, kann man sagen, das hat mit Ihrer Erziehung zu tun?

Die Gründe, warum meine Familie politisch war, haben damit zu tun, dass sie als Kurden und Aleviten in der Minderheit waren. Ich bin in Ankara geboren und in Deutschland aufgewachsen, als Migrant gehöre ich in Deutschland auch zu einer Minderheit. Mir ist auf dem Gymnasium aufgefallen, dass außer mir nur noch drei andere »Schwarzköpfe« diese Schule besuchten, das hat mich ebenso politisiert. Ich bin den JUSOs beigetreten und habe in Recklinghausen Veranstaltungen organisiert, zu denen ich auch Cem Özdemir einlud. So habe ich ihn kennengelernt, das war 1995, ein Jahr zuvor war er in den Deutschen Bundestag gewählt worden.

Ist Cem Özdemir der Grund, dass Sie zu den Grünen gewechselt sind?

Er hat damals scherzhaft zu mir gesagt: »Was willst du bei denen, komm zu uns«, aber das war nicht der Grund. Ich hatte es der SPD im Nachhinein nicht verziehen, dass sie der Änderung des Artikels 16a des Grundgesetzes zur Verschärfung des Asylrechtes zugestimmt hat, und bin 1996 den Grünen beigetreten. Ich stand auf der Seite der Minderheit.

Teil einer Minderheit zu sein muss nicht zwangsläufig negative Erfahrungen nach sich ziehen. Es gibt durchaus Migranten, die sich gar nicht bewusst sind, dass sie unter ethnischen oder religiösen Gesichtspunkten einer Minderheit angehören. Jetzt ist das Stichwort schon zwei Mal gefallen, gibt es ein Schlüsselerlebnis dafür?

Ja, und zwar eines, das dazu geführt hat, dass ich im Bundestag für Cem Özdemir gearbeitet habe und mit ihm befreundet bin. Nachdem wir uns in Recklinghausen kennengelernt hatten, hat er mich nach Bonn eingeladen. Die Gästeliste bestand aus 50 Leuten der türkischen Community aus ganz verschiedenen Bereichen. Journalisten, Künstler, Menschenrechtler, ich würde sagen Demokraten aus der eher linksliberalen Ecke. Er hat eine kurze Ansprache gehalten: »Liebe Freunde, ich sitze seit 12 Monaten im Bundestag und möchte euch fragen, wie ihr meine Arbeit bislang findet, ich bin offen für Kritik und Verbesserungsvorschläge. Zieht doch bitte ein Resümee.«

Wir erinnern uns, Anfang der 1990er Jahre war der Kurdenkonflikt in der Türkei auf dem Höhepunkt, und es war auch die Zeit, in der Cem Özdemir von der türkischen Zeitung Hürriyet heftig angegriffen und als Vaterlandsverräter beschimpft wurde, weil er gegen die türkische Politik protestierte. Die ersten Gäste dieser Veranstaltung meldeten sich und sagten, eigentlich ist das toll, was du machst, aber wir finden, du kritisierst die Türkei zu sehr, konzentriere dich mit deiner Kritik mehr auf Deutschland.

Üblicherweise läuft das in der türkischen Community so ab, dass jeder den anderen mit so einer Meinung ansteckt, und auf einmal hat man es mit der Heimatfront zu tun, war es dort auch so?

Genau so, es wurde immer lauter, und alle fingen an, auf Cem einzureden. Mich hat das sehr geärgert, denn dort saßen nicht konservative Nationalisten, sondern sogenannte Liberale, und ich habe in den Saal gerufen, ihr habt nicht verstanden, dass Cem die Türkei nicht kritisiert, weil er ihr Feind, sondern weil er ihr Freund ist, weil er eine demokratische und schönere Türkei möchte, eure Kritik ist nicht angebracht. Ich weiß nicht, ob Sie sich an diese Zeit Anfang der 1990er Jahre in Deutschland und in der Türkei erinnern?

Jeder Ausländer, der damals in Deutschland gelebt hat, kann sich an die 1990er Jahre erinnern.

Ich habe dann eine Geschichte erzählt, die mir immer noch sehr nahe geht, wenn ich daran denke. Am 29. Mai 1993 ist in Solingen ein Brandanschlag auf eine türkische Familie verübt worden, fünf Men-

schen starben. Davor hat es der Reihe nach in Hoyerswerda, Hünxe, Rostock und Mölln gebrannt. Am 1. Juli 1993 bin ich wie jedes Jahr in die Türkei geflogen, aber nicht bloß wie üblich drei Wochen, sondern für drei Monate. Ich brauchte Wärme, ich konnte nicht mehr in Deutschland bleiben. Am 2. Juli morgens werden wir in Izmir vom Telefon geweckt, »Schnell, macht den Fernseher an!«, und wir sehen, wie im zentralanatolischen Sivas 35 alevitische Intellektuelle in einem Hotel verbrennen, das nach dem Freitagsgebet von Fundamentalisten angezündet wurde. Acht Stunden lang standen türkische Soldaten vor dem Hotel und haben zugeguckt – alle haben zugeguckt. 10 000 Menschen haben vor dem brennenden Gebäude gejubelt, Hassparolen skandiert und zugeschaut, wie drinnen die Menschen erstickten. Da waren Freunde von uns drin, wir konnten nicht glauben, was wir sahen. Sofort überlegten wir, was wir machen könnten, und haben uns für einen Trauermarsch entschieden. In Fünferreihen wollten wir in Izmir einen Kranz an einem Atatürk-Denkmal niederlegen, und in einer Dreimillionenstadt haben wir bloß 1000 oder 2000 Menschen zusammenbekommen. Zuvor in Deutschland waren wir in München und Essen 300 000 Menschen, die mit Lichterketten gegen rechtsextreme Anschläge demonstriert haben, und in Izmir bloß diese Handvoll. Die Sicherheitskräfte waren mit Maschinengewehren bewaffnet, umzingelten uns und sagten: »Wir geben euch fünf Minuten, ansonsten lösen wir euch auf.« Wir hatten nichts getan, nicht einmal Plakate hatten wir, wir sind einfach gelaufen und haben geschwiegen und wurden daran gehindert.

Das war der Moment, in dem Sie gemerkt haben, Sie werden hier wie dort verfolgt?

Wissen Sie, zu merken, dass man Teil einer Minderheit ist, gehört zu den erschreckendsten Momenten in der eigenen Geschichte.

Wie haben die Gäste im Saal reagiert, als Sie die Geschichte erzählt haben?

»Wo war eure Solidarität?«, habe ich gefragt. »Wo wart ihr?« Mir sind teilweise die Worte im Hals stecken geblieben, das Gefühl der Hilflosigkeit kam wieder hoch. Es herrschte absolute Stille im Raum, und Cem sagte: »Liebe Freunde, ich danke euch für eure Kritik, auch wenn manche hier anderer Meinung sind, aber nach dem, was Ali Ertan hier erzählt hat, weiß ich, dass ich in Bezug auf meine Türkeipolitik weitermachen werde wie bisher.«

Eines Tages rief Cem Özdemir dann an und fragte, ob Sie für ihn arbeiten wollten?

Von da an telefonierten wir öfter, und er fragte mich, ob ich nicht Lust hätte, die türkischen Medien zu beobachten, und alsdann war ich zuständig für Türkei- und Migrationsfragen. Damals habe ich in Münster noch Rechtswissenschaften studiert, und der Bundestag war in Bonn. Nach dem Umzug in die Hauptstadt konnte ich nicht mehr weiterarbeiten.

Sie sitzen nun im Stadtrat in Recklinghausen, ich könnte mir aber vorstellen, dass Sie politisch aufsteigen möchten, oder genügt Ihnen die bisherige Tätigkeit in der Opposition?

Ich wollte mal für den Landtag kandidieren und wurde daran gehindert, weil ein syrischstämmiger Kollege nach der Landtagskandidatur zur FDP wechselte, bei denen er das Mandat sicher nicht bekommen hätte. Ich fand seinen Übertritt auch nicht gut, mich dafür aber in Sippenhaft zu nehmen, ist unfair.

Haben Sie Ihre Partei denn nicht darauf aufmerksam gemacht, dass ausgerechnet in dem Bundesland, in dem die meisten Türkeistämmigen leben, keiner von ihnen im Landtag sitzt?

Das Argument war, dass man die kandidierenden Migranten nicht gut genug kennen würde. Deshalb hatte man ihnen keine sicheren Listenplätze gegeben. Dabei sind solche gewählt worden, die viel später Mitglied bei den Grünen geworden sind. Wenn man mir gesagt hätte, dass ich inkompetent bin, hätte ich das verstehen können, aber solche fadenscheinigen Argumente tun weh. Wir hatten auf der Landesdelegiertenkonferenz einen Spaßvogel, der auf die Bühne gekommen ist und statt einer Rede ein Lied gesungen hat, der ganze Saal hat vor Freude getobt und ihn unter die ersten 20 gewählt. Es war ein demütigendes Gefühl, dass man nicht einmal aus symbolischen Gründen einen Migranten unter die ersten 40 auf die Liste gesetzt hat.

Wann ist die nächste Landtagswahl in NRW?

In zwei Jahren.

Generalsekretär der Alevitischen Gemeinde zu sein ist an sich schon ein Ganztagsjob, nebenbei noch Stadtratstätigkeiten auszuüben, stelle ich mir anstrengend vor. Zuletzt haben Sie unter anderem als Dolmetscher und Privatdozent gearbeitet. Ich frage mich immer, was einen aufrecht hält, wenn man erschöpfte und müde Momente hat.

Gerade als Stadtrat denke ich dann immer daran, was Migranten in diesem Land schon alles verändert haben.

Nämlich?

Zum Beispiel, dass deutsche Männer sich zur Begrüßung mittlerweile
auch einen Wangenkuss geben. (lacht)

* * *

Am 2. Juli dieses Jahres befindet sich Ali Ertan Toprak auf einer Gedenkveranstaltung zum 14. Jahrestag des Sivas-Massakers, wie Aleviten das Ereignis nennen. Gemeinsam mit anderen Demonstranten aus der Türkei und Europa kämpfen die Aleviten dafür, dass ein Museum oder eine Gedenkstätte errichtet wird. Noch befindet sich ein Kebabrestaurant im Erdgeschoss des Tatorts. Ein Kebabrestaurant ist bekannt für frisch gegrilltes Fleisch.

Am 3. Juli schreibe ich ihm eine E-Mail:

Lieber Ali Ertan Toprak,
wie ist der Marsch verlaufen und wie war die Stimmung? In den türkischen Zeitungen finde ich nur sehr kleine Meldungen, »Am Morgen versammelte sich in Sivas eine Menschenmenge vor dem Madimak Hotel, um der am 2. Juli 1993 bei einem Brand ums Leben gekommenen Opfer zu gedenken.«
Herzliche Grüße aus Berlin
Mely Kiyak
P.S.: Gehen wir essen, wenn Sie wieder in Berlin sind?

Am Nachmittag erhalte ich Antwort:

Liebe Mely Kiyak,
wir waren 20 000 Demonstranten aus acht verschiedenen europäischen Ländern. Bei unserem ersten Marsch vor fünf Jahren waren wir 30 Leute. Gestern war eine bedrückende Stimmung

in Sivas, die Bewohner der Stadt schauten hinter den Gardinen hervor, aber sie nahmen nicht teil. Auch die alevitische Bevölkerung der Stadt und der umliegenden Dörfer blieb zu großen Teilen zu Hause. »Warum kratzt ihr diese Wunde immer wieder auf?«, hieß es oft. Aber uns Aleviten aus den europäischen Ländern ist es wichtig, die Botschaft zu übergeben. »Wir haben euch hier nicht vergessen, und wir haben auch nicht vergessen, was vor vierzehn Jahren passierte.« Uns ist bewusst, dass die Menschen Angst haben, auf die Straße zu gehen. Das Polizeiaufgebot war riesig, wir wurden penibel kontrolliert. Eine Gruppe von ungefähr 50 Nationalisten versuchte uns zu provozieren, sie riefen uns zu: »Wir verbrennen euch alle noch einmal.«

Der Restaurantbetrieb wurde an diesem Tag eingestellt, wir standen vor dem Gebäude und ließen einzeln die Namen der 35 Verstorbenen lesen, die Menge rief nach jedem Namen: »Sie leben immer noch!«

Ich verstehe nicht, warum nur Aleviten an dieser Gedenkveranstaltung teilnahmen, wieso erfahren wir keine Solidarität? Ich hätte den Menschen hinter den Gardinen am liebsten zugerufen: »Wieso versteht ihr unseren Schmerz nicht?«

Ich grüße Sie herzlich aus Ankara

Ali Ertan Toprak

P.S.: Ich weiß, worauf Sie anspielen ... Selbstverständlich gehen wir essen!

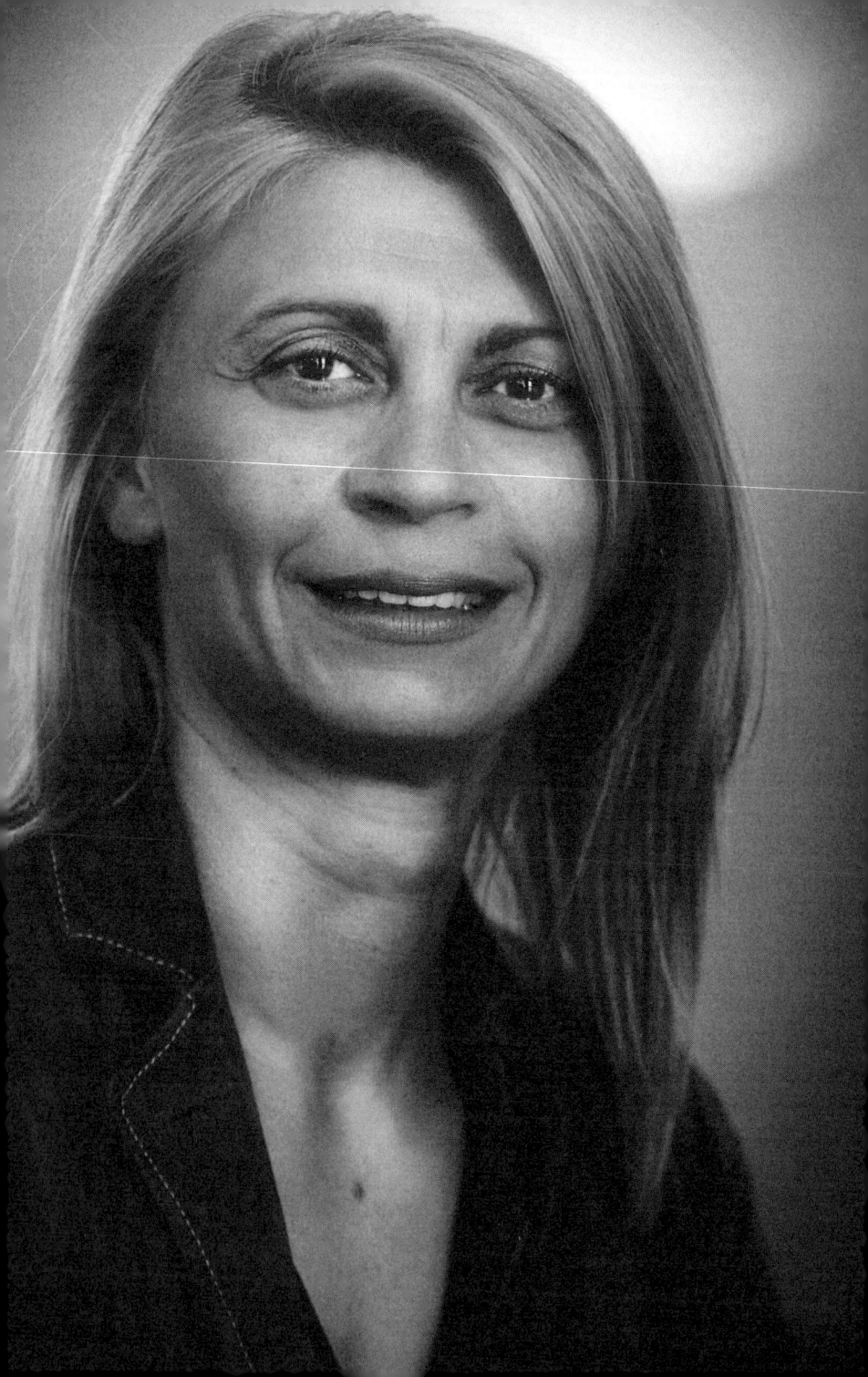

Nesrin Yilmaz

Stadtratsmitglied in Ingolstadt, CSU

über ihr konservatives Elternhaus und warum sie den
Männern ihrer Stadt schon mal den Kopf wäscht

In Ingolstadt gibt es ein Modediktat. Die Frauen ab 50 tragen
einen blondierten Bob wie Sabine Christiansen oder Karin
Stoiber. So sitzen sie in ihren paillettenbestickten Blusen in
Wirtshäusern – teuer parfümiert und mit glänzend lackierten
Fingernägeln – über einer gehörigen Portion Schweinsbraten;
ihnen gegenüber sitzen ihre in Tracht gekleideten Ehemänner,
die ausnahmslos alle mit dem Gewicht zu kämpfen haben. In
Ingolstadt sagt man zum rauchenden Sitznachbarn nicht: »Würden Sie bitte Ihre Zigarette ausmachen, ich esse noch!«, sondern
knarzt Silbe für Silbe betonend, sodass es wirklich jeder im Lokal hören kann: »Dees is doch koa Sitt, woas Sie da trreiben.« In
anderen Städten würde der Sitznachbar wahrscheinlich einfach
die Zigarette ausmachen, in Ingolstadt aber diskutiert man das
aus, und zwar olle mitanand!

Diese Stadt ist eine Mischung aus Eichenholztäfelung und Pro-
secco. Wenn man durch die Altstadt geht, dringt aus den Loka-
len entweder das Geräusch von Milch, die gerade aufgeschäumt
wird, oder von Bierhumpen, die zum Prosit aneinandergestoßen

werden. Es ist nicht wirklich piefig und nicht wirklich modern, es ist Ingolstadt, und neben dem Modediktat gibt es auch ein Parteidiktat: Hier regiert bis auf zwei »Ausrutscher« seit Menschengedenken die Christlich Soziale Union.

Ein Mitglied des Ingolstädter Stadtrats ist die Wirtin Nesrin Yilmaz, die das Café *Pater Noster* betreibt. Sie ist gebürtige Türkin, 42 Jahre alt, unverheiratet, alleinerziehend, selbstständig und CSU-Mitglied. Man hat ja schon mal Vorurteile gegenüber Menschen, weil man sie mit anderen vergleicht, die ähnlich sozialisiert sind oder weil man etwas über sie gelesen hat. Aber bei diesen Eckdaten fallen einem nicht einmal mehr Vorurteile ein, weil es in ganz Bayern nur zwei türkeistämmige CSU-Politiker mit einem politischen Mandat gibt. Dabei leben die meisten türkeistämmigen Migranten nach Nordrhein-Westfalen und Baden-Württemberg in Bayern.

Die Stadträtin Nesrin Yilmaz sieht nicht südländisch aus, sie ist zierlich und hat ein strenges, aber schönes Gesicht, das nach einem kurzen Lächeln sofort wieder in konzentrierte Züge zurückfällt. Alles an ihr ist sehnig und schmal, und trotzdem besteht kein Zweifel, dass sie in der Lage wäre, in jeder Hand zwei Getränkekisten zu schleppen. Sie kleidet sich eigensinnig, einfache braune Röhrenjeans mit Schnürstiefeln und eine Chanelbrille, die das blondierte Haar zurückhält. Sie verhaspelt sich nicht und verstrickt sich auch nicht in Widersprüche, was schon mal passieren kann, wenn man sich lange unterhält. Besonders amüsant ist sie, wenn sie erzählt, wie sie sich über etwas aufgeregt oder geärgert hat. Dann schaut sie einen ganz irritiert an und kann sich die Lachsalven ihres Gegenübers einfach nicht erklären.

Dabei ist es ganz einfach. Das Amüsement rührt daher, dass sie dann unglaublich bayerisch wird und einen solchen Dialekt spricht, dass wirklich jedes Wort die Endung »oa« bekommt. Wenn sie sich schließlich allmählich beruhigt, klingt sie wieder hochdeutsch. Solange, bis sie erneut lauter, ihre Stimme tiefer wird und man ahnt, gleich geht es wieder los, gleich erzählt sie etwas, das sie aufgeregt hat.

1996 ließ sie sich überreden, für die Grünen zu kandidieren, und anschließend zog sie als Nachrückerin in den Stadtrat ein. Man war ihr bei den Grünen dankbar, weil die Partei nun, nachdem eine ausgefallen war, wieder drei Abgeordnete stellte und somit der Fraktionsstatus erreicht wurde. Doch innerhalb der Gruppe gab es Gezänk, auf das sie im Gespräch nicht eingehen möchte, nur so viel »Es ging hoch her«, und bevor sie sich überlegen konnte, wie es weitergehen sollte, »waren da schon die CSUler«, die fragten, ob sie mit dem Mandat nicht zu ihnen wechseln möge.

In der Jugend ist man automatisch grün, auch ich habe zwischen Ulm und Stuttgart mit einer Kerze in der Hand gegen Wackersdorf demonstriert. Aber ursprünglich komme ich aus einer konservativen Familie und bin Unternehmerin, ich gehöre schon eher in die CSU als zu den Grünen. Jedenfalls hatte ich mich überreden lassen und bin als Nachrückerin in den Stadtrat gezogen. Ich fand die Politik der Grünen auch gut, nur die fraktionsinternen Differenzen waren nicht so meine Sache. Und da ich die grundsätzlichen Probleme in erster Linie in der Kommune sehe und nicht in der Weltanschauung, war mir die CSU recht. Die gesamte bayerische Presse hat mich kritisiert, angefangen von der Süddeutschen Zeitung bis zum Donaukurier. Es hieß, »Yilmaz hat sich den Sitz im Stadtrat ergaunert«, »Als Türkin wäre die über die CSU doch niemals reingekommen«, oder nur »Verrat!«. Ein halbes Jahr lang hat das gedauert, und 2001 wollte ich, auch aufgrund all meiner Erfahrungen, nicht noch einmal kandidieren.

Sie tat es aber doch, ihr Gesicht war nun auf den Wahlplakaten der CSU zu sehen, und die erneute Kandidatur sollte beweisen, dass sie in der Lage war, auch für diese Partei Stimmen zu sammeln. Ingolstädter Persönlichkeiten schalteten eine Anzeige, in der sie öffentlich für Nesrin Yilmaz warben; auch in ihrem Lokal wurden alle Gäste aufgefordert, zur Wahl zu gehen.

Wieder wurde ich gewählt, und zwar nicht von den Türken, denn die Mehrheit davon ist nicht eingebürgert und darf nicht wählen. Ich habe meine Stimme von den jungen Leuten bekommen, die wissen, dass ich mich stark machen und durchsetzen kann. In meiner ersten Legislaturperiode lag der Altersdurchschnitt der Abgeordneten meiner Partei bei 50 Jahren, der Älteste war 70, und die Frauen waren ohnehin in der Minderheit. Ein Kollege kam auf mich zu, der schon seit 30 Jahren im Stadtrat sitzt, und sagte: »Also, Madel, das eine musst du dir schon merken: Bei uns in der CSU sagst du das erste Jahr gar nichts und im zweiten Jahr fragst du erst einmal nach, ob du was sagen darfst.« Ich erinnerte mich an einen Lehrer, der mir mal sagte, wenn du das erste Mal vor einer Klasse stehst, musst du von Anfang an deine Autorität rauslassen, sonst machen die das übrige Jahr mit dir, was sie wollen. Da habe ich mir gedacht, genauso musst du das jetzt auch machen, sonst hast du verloren bei diesen rauen Typen. Ich holte also Luft und sagte: »Ich habe schon genug Schläge von der Presse eingesteckt; ich lasse mir von dir nicht sagen, wie ich mich in der Fraktion zu verhalten habe. Ihr wolltet mich, jetzt habt ihr mich, und damit musst du zurechtkommen. Dass wir uns da richtig verstehen, das ist dein Problem, nicht meins, danke, Pfüati!«

Ich bin froh, als Türkin in die CSU gegangen zu sein, weil ich nur etwas bewegen kann, wenn ich in der regierenden Mehrheit bin. Ich habe den Schwur geleistet, dass ich den Bürger unterstütze, und als Stadträtin muss ich zwischen dem steuerzahlenden Bürger und der Verwaltung vermitteln. Und wenn der Bürger nach Krippenplätzen schreit, dann heißt das für mich, dass ich *dafür sorgen muss und nicht auf Familienministerin Ursula von der Leyen warten kann. Es kann nicht sein, dass wir über Millionen für ein Museum diskutieren und kein Geld für die Bedürfnisse alleinerziehender Mütter übrig haben. Wir müssen die Realitäten akzeptieren und auch die CSU hat zu Recht gelernt, dass eine Familie nicht nur aus Vater, Mutter, Kind, Haus und Garage besteht. Ich weiß, dass es viele gibt, die mehr Verständnis für mich hätten, wenn ich in der SPD oder bei den Grünen wäre, aber ich will etwas bewegen, und zwar für die Mehrheit. Wir dürfen nicht vergessen, wir sind eine Arbeiterstadt. Über 50 000 Menschen arbeiten allein für Audi, und da müssen wir schauen, was will der Arbeiter, er ist unser Wähler, und als Stadträtin sorge ich dafür, dass ich für ihn erreichbar bin.*

Nesrin Yilmaz ist als Kommunalpolitikerin in einer komfortablen Situation. Ihr Geld verdient sie nicht mit der Politik, und darum geht es ihr auch nicht. Das bisschen Sitzungsgeld reicht nicht als Ansporn, um ein Ehrenamt – so nennen Kommunalpolitiker durch die Bank weg ihre politische Tätigkeit – auszuüben. Als Unternehmerin hat sie sich schon vor dem politischen Amt im Ingolstädter Verbund IN-City e.V. engagiert, zu deren Vorstandsmitgliedern sie gehört. Dieser aus 270 Einzelhändlern und Gastronomen bestehende Verein hat sich zum Ziel gesetzt, dafür zu sorgen, durch »ansprechende Maßnahmen und Aktionen das allgemeine Wohlergehen zu fördern und dadurch die Anziehungskraft der Innenstadt von Ingolstadt zu erhalten und zu stärken, sowie die Lebensqualität und Besucherfrequenz nachhaltig zu steigern«.

Nun kann ein solcher Verein Aktionen oder Stadtfeste planen, Marketing betreiben, eine Zeitschrift herausgeben, aber er kann die Rahmenbedingungen nicht bestimmen. Und je nachdem, wie gut die Kontakte zum Stadtrat oder einzelnen Politikern sind, ist es möglich, dass ein Abgeordneter einen Antrag einreicht, der im Sinne des Vereins ist. Legitim und vor allem praktischer ist es aber, wenn man gleichzeitig im Verein *und* im Stadtrat sitzt, um Anträge einzureichen und abstimmen zu können.

Sie sitzt nicht nur im Planungs- und Kulturausschuss sowie im Volksfest- und Marktausschuss, sondern auch im Ausländerbeirat. Der Ausländerbeirat, der in manchen Gemeinden auch Integrationsrat heißt, ist in den Landesverfassungen wie auch den Gemeindeordnungen unterschiedlich verankert. Er hat die Aufgabe, kommunale Entscheidungsgremien über Ausländer betreffende Angelegenheiten zu beraten, allerdings ohne Entscheidungsbefugnis. Die Qualität und Durchsetzungsfähigkeit eines Ausländerbeirates hängt immer auch von dem Engagement und Talent der einzelnen Mitglieder ab. Es gibt Ausländerbeiräte, die die Treffen für einen Schwatz unter Landsleuten nutzen, und es gibt solche, in denen Arbeitsgruppen gegründet werden und politisch gearbeitet wird. Das ist von Stadt zu Stadt verschieden, und bedauerlicherweise haben längst nicht alle Ausländer ohne Wahlberechtigung begriffen, dass dieses institutionalisierte Gremium für sie das einzige Mittel für eine politische Partizipation in der Kommune ist.

Jahrelang dümpelte der Ausländerbeirat vor sich hin. Als ich dazukam, habe ich mir erst einmal einen Überblick verschafft. Wir haben festgestellt, dass es keine Broschüre gibt, in der der Türke oder der Russe nachschlagen kann, auf welches Amt man geht, wenn man sich z. B. ummelden muss. Die ganze Verwaltung ist ein solches Durcheinander, und die Türken hier kaufen Grundstücke und Eigentum und wissen nicht, wo sie die Anträge ausfüllen müssen. Unser Integrationsbeauftragter hat dann die Informationen schnell zusammengetragen. Nun haben wir die Broschüre, in der klar, einfach und übersichtlich steht, wer für was zuständig ist, welche Telefonnummern und Öff-

nungszeiten gelten, aber auch, wo in der Stadt der nächste Deutschkurs angeboten wird.

*Man muss die Ausländer an die Hand nehmen, das ist meine Erfah-
rung.* Der Deutschkurs ist ein wichtiges Thema; wir bieten ihn seit
dem neuen Ausländergesetz kostenlos an. Es gibt die Wahl zwischen
städtischen oder privaten Kursen; auch für solche Ausländer, die schon
lange in Deutschland leben, und nicht nur für den Familiennachwuchs.
Das ist doch wie im Schlaraffenland. Meine bosnische Putzfrau wollte
nach Amerika gehen, und da sind die Auflagen so, dass sie nur mit
Englischkenntnissen einreisen darf. In Deutschland können die Ausländer hier Deutsch lernen, und was ist, sie tun es nicht. Meine Forderung ist ohnehin, wenn der Türke meint, er muss eine Frau aus der
Türkei heiraten, dann soll er auch dafür sorgen, dass sie dort lernt,
wie grundlegende Dinge auf Deutsch heißen, z. B. Guten Tag, Brot und
Wasser.

Schauen Sie, der Günther Beckstein, unser bayerischer Innenminister, hat mich mal gefragt, was ich von der ganzen Integration in
Deutschland halte. Und ich habe versucht, ihm die türkische Mentalität zu erklären. Der Deutsche kann sich eben nicht in den Südländer
hineinversetzen. Hier in Deutschland heißt es beispielsweise: »Wer
schreit, hat unrecht«, in der Türkei gilt: »Wer am lautesten schreit,
hat recht.« Einem Türken kann ich auch keinen Brief schreiben, in
dem steht: »Sehr geehrter Herr Soundso, es wäre schön, wenn Sie Ihre
Frau in den Deutschkurs schicken, weil sie dann den Kindern bei den
Hausaufgaben behilflich sein könnte.« Ich vermute, die Türken kriegen
dann Angst: Erst lernt die Frau Deutsch, dann lernt sie auch noch
ihre Rechte kennen, und womöglich stellt sich raus, die Mädchen sind
besser als die Jungs.

Wir haben es in Ingolstadt einmal folgendermaßen probiert – und
ich bin unserem Oberbürgermeister Dr. Alfred Lehmann sehr dankbar, dass er meinen Ratschlag auch angenommen hat: Auf offiziellem

Briefpapier bekommt der Türke ein Schreiben, das natürlich auch mit
»Sehr geehrter« beginnt. So fühlt er sich schon mal geehrt, weil er
denkt, Mensch, das ist aber was, dass sich der Oberbürgermeister für
mich Zeit nimmt. In dem Brief steht aber nicht: »Ihre Frau muss in
den Deutschkurs« – das stimmt ja rechtlich auch gar nicht, sondern
da steht: »Ihre Frau müsste in einen Deutschkurs gehen, um bessere
Sprachkenntnisse zu erwerben.« Weil der Empfänger aber so schlecht
Deutsch spricht, sieht der Türke nur dieses »müsste«, was für ihn wie
»muss« klingt, und da er auf keinen Fall Ärger kriegen will, fängt er
an nachzudenken. Dann fragt er sein Kind, was in dem Brief steht, das
Kind liest ihm das noch mal vor und bestätigt, die Mutti muss in den
Kurs. Nur so bewegt sich langsam etwas.

Aber, und jetzt kritisiere ich mal die deutsche Seite ausdrücklich. Es
gibt auch Ausländer, die sich bemühen und mit Respektlosigkeiten zu
kämpfen haben. Interessehalber habe ich einmal einen Türken, der die
deutsche Staatsbürgerschaft beantragen wollte, auf das Ausländeramt
begleitet. Wir klopfen, treten ein, und der Beamte, Mitte 20, schaut
nicht einmal hoch. Da bin ich gleich einmal eingeschritten und sagte:
»Passen Sie mal auf, bei uns in Bayern sagt man ›Grüß Gott, bitte
setzen Sie sich, wie kann ich Ihnen helfen?‹«. Er schaut auf und fragt:
»Wer sind Sie denn?«, darauf antworte ich: »Ich bin die Stadträtin
Yilmaz, seit drei Jahren in der CSU und wenn Ihnen das alles nichts
sagt, dann kläre ich Sie mal ein wenig über die Strukturen auf.« Da
saß er schon mal gleich anders auf seinem Stuhl.

»So«, habe ich noch gesagt, »ich sag jetzt nichts mehr, ich bin nur
Zuschauer.« Der türkische Herr holte dann seine Mappe heraus, die
ich mit ihm sorgfältig vorbereitet hatte, bei so was bin ich nämlich
ganz genau. Und der junge Mann ruft also alles ab, Geburtsurkunde,
Heiratsurkunde und so weiter, dann fragt er den Türken: »Sprechen
Sie Deutsch?«, nachdem er gerade eine halbe Stunde lang gemeinsam
mit ihm die Mappe durchgegangen ist. Und der Türke, sehr beschei-

den, sagt: »Ich verstehe alles, aber ich spreche nicht besonders gut.«
»Ja, dann muss ich einen Test mit Ihnen machen«, meint der Beamte
und legt dem Antragsteller einen Text vor, der mit eigenen Worten
wiederholt werden soll.

Die Geschichte ging zusammengefasst ungefähr so: Ein Mann geht
in eine Drogerie und kauft eine Packung Dragees. In der gleichen
Nacht bricht ein Einbrecher in die Drogerie ein und klaut etwas. Dann
geht der Alarm los, und der Dieb flüchtet durch ein Kellerfenster in
das Nebengebäude, in dem er sich versteckt, bis die Polizei wieder
wegfährt.

Ich bin bestimmt nicht empfindlich, aber wieso muss das eine kriminelle Geschichte sein? Mein Landsmann fängt also an zu erzählen,
kennt das Wort Dragee nicht und schaut mich hilflos an, ich sage:
»Macht nichts, ist kein deutsches Wort, sag einfach Tabletten«, daraufhin bricht der Beamte ab und sagt: »Na, wenn ich Sie so sprechen
höre, ist das schwierig mit Ihrem Deutsch.« Da bin ich ausgeflippt.
Was erwartet man denn von diesen Menschen, was erwartet man in
meiner Fraktion bloß von diesen Menschen? Er hat alles erfüllt, er
hat seine Sachen vorbereitet, er spricht Deutsch, nicht perfekt, aber
er kann es, was soll das Ganze mit diesen Dragees? Und dann lege
ich erst richtig los: »Ja sapperlot geht's no, wenn Sie diesem Menschen
die deutsche Staatsbürgerschaft verweigern, dann werde ich dieses
Thema und Sie in den Stadtrat bringen und dort vorführen – das
verspreche ich Ihnen. So, und jetzt gehe ich raus, und Sie haben Gelegenheit, dem Mann eine neue Geschichte zu geben, seinen Arbeitgeber
zu spielen oder ihn eine Ansichtskarte schreiben zu lassen oder sonst
was, und in zehn Minuten komme ich wieder, und Sie werden mir
sagen, ob er Deutsch kann oder nicht.« Ich bin dann raus, weil ich
mich erst einmal abreagieren musste. Dann habe ich überlegt, wie ich
gegen den Flegel vorgehen kann, der diesen fleißigen und anständigen
Menschen schlecht behandelt, der seit Jahren selbstständig ist und drei
Gemüseläden hochgezogen hat.

Nach zehn Minuten und einem Glas kalten Wasser bin ich wieder reingegangen und habe gefragt: »Und, hat er den Test bestanden?« Der Beamte war natürlich in einer blöden Situation. »So, und was brauchen Sie noch von dem Bürger? Schneller, manche nehmen sich extra frei, um sich hier anzustellen, wie geht es jetzt weiter?« »Das wird jetzt an den bayerischen Staat geschickt und geprüft, von unserer Seite gibt es keine Probleme.« »Das will ich Ihnen auch geraten haben«, antwortete ich, »Sie hören noch von mir! Wie Sie mit dem künftigen Neubürger umgehen, ist eine Unverschämtheit.«

Ich habe das in der Fraktion vorgetragen, alle 26 saßen da und starrten mich an, und ich habe gesagt: »Ich weiß, ich bin jetzt sehr laut und emotional, aber ich bringe euch den Türken, ich bringe den hierher und jeder von euch kann den fragen, was er will. Er kann Deutsch!« Ich wünsche mir, dass der junge Beamte aus dieser Sache auch etwas gelernt hat.

Integration funktioniert nicht einseitig. Als Kommune müssen wir die Rahmenbedingungen schaffen. Bei uns gibt es keine Türkengettos mehr, weil wir den gemeinnützigen Wohnungsbau haben, das heißt, uns gehören die Wohnungen, und dort setzen wir mehrheitlich Deutsche und einige Türken, Griechen, Russen und Italiener rein und lösen damit die Gettobildungen auf.

Hier wird auch eine Moschee gebaut. In jeder anderen Stadt gibt es darüber Diskussionen, nicht in Ingolstadt. Der Bau wurde schon vom Stadtrat und unserem vorherigen Oberbürgermeister Peter Schnell befürwortet, der ein großer Ausländerfreund ist. Der hat noch zu Franz Josef Strauß gesagt: »Pass mal auf, du kannst als Bundeskanzler kandidieren, aber deine ausländerfeindlichen Plakate kommen nicht in meine Stadt.« Nun bekommen wir eine wunderschöne neue Moschee, mit einer herrlichen Architektur und einem 26 Meter hohen Minarett. Aber wie die Muslime so sind, sie wollten 32 Meter, da habe ich aber gesagt: »Moment einmal, selbst in der Türkei sind die Türme nicht höher als 22 Meter«, dann war alles wieder gut. Man muss mit den Bürgern reden und auch streiten, um voranzukommen.

Mit dieser Ansicht gehen der Oberbürgermeister und ich in die Moschee und diskutieren mit den Menschen. Vorne in der ersten Reihe sitzt meine Vätergeneration, mit der ich besonderes Mitgefühl habe, weil die in der Gießerei gerackert haben und mit 60 schon aussehen wie 70. Sitzen eingesackt und träumen immer noch davon, dass sie zurückgehen, wenn sie ein wenig Geld haben. Und deren Söhne sitzen hinten und träumen auch davon. Und ich sage, bildet euch nicht ein, dass ihr in die Türkei zurückgehen werdet, dass ihr das alles hier nicht braucht und dass ihr euch dort drei Eigentumswohnungen kauft. Dann schickt ihr eure Kinder in die Türkei, damit sie dort schon mal auf die Schule gehen, und ihr schafft es nicht, hinterherzukommen; sie werden zu alt, ihre Aufenthaltsgenehmigung erlischt, und ihr jammert mich an und fragt, wie ihr die Kinder wieder zurückkriegt. Ich sag es euch: gar nicht! Ihr wollt eines Tages für immer zurück, das werdet ihr, aber als Leichname!

Ein anderes Mal steht ein Vater in der Moschee auf und sagt, wie kriege ich meinen Sohn aus dem Knast, der hat zwei Jahre bekommen. Und ich frage, was er denn angestellt hat, und der Vater will mir weismachen, er habe bloß ein bisschen Rauschgift verkauft. Dann kann er aber nicht nur zwei Jahre bekommen haben, antworte ich, da muss was anderes gewesen sein, und dieses Schwindeln ärgert mich – ich sage bewusst nicht Lügen.

Ein anderer bittet, du musst helfen, die wollen meinen Sohn abschieben. Ich frage, was er getan hat, und kriege zur Antwort, er habe ein bisschen »geschlägert«. Ich weiß, dass man wegen einer Schlägerei nicht abgeschoben wird. Um abgeschoben zu werden, muss ein wiederholter grob fahrlässiger Tatbestand vorliegen, schwerer Einbruch, Messerstecherei oder Mord. Ich kümmere mich um die Sache, um zu erfahren, was passiert ist, und dann kommt der ganze Mist raus.

Aber es gibt auch Fälle, wo jemand zu Unrecht abgeschoben wird, und so einer Familie habe ich geholfen. Eine junge Frau hat hier in Deutschland ihren Ehemann verloren, und die Tradition wollte, dass der in Ingolstadt lebende Bruder die Witwe zur Frau nimmt. Er hat sie also geheiratet und ein Kind mit ihr bekommen. Allerdings war er schon verheiratet und hatte vier Kinder. Nun hatte dieser Mann zwei Frauen und fünf Kinder. Damit war er finanziell überfordert und ist mit seiner ehemaligen Schwägerin und zweiten Ehefrau samt Kind nach Stuttgart abgehauen. Die erste Ehefrau mit vier Kindern hat er sitzen lassen. Irgendwann flatterte die Scheidung ins Haus, und weil die verlassene Ehefrau zu wenige Jahre in Deutschland lebte und von Sozialhilfe abhängig war, erhielt sie keine weitere Aufenthaltsgenehmigung. Sie hat gegen die Entscheidung geklagt, das ging jahrelang hin und her, in der Zwischenzeit sind die Kinder hier groß geworden, sprechen perfekt Deutsch, obwohl die Mutter Analphabetin ist. Sie hat die Kinder alleine durchgebracht, nun hat sie schweres Rheuma und die älteste Tochter hat einen Hirntumor. Die letzte Entscheidung des Oberlandesgerichts nach zehn Jahren hieß: Abschiebung.

Ich bin mit der Tochter des bayerischen Innenstaatssekretärs Hermann Regensburger aufgewachsen, er ist gebürtiger Ingolstädter und mein politischer Ziehvater. Als er mal hier war, habe ich ihm die Akte in die Hand gedrückt. Er hat sich den Fall durchgelesen und gesagt: »Jawohl, das muss morgen früh sofort zum Innenminister, nächste Woche ist Petitionsausschuss.« Günther Beckstein hat sich das angeschaut und gesagt: »Ganz klar, die Familie muss bleiben.« Die wären eingegangen in diesem türkischen Bergdorf, die Frau hatte alles richtig gemacht im Leben.

Hingegen, wenn so ein Vater zu mir sagt, mein Sohn sitzt im Knast, weil er was ausgefressen hat und deshalb abgeschoben werden soll, dann sag ich: »Setzt ihn in den Flieger, gute Reise!« Ich merke dann, wie der alte Ärger auf diese Machos in mir hochkommt.

Wenn in Nesrin Yilmaz der Ärger auf die Machos hochkommt, auf all jene, die sich im Leben nicht bemühen, nicht fortbilden und ihre Chancen nicht nutzen, dann hat das eine lange Vorgeschichte. Sie ist mit vier Jahren nach Deutschland gekommen, die Familie stammt ursprünglich aus Trabzon am Schwarzen Meer, der Vater war Förster, die Mutter Hausfrau. Nesrin ist die zweitälteste von insgesamt zehn Geschwistern. Der Erziehungsstil des Vaters war streng und konservativ, sie spricht von einem »diktatorischen Charakter«.

Familie Yilmaz hat sich in den 1970er Jahren ein Haus in Ingolstadt gekauft. Nummer 8 und 9, die Zwillinge, waren gerade geboren, Nummer 10 war schon unterwegs. Yilmaz nennt die Geschwister nicht beim Namen, sondern nummeriert sie. Es war kein typisch türkischer Haushalt, in dem die Landsleute ein- und ausgingen, in dem es überwiegend fröhlich zuging. Eigentlich wollte sie nach der Hauptschule eine Schreinerlehre machen, aber sie bekam nur eine Lehrstelle für Hauswirtschaft. Nicht, dass sie dort etwas dazugelernt hätte, denn im Elternhaus musste sie Hausarbeiten genauso erledigen wie handwerkliche Tätigkeiten.

Nach abgeschlossener Lehre wollte sie Schlosserin werden, der Vater war dagegen. Das Problem waren nicht die fast ausschließlich männlichen Kollegen während der Ausbildung, das Problem waren die türkischen Jungen, denen traute der Vater schon mal gar nicht über den Weg.

Es gab in dieser Zeit einige Selbstmorde unter türkischen Mädchen. Eine davon hat Nesrin Yilmaz persönlich gekannt, das Mädchen hatte einen Jungen an sich herangelassen, der versprach, sie später zu heiraten. Er entschied sich aber anders, daraufhin hat sich das Mädchen aus Angst vor der Schande in der Donau ertränkt. Der Vater des toten Mädchens kommentierte die Geschichte damit, dass die Hure das einzig Richtige getan habe. Und noch eine Geschichte ist ihr in Erinnerung geblieben: Die ältere Schwester wurde mit 15 Jahren in der Innenstadt von einem Türken angeflirtet, dabei wurde sie beobachtet, und anschließend wurde so lange getratscht, bis Herr Yilmaz es mitbekam und den Jungen in der ganzen Stadt gejagt und »ordentlich abgewatscht« hat.

Nesrin Yilmaz hat die Schlosserlehre heimlich begonnen, und als es rauskam, war die Stimmung zu Hause sehr schlecht. Es hat gedauert, bis der Vater merkte, dass seine Zornausbrüche zwecklos waren. »Was willst du denn, soll ich wie die anderen Mädchen ausbüxen?«, schlug sie ihm einmal vor.

Sie erzählt mit sichtbarer Wut von dieser Zeit, von ihrer Wut auch den türkischen Lehrlingen gegenüber, die sie natürlich anbaggerten und gegen die sie sich wehrte, indem sie mit Werkzeugen um sich schlug. Wut auch über die türkischen Ehemänner, die ihre Ehefrauen in der Türkei ließen und mit den deutschen Geliebten über den Wochenmarkt bummelten und sie anschließend links liegen ließen, sobald die Ehefrau nachkam. Wut über alle diese Machos, wie sie sie unterschiedslos nennt. Und wieder konnte sie nur punkten, indem sie besser war als die Kollegen, besser Deutsch sprechen konnte und im Tausch gegen höfliches und anständiges Verhalten die Hausaufgaben zum Abschreiben zur Verfügung stellte.

»Ich glaube, diese Zeit hat mich sehr geprägt. Ich bin mit Sicherheit kein Männerfeind, aber ich mag nur solche mit feinen Umgangsformen, die ich in meinem Leben durchaus auch kennengelernt habe, kultivierte Männer, Türken wie Deutsche. Aber wenn einer dominant auftritt oder Druck ausübt, dann ertrage ich das nicht. Vielleicht bin ich deshalb so kämpferisch.«

Morgens, bevor sie in die Lehre ging, brachte sie die Geschwister in die Schule und holte sie nachmittags wieder ab. Wenn einer trödelte, musste sie zuschauen, wie sie pünktlich in den eigenen Unterricht kam. Ausgehen, Tanzen, Feiern waren verboten. Sie beschreibt, wie ihre Schritte morgens aus dem Haus immer schneller waren als nachmittags wieder zurück. Einer der Brüder bildete sich drei Wochen vor der Gesellenprüfung ein, aufgeben zu müssen, die Schwester zwang ihn weiterzumachen, aus Angst, dass er auf die schiefe Bahn geriete. Am Ende gab er nach.

Sie las viel in dieser Zeit, am liebsten theologische Bücher. Wenn der Hodscha bei den Yilmaz' zu Gast war, stellte sie ihm Fragen, zum Beispiel, warum die Frauen Kopftücher tragen sollen. Der religiöse Gelehrte erklärte ihr die Regel damit, dass Frauen den Männern damit zeigen, dass sie ihnen untertan sind. Sie wollte jedoch historische Begründungen hören, dass das Gebot in einer Zeit entstand, als Männer viel unterwegs waren und die Frauen mit dem Tuch verhindern sollten, Fremden gegenüber allzu aufreizend und provozierend zu wirken. Sie wollte hören, dass der Prophet Mohammed deshalb mindestens neun Ehefrauen heiratete, weil nicht alle einen Mann abbekamen, und damit deren Versorgung gewährleistete, aus Gründen der Nächstenliebe und nicht aus Egoismus. Sie wollte auch die schönen Aussagen von Mohammed zitiert bekommen, dass Frauen Knospen seien und es Aufgabe der Männer sei, sie zum Blühen zu kriegen.

Bei Immanuel Kant findet sie einen Satz, den sie als Begründung für den Verlust ihres Glaubens bereithält, »dass wir an nichts glauben können, was wir nicht auch selbst beobachten«. Aus diesem Grund überspringt Yilmaz den Propheten und glaubt daran, dass der Mensch nicht das höchste Wesen ist und dass es eine höhere Energie gibt. Noch lieber wäre ihr für diese Theorie ein wissenschaftlicher Beweis, aber ohne geht es auch. »Ich betrachte die Religionen, und zwar alle, als moralischen

Halt und psychologische Stütze, und ich freue mich, dass die alten Frauen sonntags in die Kirche gehen und dort etwas finden, das sie suchen. Ich kann es nicht.«

Nesrin Yilmaz beschloss mit 21 Jahren, mit zwei türkischen Freundinnen zusammenzuziehen. Das Drama zu Hause war unermesslich. »Ich habe meinem Vater nur noch diese Worte gesagt: Bislang hast du über meine Vergangenheit bestimmt. Über meine Zukunft bestimme jetzt ich!« Und sich selbst sagt sie ihr Mantra auf: »Denk daran, wenn du morgen stirbst, hast du heute nicht gelebt, also zieh das jetzt durch.« Dabei meint sie mit »leben« nicht Ausgelassenheit, sondern weitermachen, lesen, lernen, studieren. Sie nahm die Schulbücher, packte noch zwei Tüten mit dem Nötigsten und ging. Die anderen beiden Mädchen hatten es zu Hause auch nicht leichter.

»Es gab einfach keine Vorbilder. Niemanden, über den ich sagen konnte, schau Vater, die hat es auch gemacht, und es ist gut gegangen.« Die Mutter aber hält immer zur Tochter, fährt in die Wohnung, kauft ein und kocht für sie, mehr kann sie nicht tun. Die Stunden bei ihr dienen auch der Mutter zur Erholung. Mittlerweile arbeitet Nesrin bei Audi und hat sich vorgenommen, das Abitur zu machen, um sich ihren Traum zu erfüllen: Sie will Architektin werden – doch die Kräfte gehen ihr aus.

Eine Weile arbeitet sie am Tegernsee in der Gastronomie, erst als Kellnerin und später als Geschäftsführerin. Sie kehrt nach Ingolstadt zurück, um ihr erstes Lokal zu eröffnen. Das »Harlem« wird *der* Treffpunkt für Jazzliebhaber und Musiker aus aller Welt, doch die Altstadtbewohner beschweren sich über die laute Musik, und sie muss schließen. Sie lässt sich nicht entmutigen und eröffnet ihr jetziges Café. In der Zwischenzeit lernt sie einen deutschen Mann kennen und bekommt einen Sohn. Die Beziehung scheitert; auch daran, dass der heute fünfjährige Junge an Trisomie 21 leidet.

Trotz Kind, Café und Politik schafft es Nesrin Yilmaz, alles unter einen Hut zu bringen. Sie ist erfolgreich, unerschrocken und hat es ohne nennenswerte Unterstützung alleine geschafft. Sie ist eine Superfrau, eigentlich könnte sie mit sich sehr zufrieden sein.

Ich habe mich nie beklagt über mein Leben, mir geht es nicht schlecht. Ich vermisse an mir nur eine gewisse Weichheit. Ich bin für eine Frau etwas hart, weil ich eine schwierigere Kindheit als deutsche Kinder hatte. Von früh an habe ich Verantwortung übernehmen müssen. Eine Puppe hatte ich nicht, meine Puppen waren meine Brüder und Schwestern, Wickeln, Flasche geben und jedes Jahr Babygeschrei. Mir fehlte Liebe; meine Mutter hat es versucht und sich bemüht, aber mit zehn Kindern ist das nicht wie mit zweien, vielleicht fällt es mir deshalb schwer, Gefühle zu zeigen.

Ich erinnere mich gerne an Abende in türkischen Dörfern, wo es kein Fernsehen gibt, und ich sehe diese ehrlichen alten Frauen mit Kopftuch, die in unseren Augen immer etwas naiv sind, und sehe, dass sie lachen können und im Rahmen ihrer Möglichkeiten glücklich sind, das gefällt mir sehr. Sie fragen mich dann nach meinem Leben und sind neugierig, und ich versuche, ganz sorgfältig bei meinen Antworten zu sein und ihnen das Gefühl zu vermitteln, dass sie nichts versäumt haben, denn das haben sie wirklich nicht.

Wenn ich dann aber wieder im Flugzeug sitze, zurück nach Bayern fliege und die Alpen sehe, dann merke ich, wie mein Herz schneller schlägt. Ich habe halt beide Mentalitäten, der Ruf des Muezzin in Istanbul klingt wie Musik in meinen Ohren, und gleichzeitig sehne ich mich nach einem Radler. Ich bin deutsche Disziplin und türkisches Risiko, und ich bin immer mit der Türkei verbunden, denn ich lebe an der Donau, und die mündet bekanntlich im Schwarzen Meer.

Dank

Ein Buch zu schreiben, bedeutet eine aufregende Zeit. Für diese Erfahrung danke ich der Körber-Stiftung, Ulrike Fritzsching und Karin Haist, die mir diese Aufgabe anvertraut haben – und Karin Haist im Besonderen für die stete Zuversicht, wenn Schwierigkeiten auftauchten.

Ohne meinen Lektor Bernd Martin wäre ich nicht in der Lage gewesen, dieses Buch in der Kürze der Zeit zu Ende zu führen. Ich danke für seine Kollegialität, seinen Humor und für seine unendliche Geduld.

Kathrin Edelmann danke ich herzlich für ihre sorgfältige Arbeit beim Transkribieren der Interviews und die Leidenschaft, die sie dafür entwickelt hat. Meinen geschätzten Kolleginnen und Freundinnen Karla Detlefsen und Hilal Sezgin danke ich für ihre stets richtigen Ratschläge, ihre guten Worte und ihre Langmut. Außerdem Gudula Kienemund und Marion Stuckenberg. Jede von beiden war mir stets behilflich, ohne ihre großzügige Selbstlosigkeit für besonders dankenswert zu empfinden. Ich danke dennoch und gerne.

Marcel Berlinghoff hat mir wichtige Hinweise gegeben und sich Zeit für Antworten auf meine Fragen genommen, ohne mich persönlich zu kennen; auch dafür schulde ich Dank, sowie meinem privaten Debattierclub, dem »G4-Zipfel«, dessen

Themenvielfalt sich immer um die sozialen Brennpunkte dieser Republik drehen. Nicht jede Idee war drucktauglich, und selten habe ich von den Vorschlägen in fachlicher Hinsicht profitiert; dafür haben meine »Zipfel« rund um die Uhr dafür gesorgt, dass ich gut versorgt und amüsiert wurde.

Dem Mut und der Abenteuerlust meines Vater Hasan Kiyak habe ich es zu verdanken, ein Gastarbeiterkind zu sein. Ohne diese Erfahrung, die meinen Verstand und mein politisches Verständnis geschärft hat, würden mir viele Themen, mit denen ich mich heute beschäftige, fremd bleiben. Meinem Vater ist es als Einem von Wenigen in diesem Land gelungen, die Kette an Entbehrungen und Chancenlosigkeit nicht an seine Kinder weiterzugeben. Dafür danke ich immer und immer wieder.

Ohne Christian G. Seifert ginge kein einziger Buchstabe. Dank dafür ist noch viel zu wenig.

Streetsoccer & Co.

Rita Süssmuth präsentiert
erfolgreiche und nachahmenswerte
Integrationsprojekte

Das Zusammenleben unterschiedlicher Kulturen zu gestalten ist keine leichte Aufgabe. Sie fordert Engagement, Respekt und einen langen Atem. Aber während die einen noch klagen, haben sich in Schule und Nachbarschaft, in kleinen Gemeinden und Metropolen Initiativen entwickelt, die täglich beweisen: Integration ist machbar.

Ob eine deutsch-türkische Teestunde für Senioren, eine bundesweite Vorlesekampagne für Migrantenkinder oder ein russlanddeutsches Geschichtscafé – Ideen und Projekte für ein interkulturelles Zusammenleben in Deutschland gibt es bereits viele. Das Buch stellt eine Vielzahl erfolgreicher und nachahmenswerter Projekte vor, lässt Initiatoren und Beteiligte zu Wort kommen. Es ist ein Ideengeber, der Mut macht – für alle, die über Integration nicht nur reden, sondern dazu beitragen wollen, dass sie gelingt.

»Das Buch ist eine Fundgrube motivierender und bewegender Beispiele, die zeigen, wie Menschen selbst aktiv werden, auf ihr Umfeld verändern einwirken und ein verständnisvolles Miteinander gestalten können.« SOCIALNET.DE

Rita Süssmuth (Hrsg.)
Streetsoccer & Co.
Wie Integration gelingen kann
208 Seiten mit 4 s/w-Abbildungen
Softcover | 17 x 24 cm
ISBN 3-89684-047-9 | Euro 12,– (D)

www.edition-koerber-stiftung.de

zweiheimisch

*Was es für junge Menschen bedeutet,
mit zwei Kulturen in Deutschland auf-
zuwachsen*

»zweiheimisch« fühlen sich Menschen, die mit zwei Kulturen leben. Als Kinder eingewanderter Familien oder binationaler Eltern sind sie in Deutschland aufgewachsen und gestalten ihre Lebensentwürfe im Spannungsfeld zwischen familiären Traditionen und gesellschaftlichen Vorurteilen immer wieder neu.

Wie Abdullah, der zielstrebig seinen Traum, Schauspieler zu werden, verfolgt. Wie Jennifer, die sich als »halbschwarz« bezeichnet und in eigenen Kompositionen ihre Erfahrungen verarbeitet. Oder wie Mehmet, der mit zehn Jahren seine Aufnahme aufs Gymnasium durchboxte. Es berührt und begeistert, mit welcher Energie und welchem Mut sie ihren eigenen Weg verfolgen. Die 12 Porträts dieses Buches zeigen ein weithin unentdecktes Potenzial unserer Gesellschaft: junge Menschen, von deren Stärke wir lernen können.

»zweiheimisch« zeigt Menschen, die Bildungsidealen wie Selbstbestimmung, Weltoffenheit und Aufgeschlossenheit ein Gesicht geben. Sie leben uns in ihrem bikulturellem Alltag vor, wie man mit vielfältigen Kultureinflüssen kreativ umgeht.« DEUTSCHLANDFUNK

Cornelia Spohn (Hrsg.)
zweiheimisch
Bikulturell leben in Deutschland
200 Seiten mit 36 s/w-Abbildungen
Softcover | 13 x 20 cm
ISBN 978-3-89684-063-9 | Euro 14,– (D)

www.edition-koerber-stiftung.de

Körber-STIFTUNG
Forum für Impulse

edition **Körber-STIFTUNG**

KörberForum
Kehrwieder 12

BegegnungsCentrum
HAUS
im Park

BERGEDORFER GESPRÄCHSKREIS

Boy Gobert Preis

Dialog und Verständigung, Bildung und Wissenschaft, Integration und Engagement, Junge Kultur: In diesen Bereichen ist die Körber-Stiftung mit einer Vielzahl eigener Projekte aktiv. Bürgerinnen und Bürgern, die nicht alles so lassen wollen, wie es ist, bietet sie Chancen zur Mitwirkung und Anregungen für eigene Initiativen. 1959 vom Unternehmer und Anstifter Kurt A. Körber gegründet, ist die Stiftung heute mit eigenen Projekten und Veranstaltungen von ihren Standorten Hamburg und Berlin aus national und international aktiv.

Körber-Netzwerk Außenpolitik

KÖRBER
Foto Award

USABLE®
TRANSATLANTISCHER
IDEENWETTBEWERB

Deutscher Studienpreis
Der Wettbewerb für junge Forschung

HAMBURGER **TULPE**
für deutsch-türkischen Gemeinsinn

KÖRBER-PREIS
FÜR DIE EUROPÄISCHE
WISSENSCHAFT

Eustory
History Network for Young Europeans

KiWiSS
Wissenschaft für Kinder
und Jugendliche

Geschichtswettbewerb
des Bundespräsidenten
Jugendliche forschen vor Ort